Rozmowy z Bogiem

Wierzę, że to tekst święty, duchowy. Widzę, że dotyczy to w równym stopniu całej trylogii. Książki te będą czytane i dyskutowane przez dziesięciolecia, przez kolejne pokolenia. Może nawet przez stulecia. Ponieważ, razem wzięte, księgi te poruszają ogrom zagadnień, od naprawiania związków do istoty ostatecznej rzeczywistości i kosmologii. Wypowiadają się na temat życia, śmierci, miłości erotycznej, małżeństwa, wychowania dzieci, zdrowia, oświaty, gospodarki, polityki, duchowości i religii, godnego zarobkowania i dzieła życia, fizyki, czasu, obyczajów i zachowań, procesu tworzenia, stosunku do Boga, ekologii, zbrodni i kary, życia w wysoko rozwiniętych społecznościach kosmosu, dobra i zła, mitów kulturowych i etyki, duszy, prawdziwej miłości i chlubnego wyrażania tej cząstki w nas, która zna swe naturalne dziedzictwo Boskości.

Obyście wszyscy skorzystali z ich dobrodziejstwa.

Bądźcie pozdrowieni.

Neale Donald Walsch

Neale Donald Walsch

Rozmowy z Bogiem

tom III

tytuł oryginału:
Conversations with God. An Uncommon Dialogue. Book 3

Przekład: Sławomir Studniarz
Korekta: Anna Kotynia-Kosmynka
Skład: Norbert Młyńczak
Druk: Drukarnia im. A. Półtawskiego

ISBN 978-83-916382-3-1
Wydanie I, dodruk, Łódź 2016

Wydawca: Esse sp z o.o., ul. Krokusowa 1-3, 92-101 Łódź
Współpraca: Wydawnictwo JK

DLA NANCY FLEMING-WALSCH

Nieocenionego druha i kompana,
namiętnej kochanki i cudownej żony,
od której otrzymałem to,
czego nie dała mi żadna inna istota
na Ziemi.

Przy Tobie jest mi błogo
ponad wszelkie wyobrażenie.
Sprawiłaś, że dusza moja znów śpiewa.
Ukazałaś mi miłość
w postaci cudu.

Dzięki Tobie odnalazłem siebie.
Pokornie dedykuję tę książkę Tobie,
największemu z mych nauczycieli.

Podziękowania

Jak zawsze, najpierw pragnę uhonorować mego najlepszego przyjaciela, Boga. Mam nadzieję, że nastanie taki czas, kiedy każdy będzie mógł uważać się za przyjaciela Boga.

Dalej chciałbym wyrazić swoją wdzięczność mej wspaniałej towarzyszce życia, Nancy, której książkę tę poświęcam. Gdy o niej myślę, bledną wszelkie słowa uznania wobec jej zasług i jestem jak oniemiały nie mogąc w pełni oddać tego, jak zadziwiającą jest istotą. Wiem jedno. Bez niej nie powstałaby żadna z tych ksiąg.

Pragnę też podziękować Robertowi Friedmanowi, mojemu wydawcy, który miał odwagę po raz pierwszy przedstawić ten materiał szerokiej rzeszy czytelników w 1995 roku i konsekwentnie publikował kolejne księgi *Rozmów z Bogiem*. Swą decyzją o przyjęciu rękopisu, odrzuconego wcześniej przez czterech wydawców, wpłynął na życie milionów ludzi.

Nie mogę też przy okazji oddania do druku ostatniego odcinka tej trylogii pominąć wkładu, jaki wniósł weń Jonathan Friedman. Jasności jego wizji, żarliwości w dążeniu do celu, głębi duchowego zrozumienia, niewyczerpanym pokładom entuzjazmu i wyjątkowemu darowi twórczemu należy w dużej mierze przypisać ostateczną postać, jaką otrzymały *Rozmowy z Bogiem*. To właśnie on dostrzegł wagę i doniosłość ich przesłania, przewidując, że trafią do milionów ludzi i zajmą miejsce w kanonie literatury duchowej. On przesądził o wydawniczym kształcie *Rozmów z Bogiem* i wybrał dla nich odpowiednią porę; jego osobiste zaangażowanie wielce zaważyło na skuteczności początkowej ich dystrybucji. Wszyscy miłośnicy *Rozmów z Bogiem* mają wobec niego dług wdzięczności po wsze czasy, jak ja.

Chcę również podziękować Matthew Friedmanowi, niestrudzenie wspierającemu nas w tym dziele od samego początku. Nie sposób oddać jego zasług podczas opracowywania tego materiału.

Wreszcie pragnę podkreślić wpływ autorów i nauczycieli, których dorobek odmienił intelektualne i duchowe oblicze Ameryki i świata, i którzy nie przestają podnosić mnie na duchu swym oddaniem sprawie głoszenia wzniosłej prawdy bez względu na cenę. Joan Borysenko, Deepakowi Chopra, Larry'emu Dosseyowi, Wayne'owi Dyerowi, Elisabeth Kübler-Ross, Barbarze Marx Hubbard, Stephenowi Levine'owi, Raymondowi Moody'emu, Jamesowi Redfieldowi, Berniemu Siegelowi, Brianowi Weissowi, Mariannie Wiliamson i Gary'emu Zukavowi – przekazuję w imieniu wszystkich czytelników oraz swoim własnym serdeczne podziękowania i wyrazy uznania.

Ci współcześni przewodnicy torują drogę dla wszystkich – i jeśli podjąłem się zadania publicznego głoszenia odwiecznej prawdy, to uczyniłem tak natchniony w dużej mierze ich przykładem. Ich dokonania dają świadectwo płonącego w naszych duszach ognia. Oni **pokazali** to, o czym ja zaledwie rozprawiałem.

Wprowadzenie

To niezwykła książka. Mówię to jako ktoś, kto miał niewielki udział w jej powstaniu. Moje zadanie, naprawdę, polegało tylko na tym, że „stawiałem się w miejscu pracy", zadawałem pytania i skrzętnie notowałem.

Tak to wyglądało od 1992 roku, kiedy zaczęła się moja z Bogiem rozmowa. Przeżywałem wtedy załamanie i w swojej udręce pytałem: Czego trzeba, aby wieść udane życie? I czym zasłużyłem sobie na życie będące pasmem nieustannych zmagań?

Pytania te zawarłem w gniewnym liście, który skierowałem do Boga. Ku mojemu zdziwieniu i niemałemu poruszeniu, Bóg odpowiedział. Odpowiedź przyszła do mnie w postaci słów, jakie wyszeptał w mojej głowie Bezgłośny Głos. Szczęśliwie się stało, że zapisałem te słowa.

Postępuję tak od z górą sześciu lat. Kiedy dowiedziałem się, że ten osobisty dialog ma się stać książką, pod koniec roku 1994 przekazałem wydawcy pierwszą porcję materiału, który siedem miesięcy później znalazł się na półkach księgarskich. W chwili kiedy piszę te słowa, książka ta figuruje na liście bestsellerów „New York Timesa" od 91 tygodni. *Rozmowy z Bogiem – księga druga* również cieszą się powodzeniem i od wielu miesięcy utrzymują się na liście najbardziej poczytnych książek. I oto mamy trzecią i ostatnią księgę tych nadzwyczajnych rozmów.

Pisanie jej trwało cztery lata. Nie przyszło to łatwo. Następowały ogromne przerwy między przypływami natchnienia, niejeden raz rozciągały się w półroczny odstęp, ziejący niczym przepaść. Dyktowanie pierwszej części zabrało rok. Druga powstała w zbliżonym czasie. Ale w trakcie spisywania odcinka ostatniego czułem się jak na scenie, pod czujnym okiem widowni. Gdziekolwiek się udawałem, począwszy od 1996 roku, niezmiennie słyszałem: „Kiedy ukaże się trzecia księga?", „Co z trzecią księgą?", „Kiedy możemy się spodziewać trzeciej księgi?".

Możecie sobie wyobrazić, jaki to miało na mnie wpływ i na powstawanie książki. Równie dobrze mógłbym się migdalić na wzgórku miotacza na stadionie Jankesów w środku meczu.

Nawet tam mogłem liczyć na zachowanie większej prywatności. Za każdym razem gdy brałem do ręki długopis, czułem utkwione we mnie spojrzenie pięciu milionów ludzi, zgłodniałych, wyczekujących.

Nie chwalę się bynajmniej, że doprowadziłem rzecz do końca, chodzi jedynie o wyjaśnienie, dlaczego trwało to tak długo. W ciągu ostatnich kilku lat chwile spędzone przeze mnie w zaciszu i odosobnieniu były nader rzadkie.

Do pisania części trzeciej zabrałem się wiosną 1994 i w tym okresie ukończyłem partie początkowe. Dalej następuje wielomiesięczna przerwa, potem przeskok o cały rok, a zwieńczenie przypada na wiosnę i lato 1998.

Jednego możecie być pewni: ta książka nie powstała „na siłę". Natchnienie albo przychodziło wyraźnie rozpoznawalne, albo odkładałem długopis – w jednym przypadku aż na 14 miesięcy. Postanowiłem, że już raczej nic z tego nie będzie, niż gdybym miał napisać tę książkę tylko dlatego, że ją *zapowiedziałem*. Choć mój wydawca trochę się przez to denerwował, mnie samego utwierdziło to w wartości przekazywanego przeze mnie materiału. Bez obaw przedstawiam go teraz tobie, czytelniku. Stanowi on podsumowanie wcześniejszych ksiąg trylogii i zarazem wyciąga z nich ostateczne, oszałamiające konsekwencje.

Jeśli zapoznałeś się z przedmowami do poprzednich części, wiesz, że w obu przypadkach nieco się lękałem. Bałem się odzewu, jaki wywołają. Teraz jest inaczej. Nie mam żadnych obaw co do części trzeciej. Wiem, że jej prawda, przenikliwy wgląd, ciepło i miłość dotrą do wielu spośród jej czytelników.

Wierzę, że to tekst święty, duchowy. Widzę, że dotyczy to w równym stopniu całej trylogii. Książki te będą czytane i dyskutowane przez dziesięciolecia, przez kolejne pokolenia. Może nawet przez stulecia. Ponieważ, razem wzięte, księgi te poruszają ogrom zagadnień, od naprawiania związków do istoty ostatecznej rzeczywistości i kosmologii. Wypowiadają się na temat życia, śmierci, miłości erotycznej, małżeństwa, wychowania dzieci, zdrowia, oświaty, gospodarki, polityki, duchowości i religii, godnego zarobkowania i dzieła *życia,* fizyki, czasu, obyczajów i zachowań, procesu tworzenia, stosunku do Boga, ekologii, zbrodni i kary, życia w wysoko rozwiniętych społecznościach kosmosu, dobra i zła, mitów kulturowych i etyki, duszy, prawdziwej miłości i chlubnego wyrażania tej cząstki w nas, która zna swe naturalne dziedzictwo Boskości.

Obyście wszyscy skorzystali z ich dobrodziejstwa.

Bądźcie pozdrowieni.

Neale Donald Walsch
Ashland, Oregon
wrzesień 1998

1

Jest niedziela wielkanocna 1994 roku i czekam z długopisem w ręku, jak mi nakazano. Mam się spotkać z Bogiem. Obiecał, że przybędzie – jak to uczyniła Ona w poprzednie dwie niedziele świąt Wielkiej Nocy – aby rozpocząć kolejny etap naszych rozmów. Trzeci i ostatni – na razie.

Proces ten – niezwykły przepływ informacji – trwa od roku 1992. W Wielkanoc 1995 ma dobiec końca. Trzy lata i trzy księgi. Pierwsza dotyczyła głównie problematyki osobistej – miłosnych związków, odnalezienia życiowego powołania, potężnych energii pieniędzy, seksu, miłości i Boga; oraz tego, jak to wszystko ze sobą powiązać w codziennym życiu. Druga rozwinęła te zagadnienia, przechodząc do szerszych rozważań geopolitycznych – istoty rządu, zbudowania świata bez wojen, podstaw zjednoczonej społeczności ponadnarodowej. Trzecia i ostatnia część trylogii, jak się dowiedziałem, skupiać się będzie na kwestiach najdonioślejszych, przed jakimi staje człowiek. Koncepcjach innych światów, innych wymiarów, oraz jak cała ta zawiła kompozycja splata się w jedno.

Kolejne szczeble przedstawiają się więc następująco:

PRAWDY INDYWIDUALNE.
PRAWDY GLOBALNE.
PRAWDY UNIWERSALNE.

Tak jak w przypadku dwóch poprzednich ksiąg, nie mam pojęcia, dokąd ta obecna zmierza. Mechanizm jest prosty. Przystawiam długopis do kartki, zadaję pytanie – i śledzę myśli przychodzące mi do głowy. Jeśli mam w głowie pustkę, jeśli nie docierają do mnie żadne słowa, odkładam wszystko do następnego dnia. Proces powstawania pierwszej części trwał około roku, nieco dłużej w przypadku drugiej. (Praca nad niniejszą wciąż jest w toku.)

Sądzę, że będzie to najważniejsza książka całego cyklu.

Po raz pierwszy odkąd przystąpiłem do tego dzieła, ogarnia mnie dokuczliwa samoświadomość. Od napisania pierwszych czterech czy pięciu akapitów minęły całe dwa miesiące. Dwa miesiące upłynęły od Wielkiej Nocy i nic – nic oprócz samoświadomości.

Tygodniami przeglądałem i poprawiałem tekst pierwszej części złożonej do druku – i nie dalej jak kilka dni temu otrzymałem ostateczną poprawioną wersję *księgi pierwszej* po to tylko, aby odesłać ją znów do poprawy z 43 pojedynczymi błędami. Jednocześnie zamknąłem *księgę drugą,* nadal w rękopisie, z dwumiesięcznym „poślizgiem". (Miała zostać ukończona na Wielkanoc 1994.) Rozpocząłem pracę nad obecną książką mimo że jej poprzedniczka jeszcze nie została zapięta na ostatni guzik. Teraz gdy *księga druga* jest gotowa, nic nie stoi na przeszkodzie, aby znów zabrać się do trzeciej.

Mimo to po raz pierwszy od 1992 roku wzbraniam się przed tym, czuję niemal coś na kształt niechęci. Mam wrażenie, jakbym znalazł się w pułapce – nigdy nie lubiłem robić czegoś dlatego, że **muszę.** Co więcej, po zapoznaniu się z reakcjami osób, którym wysłałem nie poprawione kopie rękopisu pierwszej części, wiem już, że cała trylogia spotka się z szerokim oddźwiękiem, będzie badana i analizowana od strony teologicznej, gorąco dyskutowana przez wiele lat.

Utrudnia to zadanie, jakie mam do wykonania; pióro ciąży mi w ręku. Mam świadomość, że rzecz trzeba doprowadzić do końca, lecz z drugiej strony zdaję sobie sprawę, że stanę się przedmiotem zaciekłych ataków, drwin, a może nawet nienawiści za to, że ośmielam się przedstawić ten materiał i głosić, że otrzymałem go prosto od Boga.

Najbardziej boję się chyba tego, że okażę się niegodnym, nieodpowiednim „rzecznikiem" Boga, zważywszy na pasmo błędów i wykroczeń, jakim naznaczone jest moje życie.

Osoby znające mnie z przeszłości – zwłaszcza moje byłe żony oraz dzieci – miałyby prawo wystąpić i podważyć zawarte tu treści z racji tak kiepskiego mego występu w roli ojca i męża. Nie sprostałem wymaganiom tej oraz innych dziedzin życia, gdzie liczą się *przyjaźń* i uczciwość, przedsiębiorczość i odpowiedzialność.

Jednym słowem, mam dotkliwą świadomość, że nie nadaję się na posłańca Boga i orędownika prawdy. Powinienem być ostatnim do podjęcia się tej roli, a nawet do roszczenia sobie jej w myślach. Wyświadczam „niedźwiedzią przysługę" prawdzie, ośmielając się ją głosić, podczas gdy całe moje życie świadczy o mej słabości.

Z tego powodu, Boże, zwracam się do Ciebie, abyś zwolnił mnie z obowiązku zapisywania Twoich słów i poszukał godniejszego następcę na moje miejsce.

Chciałbym doprowadzić do końca to, cośmy wspólnie zaczęli – ale nie czuj się do niczego zmuszony. Nie masz żadnych „zobowiązań" wobec Mnie czy kogokolwiek, dostrzegam jednak poczucie winy, jakie wywołało w tobie przekonanie, że masz.

Wielu ludzi zawiodłem, nawet własne dzieci.

Wszystko, co zdarzyło się w twoim życiu, doskonale służyło twojemu rozwojowi – oraz wszystkich dusz, jakie z tobą się zetknęły – nadając mu dokładnie taki kierunek, jaki był tobie potrzebny i jaki wybrałeś.

To świetna wymówka dla kogoś, kto chce się wymigać od odpowiedzialności za swoje postępki, uniknąć przykrych konsekwencji.

Widzę, że byłem samolubny – niesłychanie samolubny – oddając się temu, na co miałem ochotę bez względu na to, jak odbijało się to na innych.

Nie ma nic złego w robieniu tego, co się lubi.

Ale tyle osób ucierpiało, doznało rozczarowań.

Wszystko sprowadza się do tego, co sprawia ci przyjemność. Tobie zapewne chodzi o to, że obecnie największą przyjemność znajdujesz w postępowaniu tak, aby innym nie działa się krzywda.

Oględnie powiedziane.

Celowo. Naucz się traktować siebie łagodniej. I skończ z tym ciągłym osądzaniem siebie.

To trudne – zwłaszcza kiedy inni są tacy skorzy do wydawania wyroków. Czuję, że przyniosę wstyd Tobie, naprawdę; że jeśli będę obstawał przy dokończeniu i publikacji tej trylogii, okażę się kiepskim wysłannikiem Twojej prawdy, zniesławię ją.

Prawdy nie można zniesławić. Prawda to prawda. Nie można jej dowieść ani obalić. Ona po prostu jest.

Piękno Mego przesłania nie dozna uszczerbku od tego, co ludzie myślą o tobie.

W gruncie rzeczy nadajesz się znakomicie na Mego przedstawiciela, ponieważ wiodłeś życie dalekie od ideału.

Ludzie mogą się z tobą utożsamić – nawet kiedy cię potępiają.

A gdy zobaczą, że stawiasz sprawę uczciwie, kto wie, może przebaczą ci „grzechy" przeszłości.

Lecz powiadam ci: Tak długo jak będziesz przejmował się tym, co sądzą o tobie inni, mają cię w ręku.

Dopiero kiedy przestaniesz wypatrywać uznania z zewnątrz, będziesz panem samego siebie.

Martwiłem się bardziej o przekaz niż o siebie. Bałem się, że go sprofanuję swoją osobą.

Jeśli leży ci na sercu to przesłanie, to ponieś je w świat. Nie martw się tym, czy zostanie zbrukane. Ono samo się obroni.

Pamiętaj, czego cię nauczyłem: Daleko ważniejsze jest to, jak dobrze przesłanie jest przekazane niż, jak dobrze zostanie przyjęte.

Wiedz także to: Uczysz tego, co sam musisz opanować.

Nie trzeba najpierw osiągnąć doskonałości, aby głosić doskonałość.

Nie trzeba najpierw dostąpić duchowego mistrzostwa, aby głosić duchowe mistrzostwo.

Nie trzeba najpierw wznieść się na najwyższy szczebel ewolucji, aby głosić najwyższy poziom ewolucji.

Staraj się tylko być szczery, autentyczny. Jeśli pragniesz naprawić rzekome „krzywdy", podejmij stosowne działania. Zrób, co w twojej mocy. I nie wracaj do tego więcej.

Łatwo powiedzieć. Czasem nachodzi mnie takie poczucie winy.

Wina i strach to jedyni wrogowie człowieka.

Poczucie winy jest ważne. Mówi nam, że źle postąpiliśmy.

Nie ma czegoś takiego jak „zło". Są tylko rzeczy, które tobie nie służą; nie przystają do tego, Kim Jesteś i Kim Decydujesz się Być.

Wina sprawia, że grzęźniesz w tym, czym nie jesteś.

Dzięki niej wiemy przynajmniej, że zbłądziliśmy.

Masz na myśli świadomość – to co innego.

Powiadam ci: Wina to zaraza tej ziemi, zatruwa roślinność.

Nie urośniesz od niej, tylko zwiędniesz i skurczysz się.

Trzeba dążyć do świadomości. Świadomość to nie poczucie winy, a miłość to nie strach.

Powtarzam raz jeszcze: Wina i strach to twoi jedyni wrogowie. Miłość zaś i świadomość są twymi prawdziwymi przyjaciółmi. Nie należy mylić jednych z drugimi, gdyż pierwsi niosą śmierć, a drudzy są życiodajni.

Zatem nie powinienem czuć się „winnym" z żadnego powodu?

Nigdy, przenigdy. Jaki z tego pożytek? Przez to stajesz się jedynie niezdolny do pokochania siebie, a to uniemożliwia pokochanie innych.

I niczego nie powinienem się bać?

Strach i ostrożność to dwie różne rzeczy. Zachowaj czujność, lecz wyzbądź się lęku. Gdyż strach paraliżuje, a świadomość mobilizuje.

Bądź przytomny, nie porażony.

Ale mnie uczono bojaźni Bożej.

Wiem. I to zamroziło nasze stosunki.

Dopiero kiedy przełamałeś swą bojaźń wobec Mnie, mogłeś ustanowić sensowny związek ze Mną.

Gdybym miał przekazać ci dar, jakąś szczególną łaskę, dzięki której mógłbyś do Mnie trafić, byłby to dar nieustraszoności.

Błogosławieni nie znający trwogi, albowiem dane im będzie poznać Boga.

Oznacza to również, że musisz zdobyć się na odwagę i odrzucić wszystko, co, jak ci się zdaje, wiesz o Bogu.

Musisz mieć śmiałość przekreślić wszystko, co inni naopowiadali ci o Bogu.

Wreszcie, musisz być dzielny na tyle, aby zapuścić się w **swoje własne** doświadczenie Boga.

I nie wolno ci się z tego powodu obwiniać. Kiedy twe osobiste doświadczenie kłóci się z tym, co, jak ci się zdawało, wiesz o Bogu, i z tym, co naopowiadali ci inni, nie wolno ci obwiniać siebie.

Wina i strach to jedyni wrogowie człowieka.

Są jednak tacy, co nazwaliby Twoje rady podszeptem samego diabła; tylko diabeł mógłby coś takiego podsunąć człowiekowi.

Nie ma diabła.

Tak właśnie powiedziałby bies.

Bies wyraziłby się tak samo jak Bóg, czy nie tak?

Tyle że sprytniej.

Diabeł jest sprytniejszy od Boga?

Powiedzmy, przebieglejszy.

Zatem diabeł „knuje" przemawiając słowami Boga?

Lekko je wypacza – na tyle, aby zwieść na manowce.

Chyba musimy sobie coś wyjaśnić na temat „diabła".

Przerabialiśmy to w księdze pierwszej.

Najwyraźniej niezbyt skutecznie. Poza tym wśród czytelników mogą być osoby, które nie przeczytały księgi pierwszej. Czy drugiej, jeśli już o tym mowa. Warto byłoby w tym miejscu przytoczyć kilka prawd tam zawartych. Będzie to dobra odskocznia do wyższych, uniwersalnych praw, jakie przedstawimy w dalszej części. I powrócimy do tematu „diabła". Chcę, abyś dowiedział się, w jaki sposób i po co powstał taki „twór".

W porządku. Zgoda. Niech będzie po Twojemu. Może jednak coś z tego dialogu wyjdzie. Ale czytelnicy muszą wiedzieć, że od napisania przeze mnie pierwszych słów tutaj minęło już pół roku. Jest teraz 25 listopada 1994, dzień po święcie Dziękczynienia. 25 tygodni dzieli ten akapit od Twej wypowiedzi. Wiele w tym czasie się wydarzyło, ale ta książka nie posunęła się do przodu ani o centymetr. ***Dlaczego to trwa tak długo?***

Czy nie widzisz, jak potrafisz sam sobie zaszkodzić? Zablokować się? Czy nie widzisz, jak sam siebie powstrzymujesz, gdy jesteś o krok od czegoś obiecującego? Postępujesz tak całe życie.

Zaraz, chwileczkę. To nie ja z tym zwlekałem. Sam z siebie nic nie zdziałam – nie napiszę ani słowa, dopóki nie poczuję się podniety, dopóki mnie coś nie... bronię się przed użyciem tego słowa, ale chyba nie mam wyjścia... ***natchnie,*** *aby zasiąść przed tym żółtym notatnikiem. A natchnienie to przecież* ***Twoja*** *działka, nie moja!*

Aha. Więc uważasz, że to Ja się ociągałem.

Coś w tym stylu.

Mój drogi przyjacielu, to takie typowe dla ciebie – i innych ludzi. Przez pół roku nie kiwniecie palcem, nie zrobicie nic dla własnego najwyższego dobra, wręcz odsuwacie je od siebie, a potem winicie wszystko lub wszystkich, z wyjątkiem siebie, za to, że stoicie w miejscu. Czy nie dostrzegasz w tym jakiejś prawidłowości?

No, cóż...

Zapewniam ciebie: Nigdy nie zdarza się, aby Mnie przy tobie nie było; nie ma takiej chwili, abym nie był „gotowy".

Czyż nie mówiłem ci tego?

Tak, owszem, ale...

Nigdy cię nie opuszczę, aż po kres czasu.

Lecz nie będę ci narzucał Mojej woli – nigdy.

Wybieram dla ciebie najwyższe dobro, ale przede wszystkim, wybieram twoją wolę. To stanowi niezawodna miarę miłości.

Kiedy pragnę dla ciebie tego, co **ty** pragniesz, wtedy naprawdę miłuję ciebie. Kiedy zaś pragnę dla ciebie tego, co **Ja** pragnę, wówczas miłuję siebie za twoim pośrednictwem.

Taką samą miarą można określić, czy inni kochają ciebie i czy ty prawdziwie kochasz innych. Albowiem miłość nie chce niczego dla siebie, stara się jedynie ziszczać wybory dokonywane przez partnera.

To chyba kłóci się z tym, co stwierdziłeś w księdze pierwszej – że miłość nie przejmuje się ukochaną osobą – czym jest, co robi, co posiada – tylko własną Jaźnią, tym, co Jaźń tworzy i objawia, czego poszukuje.

*Nasuwa się w związku z tym pytanie, jak należy rozumieć zachowanie rodzica, który krzyczy na dziecko: „Zejdź z jezdni!"? Albo jeszcze lepiej, który z narażeniem własnego życia ratuje swoje dziecko spod kół samochodu? Czy taki rodzic nie kocha swego dziecka? Przecież narzucił mu swoją wolę. Pamiętajmy, dziecko znalazło się na ulicy **z własnego wyboru.***

Jak wytłumaczysz tę sprzeczność?

Nie ma w tym sprzeczności. Mimo to nie potrafisz dostrzec tej harmonii. I nie zrozumiesz boskiej nauki miłości, dopóki nie pojmiesz, że Mój najwyższy wybór dla siebie pokrywa się z twoim najwyższym wyborem dla siebie. A to dlatego, że ty i Ja to jedno.

Widzisz, Boska Nauka stanowi zarazem Boską Dychotomię, a to dlatego, że dychotomią jest samo życie. To doświadczenie, w obrębie którego mogą współistnieć dwie pozornie sprzeczne prawdy.

W tym przypadku te pozornie sprzeczne prawdy to to, że ty i Ja jesteśmy odrębni i jednocześnie ty i Ja to jedno.

Podtrzymuję to, co oświadczyłem w księdze pierwszej: Główną przyczyną nieudanych związków jest skupienie uwagi na partnerze, martwienie się tym, czego pragnie, jaki jest, co robi. Troszcz się wyłącznie o swoją Jaźń. Czym twoja Jaźń jest, co ma? Czego potrzebuje, do czego dąży, co wybiera? Co stanowi najwyższy wybór dla Jaźni?

Przypomnę, co jeszcze powiedziałem:

Najwyższy wybór dla Jaźni staje się najwyższym wyborem dla drugiego, gdy Jaźń uświadamia sobie, że nikogo innego nie ma.

Błąd polega więc na nieznajomości tego, co dla ciebie najlepsze. To wynika z niewiedzy dotyczącej Twojej Prawdziwej Istoty, a tym bardziej, kim starasz się być.

Nie rozumiem.

Posłużę się ilustracją. Jeśli masz zamiar wygrać wyścig Indianapolis 500, jazda z prędkością 250 kilometrów na godzinę może być najlepszym rozwiązaniem dla ciebie.

Lecz jeśli chcesz bezpiecznie dotrzeć do sklepu spożywczego, może nim nie być.

Twierdzisz, że wszystko zależy od kontekstu.

Tak. Wszystko w życiu zależy od kontekstu. O tym, co dla ciebie „najlepsze", przesądza to, kim jesteś i kim pragniesz być. Nie możesz dokonać rozumnego wyboru tego, co dla ciebie najlepsze, dopóki rozumnie nie postanowisz, kim i czym jesteś. Ja, jako Bóg, **wiem,** czym pragnę być. Dlatego wiem, co dla Mnie „najlepsze".

Co mianowicie? Proszę, powiedz mi, co jest „najlepsze" dla Boga? To na pewno ciekawe...

Najlepsze dla Mnie jest **dawanie tobie, co sam uznasz za najlepsze dla siebie.** Ponieważ Ja dążę do wyrażenia siebie. Za **twoim** pośrednictwem.

Nadążasz?

Owszem, wierz lub nie, ale nadążam.

Dobrze. Teraz powiem ci coś, co niełatwo będzie ci przełknąć.

Zawsze daję ci to, co dla ciebie najlepsze... choć przyznaję, że ty czasami możesz tego nie wiedzieć.

Zagadka wyjaśnia się teraz, kiedy zacząłeś pojmować, o co mi chodzi.

Ja jestem Bogiem.

Jestem Boginią.

Najwyższą Istotą. Wszystkim, Co Jest. Początkiem i Kresem. Alfą i Omegą.

Jestem Treścią i Osnową. Pytaniem i Odpowiedzią. Dołem i Górą. Prawym i Lewym. Teraz, Przedtem i Potem.

Jam jest Światłość i Jam jest Mrok, z którego wyłania się Światłość i dzięki któremu może zaistnieć. Jestem Nieskończoną Dobrocią i „Złem", bez którego „Dobroć" nie byłaby dobra. Jestem tym wszystkim – Całością – i nie mogę doświadczyć cząstki siebie nie doświadczając siebie w pełni.

I tego właśnie nie rozumiecie. Chcecie widzieć we mnie jedno, a nie drugie. Wysokie, a nie niskie. Dobre, a nie złe. Lecz zaprzeczając połowie Mnie, odmawiacie istnienia połowie samych siebie. I w ten sposób nie możecie być tym, Kim Jesteście W Istocie.

Ja obejmują Wspaniałą Całość – i dążę do tego, aby poznać siebie na drodze doświadczenia. Czynię to za pośrednictwem ciebie – i wszystkiego, co istnieje. I doświadczam Mojej wspaniałości przez wybory, jakich dokonuję. Albowiem każdy wybór to samotworzenie. Każdy wybór to samookreślenie. Każdy oddaje Mnie – przedstawia to, Kim Postanawiam Być w Tej Chwili.

Lecz nie mogę postanowić być wspaniałym, jeśli **nie ma z czego wybierać.** Jakaś część Mnie musi być daleka od doskonałości, abym mógł opowiedzieć się za tą, która jest doskonałością we Mnie.

I podobnie jest z tobą.

Ja jestem Bogiem, w trakcie stwarzania siebie.

I ty również.

Za tym tęskni twoja dusza. Tego łaknie twój duch.

Gdybym miał odmówić ci tego, co wybierasz, tym samym odebrałbym sobie to, co wybieram dla siebie. Gdyż Moim największym pragnieniem jest doświadczyć siebie takim, Jakim Jestem. I jak szczegółowo wyłożyłem to w księdze pierwszej, mogę tego dokonać tylko w obrębie tego, Czym Nie Jestem.

I dlatego pieczołowicie wytworzyłem to, Czym Nie Jestem, abym mógł doświadczyć, Czym Jestem.

Lecz jestem zarazem **wszystkim,** co tworzę – toteż w jakiś sposób Jestem Tym, Czym Nie Jestem.

Jak można być czymś, czym się nie jest?

Tobie to wychodzi bez przerwy. Przyjrzyj się swoim zachowaniom.

Postaraj się to zrozumieć. Nie ma rzeczy, którą bym nie był. Dlatego Jestem, Czym Jestem, i Jestem, Czym Nie Jestem.

NA TYM POLEGA BOSKA DYCHOTOMIA.

To Boska Tajemnica, którą do tej pory zgłębić mogły jedynie najbardziej wysublimowane umysły. Ja przedstawiłem ci ją w sposób bardziej przystępny.

Takie było przesłanie księgi pierwszej i tę podstawową prawdę musisz sobie przyswoić – dogłębnie – jeśli masz pojąć wyższe prawdy, jakie zostaną objawione w obecnej księdze.

Zatrzymajmy się na jednej z tych wyższych prawd, gdyż zawiera ona w sobie odpowiedź na drugą część twego pytania.

Miałem nadzieję, że do tego wrócimy. Jak rodzic może miłować dziecko, jeśli kieruje się tym, co dla niego najlepsze, nawet gdy w grę wchodzi udaremnienie woli samego dziecka? Czy też rodzic okazuje najprawdziwszą miłość pozwalając dziecku bawić się na ulicy?

To znakomite pytanie. I zadaje je w tej lub innej postaci każdy rodzic od początków rodzicielstwa. Odpowiedź zaś jest taka sama dla ciebie jako rodzica i dla Mnie jako Boga.

Lecz ***jak brzmi odpowiedź?***

Cierpliwości, Mój synu, cierpliwości. „Co nagle, to po diable". Nie znasz tego powiedzenia?

Owszem, mój ojciec mi to powtarzał. Nienawidziłem tego.

Rozumiem to. Ale miej dla siebie więcej cierpliwości, zwłaszcza jeśli twoje wybory nie przynoszą ci tego, co chcesz. Dotyczy to, na przykład, odpowiedzi na drugą część twego pytania.

Domagasz się odpowiedzi, ale jej nie wybierasz. Wiesz, że jej nie wybierasz, bo jej nie doświadczasz. W rzeczywistości odpowiedź nosisz w sobie, i nosiłeś przez cały czas. Po prostu jej nie wybierasz. Postanawiasz wierzyć, że nie znasz odpowiedzi – więc jej nie znasz.

Tak, przerabialiśmy to w pierwszej części. Mam już wszystko, co postanawiam mieć – w tym pełne zrozumienie Boga – ale nie ***doświadczę*** *tego, dopóki nie będę* ***wiedział,*** *że mam.*

Dokładnie. Świetnie to ująłeś.

Ale jak mogę ***wiedzieć,*** *że mam, jeśli tego nie* ***doświadczę?*** *Jak mogę wiedzieć coś, czego nie doświadczyłem? Czyż pewien mądry człowiek nie powiedział: „Wszelka wiedza płynie z doświadczenia"?*

Mylił się.

Wiedza nie płynie z doświadczenia – lecz je poprzedza. Połowa świata pojmuje to na opak.

*Zatem chcesz powiedzieć, że znam odpowiedź na to pytanie, tylko o tym nie **wiem**?*

Właśnie.

*Lecz jeśli nie **wiem** o tym, to znaczy, że jej nie **znam**.*

To paradoksalne, lecz prawdziwe.

Nie rozumiem... ale pojmuję.

Otóż to.

Jak zatem dostać się do obszaru „wiedzy o tym, że znam" coś, jeśli nie „wiem, że to coś znam"?

Aby „poznać to, co znasz, postępuj, jakbyś wiedział".

Wspominałeś o tym w księdze pierwszej.

Zgadza się. Warto by było zrekapitulować pokrótce nauki zawarte w poprzednich księgach. Tak „się składa", że stawiasz właściwe pytania, co pozwala mi na wstępie tej części streścić omawiany wcześniej materiał.

W księdze pierwszej mowa była o wzorcu Być-Robić-Mieć i o tym, jak większość ludzi rozumie to na odwrót.

Uważają bowiem, że jeśli będą „mieli" coś (więcej czasu, pieniędzy, miłości – czegokolwiek), to wreszcie będą mogli coś „zrobić" (napisać książkę, oddać się swej pasji, wyjechać na wakacje, kupić dom, związać się z kimś), co z kolei pozwoli im „być" (na przykład szczęśliwym, zakochanym, zadowolonym).

W rzeczywistości jednak pojmują to na opak. We wszechświecie, jakim jest naprawdę (w przeciwieństwie do wszechświata twoich wyobrażeń) z „mieć" nie wynika „być", lecz na odwrót.

Najpierw „jesteś" – „szczęśliwy", „mądry", „miłosierny" czy inny – następnie zaczynasz „robić" rzeczy, kierując się tym poczuciem – i wkrótce przekonujesz się, że twoje postępowanie przynosi ci to, co zawsze chciałeś „mieć".

Aby wprawić w ruch ten proces tworzenia (bo tym właśnie jest), zastanów się, co chcesz „mieć", zadaj sobie pytanie, jaki byś „był", gdybyś to „miał": i od razu przejdź do „bycia" takim.

W ten sposób odwracasz zwyczajową kolejność, a właściwie ją prostujesz – i zamiast iść pod prąd, współdziałasz z twórczą potęgą wszechświata.

Oto w skrócie ta zasada:

W życiu nie musisz robić niczego.

Chodzi tylko o to, jakim być.

Kwestią tą zajmę się na koniec naszego dialogu. Zamkniemy nią tę książkę.

Na razie wyobraź sobie po prostu kogoś, kto wie, że gdyby miał choć odrobinę więcej czasu, odrobinę więcej pieniędzy czy odrobinę więcej miłości w życiu, wtedy byłby naprawdę szczęśliwy.

Nie rozumie on związku między swym obecnym stanem, „niezbyt szczęśliwym", i brakiem czasu, pieniędzy czy miłości, jakiej pragnie.

Zgadza się. Z drugiej strony zaś osoba, która „jest" szczęśliwa, ma czas na wszystko, co jest naprawdę ważne, tyle pieniędzy, ile potrzeba, oraz miłości na całe życie.

Znajduje wszystko, co potrzebne jej do „szczęścia"... przede wszystkim „będąc szczęśliwą".

Właśnie. Postanowienie **z góry,** czym pragniesz być, **urzeczywistnia to w twoim doświadczeniu.**

„Być albo nie być? Oto jest pytanie".

Dokładnie. Szczęśliwość to stan umysłu. Jak wszystkie stany umysłu, powiela się w postaci fizycznej. Oto sentencja do przyczepienia na lodówce: „Wszystkie stany umysłu powielają się".

Ale jak można „od razu być szczęśliwym" lub jakimkolwiek – bogatszym czy bardziej kochanym – jeśli nie ma się tego, co się potrzebuje, aby tym „być"?

Postępuj, jak byś był, i przyciągniesz to do siebie. Jak postępujesz, takim się stajesz.

Innymi słowy: „Graj, aż gra stanie się prawdą".

Coś w tym rodzaju. Tylko że nie można „grać". Twoje czyny muszą być szczere.

We wszystkim, co robisz, miej szczere intencje, bo wszelkie dobro zostanie zaprzepaszczone.

Nie dlatego, że Ja cię nie „wynagrodzę". Jak wiesz, Bóg nie „nagradza" ani nie „karze". Ale Powszechne Prawo wymaga zjednoczenia się ciała, umysłu i ducha w jedności myśli, słowa i czynu, aby mógł dopełnić się proces tworzenia.

Umysłu nie da się zwieść. Jeśli nie jesteś szczery, twój umysł to wie i koniec. Nie pomoże ci w twórczym procesie.

Można, oczywiście, pominąć umysł – ale tak będzie o wiele trudniej. Można zażądać od dala, aby robiło coś, w co umysł nie wierzy, i jeśli ciało będzie dostatecznie wytrwałe, umysł wyzbędzie się uprzedniej myśli i zacznie tworzyć Nową Myśl. Kiedy masz już na jakiś temat Nową Myśl, jesteś bliski urzeczywistnienia tego jako trwałego składnika twej istoty i przestaje to być tylko gra.

Lecz to ciężkie zadanie i nawet wtedy czyny musza być szczere. Wszechświatem nie da się manipulować, inaczej niż ludźmi.

Trzeba zachować delikatną równowagę. Ciało robi coś, w co umysł nie wierzy, mimo to umysł musi dodać niezbędnej szczerości, bez której czyny ciała się nie powiodą.

Jak umysł może zdobyć się na szczerość, skoro „nie wierzy" w to, co robi ciało?

Usuwając egoistyczny czynnik osobistej korzyści.

To znaczy?

Umysł może nie zgodzić się z tym, że czyny ciała przyniosą ci to, o co zabiegasz, niemniej raczej nie będzie wzbraniał się przed uznaniem, że przez ciebie Bóg obdarzy dobrem innych ludzi.

Dlatego to, co wybierasz dla siebie, daj drugiemu.

Mógłbyś to powtórzyć?

Naturalnie.

To, co wybierasz dla siebie, daj drugiemu.

Jeśli postanawiasz być szczęśliwy, spraw, aby drugi był szczęśliwy.

Jeśli wybierasz zamożność dla siebie, spraw, aby drugi był zamożny.

Jeśli pragniesz więcej miłości w swoim życiu, spraw, aby drugi zaznał więcej miłości.

Postępuj szczerze – nie dla własnej korzyści, lecz dlatego, że naprawdę życzysz tego drugiemu, a wszystko, co dasz, wróci ci się.

Dlaczego? Jak to się dzieje?

Sam akt oddania czegoś sprawia, że doświadczasz posiadania tego w pierwszej kolejności. Ponieważ nie możesz obdarzyć drugiego tym, czego sam nie masz, umysł dochodzi do nowego wniosku, tworzy Nową Myśl – mianowicie, że musisz to mieć, **gdyż inaczej nie mógłbyś tego oddać.** Staje się to zalążkiem nowego doświadczenia. Zaczynasz takim „być". A kiedy zaczynasz „być" takim, uruchamiasz najpotężniejszą machinę twórczą we wszechświecie – swoją Jaźń.

Czym jesteś, to tworzysz.

Okrąg się zamyka, a ty możesz coraz więcej urzeczywistniać tego w swoim życiu. Objawi się to w twoim doświadczeniu.

Oto wielki sekret życia. Aby go wyjawić, powstały dwie wcześniejsze księgi.

Wyjaśnij mi, proszę, dlaczego taka ważna jest szczerość w dawaniu innym tego, co wybieram dla siebie?

Jeśli to wybieg, chęć manipulacji, aby pozyskać coś dla siebie, twój umysł o tym wie. Właśnie przekazałeś mu sygnał, że **tego nie masz.** A ponieważ wszechświat to nic innego jak wielka kopiarka, powielająca twe myśli w postaci fizycznej, **takie będzie twoje doświadczenie.** To znaczy będziesz wciąż doświadczał „braku tego" – cokolwiek uczynisz!

Co więcej, stanie się to również doświadczeniem osoby, której próbujesz to dać. Zobaczy ona, że chcesz tylko coś uzyskać, że tak naprawdę nie masz nic do ofiarowania, a sam akt okaże się płytkim i czczym gestem, obliczonym na własną korzyść.

Zatem to, co starałeś się przyciągnąć, od siebie odsuniesz. Lecz kiedy obdarowujesz z czystym sercem – ponieważ widzisz, że tego potrzebuje, pragnie – wówczas odkryjesz to w sobie. To cudowne odkrycie.

To prawda. To naprawdę ***działa!*** *Pamiętam, jak kiedyś przechodziłem ciężki okres w życiu, łapałem się za głowę i rozmyślałem o tym, że nie mam pieniędzy, kończy mi się jedzenie i nie wiem, skąd wezmę na czynsz. Tego wieczoru spotkałem na dworcu autobusowym parę młodych ludzi. Poszedłem odebrać paczkę i patrzę, siedzą wtuleni w siebie na ławce, okryci płaszczem.*

Wzruszyłem się, gdy ich zobaczyłem. Przypomniałem sobie swoje młode lata, jak byłem wciąż w ruchu, przenosiłem się z miejsca na miejsce. Zapytałem, czy mieliby ochotę pójść do mnie, ogrzać się, napić gorącej czekolady, może trochę się przespać.

Otworzyli oczy szeroko, niczym dzieci na widok świętego Mikołaja.

Cóż, poszliśmy do domu i przygotowałem posiłek. Dawno tak dobrze nie jedliśmy, i ja, i oni. Lodówka wyładowana była jedzeniem. Wystarczyło tylko sięgnąć ręką po zapasy, jakie tam zgromadziłem. Zrobiłem danie „z wszystkiego" i ***było wyśmienite!*** *Pamiętam, jak dziwiłem się, skąd wzięło się tyle jedzenia.*

Następnego ranka zrobiłem im śniadanie i odstawiłem na dworzec. Znalazłem nawet dwadzieścia dolarów w kieszeni, które wręczyłem im mówiąc: „Przyda się wam". Uściskałem ich oboje i ruszyli w swoją drogę. Miałem świetne samopoczucie cały dzień. Co tam, cały ***tydzień.*** *Doświadczenie to, które głęboko zapadło mi w pamięć, odmieniło gruntownie moje spojrzenie na życie.*

Wszystko zmieniło się na lepsze. A gdy tamtego dnia spojrzałem w lustro, dostrzegłem ważną rzecz: ***Wciąż tu jestem.***

To piękna historia. I masz rację. **To działa dokładnie w taki sposób.** Więc jeśli chcesz czegoś, oddaj to. Wtedy nie będziesz dłużej tego „chciał". Natychmiast doświadczysz, że to „masz". A dalej to tylko kwestia stopnia. Przekonasz się, że z psychologicznego punktu widzenia o wiele łatwiej jest „dodawać do" niż tworzyć z powietrza.

Czuję, że właśnie usłyszałem coś szalenie istotnego. Czy mógłbyś to jakoś odnieść do mojego pytania? Czy jest jakiś związek?

Chodzi mi o to, że ty już **znasz** tę odpowiedź. Obecnie jednak działasz, kierując się myślą, że jej nie znasz; że gdybyś ją znał, zyskałbyś mądrość. Więc przychodzisz po mądrość do Mnie. Lecz Ja powiadam, **bądź** mądrością, a ją posiądziesz.

A jaka najkrótsza jest do tego droga? Spraw, aby **drugi** był mądry.

Pragniesz odpowiedzi na swoje pytanie. **Udziel jej drugiemu.**

Więc teraz Ja zadam to pytanie tobie. Będę udawał, że „nie znam" odpowiedzi, a ty Mi jej udzielisz.

Jak rodzic, który ratuje dziecko spod kół samochodu, może naprawdę je kochać, jeśli miłość oznacza, że chcemy dla kogoś tego, co sami pragną dla siebie?

Nie wiem.

Ale gdybyś byt przekonany, że znasz odpowiedź, jak by ona brzmiała?

Cóż, powiedziałbym, że rodzic ten naprawdę chciał tego samego co dziecko – to znaczy, aby przeżyło. Powiedziałbym, że dziecko nie miało zamiaru umierać, lecz po prostu nie zdawało sobie sprawy z tego, czym grozi bieganie po ulicy. Tak więc wybiegając po dziecko, rodzic wcale nie pozbawił je możliwości stanowienia swojej woli – tylko dostroił się do jego prawdziwego wyboru, jego najgłębszego pragnienia.

Doskonała odpowiedź.

Lecz jeśli to prawda, wówczas Ty, Boże, nie powinieneś robić nic innego przez cały czas jak ***bronić nas przed wyrządzeniem sobie samym krzywdy,*** *gdyż nie może być* *naszym najgłębszym pragnieniem robienie sobie krzywdy. Mimo to bez przerwy sobie szkodzimy, a Ty siedzisz z założonymi rękami.*

Zawsze jestem wyczulony na wasze najgłębsze pragnienie i nigdy wam go nie odmawiam.

Nawet jeśli jego wynikiem, waszym ukrytym życzeniem jest doświadczenie „umierania".

Nigdy, przenigdy nie sprzeciwiam się waszemu najgłębszemu pragnieniu.

Chcesz powiedzieć, że gdy wyrządzamy sobie samym krzywdę, stanowi to nasze ukryte życzenie? Nasze ***najgłębsze pragnienie?***

Nie możecie siebie tak naprawdę „skrzywdzić". To niemożliwe. „Krzywda" to reakcja subiektywna, a nie zjawisko obiektywne. Możecie wybrać doświadczenie „krzywdy", ale to wyłącznie wasza decyzja.

Biorąc to pod uwagę, odpowiedź brzmi: „Tak"; kiedy sobie samym „zaszkodziliście", to z własnego wyboru. Mowa tu o płaszczyźnie ezoterycznej, duchowej, ale twoje pytanie dotyczy innego obszaru.

W takim znaczeniu, o jakie ci chodzi, to znaczy świadomego wyboru, odpowiadam, że nie – kiedy robicie coś, co obraca się przeciwko wam, to nie dlatego, że tak „chcieliście".

Dziecko przejechane przez samochód, ponieważ zapędziło się na ulice, nie „chciało" (pragnęło, postanowiło) zostać potrącone.

Mężczyzna ciągle żeniący się z tą samą kobietą – całkowicie dla niego nieodpowiednią – w różnym „opakowaniu", nie „chce" (pragnie, postanawia) tworzyć nieudanego małżeństwa.

Nie można powiedzieć o osobie, która uderzyła się w palec młotkiem, że „chciała" tego doświadczyć. Nie zabiegała o to, nie dążyła do tego świadomie.

Lecz wszelkie zjawiska obiektywne przywoływane są podświadomie; nieświadomie stwarzasz wszystkie zdarzenia. Osoby, miejsca, rzeczy sam do siebie przyciągnąłeś – zapewniła ci je twoja Jaźń jako doskonałe warunki i sposobności do doświadczenia tego, czego doświadczać kolejno na drodze ewolucji jest twoim życzeniem.

W twoim życiu nie może zaistnieć nic – dosłownie nic nie może się stać – co nie stanowi dla ciebie idealnej okazji do uleczenia, stworzenia czy doświadczenia czegoś, co pragniesz uleczyć, stworzyć lub doświadczyć, aby być, Kim Jesteś W Istocie.

A kim właściwie jestem?

Kimkolwiek postanowisz być. Dowolnym aspektem Boskości, jaki zapragniesz urzeczywistnić – oto Kim Jesteś.

To w każdej chwili może ulec zmianie. I często zmienia się z minuty na minutę. Lecz jeśli chcesz trochę wyhamować, przestać sprowadzać na siebie tak różnorodne doświadczenia, jest na to sposób. Po prostu nie zmieniaj ciągle zdania na swój temat – Kim Jesteś i Kim Pragniesz Być.

Łatwiej powiedzieć niż wykonać!

Widzę tylko, że podejmujecie decyzje na wielu różnych poziomach. Dziecko, które postanawia bawić się na ulicy, nie wybiera śmierci. Mogą w grę wchodzić inne rzeczy, ale nie umieranie. Matka o tym wie.

Problem nie polega na tym, że dziecko postanowiło zginąć, ale na tym, że dokonało wyborów, które mogą przynieść więcej niż jeden wynik, w tym śmierć pod kołami samochodu. Lecz ono nie zdaje sobie z tego sprawy, ten fakt jemu umyka. To właśnie brak dostatecznych danych uniemożliwia dziecku podjęcie lepszej decyzji, bardziej przemyślanej.

Zatem twoja analiza sytuacji jest bezbłędna.

Ja, jako Bóg, nigdy nie pokrzyżuję twoich zamiarów – ale zawsze będą mi one znane.

Dlatego możesz przyjąć, że skoro coś ci się przytrafia, to doskonale się składa, ponieważ w Boskim świecie nie ma miejsca na „fuszerkę".

Całe twoje życie – osoby, miejsca, zdarzenia – zostało idealnie urządzone przez ciebie, doskonałego twórcę doskonałości. Oraz Mnie... w tobie i za twoim pośrednictwem.

Możemy współpracować ze sobą w tym wspólnym dziele świadomie lub nieświadomie. Możesz przejść przez życie obudzony lub w uśpieniu.

Wybieraj.

Chwileczkę, wróćmy do tego, co powiedziałeś o podejmowaniu decyzji na wielu różnych poziomach. Powiedziałeś, że jeśli chcę trochę wyhamować, powinienem przestać ciągle zmieniać zdanie na temat tego, kim jestem i kim pragnę być. Kiedy zauważyłem, że to trudne, stwierdziłeś, że my wszyscy dokonujemy wyborów na wielu różnych płaszczyznach. Czy mógłbyś rozwinąć tę myśl? Co to oznacza? Jakie to niesie ze sobą następstwa?

Gdyby wszystkie twoje pragnienia były pragnieniami duszy, sprawa byłaby prosta. Gdybyś słuchał głosu swego ducha, wszelkie decyzje byłyby łatwe, a wyniki pomyślne. A to dlatego, że...

... wybory duszy są. wyborami najszlachetniejszymi.

Nie trzeba ich zgadywać po fakcie. Nie trzeba ich rozbierać na czynniki pierwsze, wartościować. Trzeba po prostu obracać je w czyn, zastosować się do nich.

Lecz wy nie składacie się wyłącznie z duszy. Jesteście istotami troistymi – ciałem, umysłem i duchem. W tym tkwi cały wasz urok, w tym wasza chwała. Często jednak dzieje się tak, że podejmujecie decyzje na tych trzech płaszczyznach jednocześnie – **i są one całkowicie rozbieżne.**

Nierzadko ciało chce jednego, umysł drugiego, a dusza jeszcze czegoś innego. Dotyczy to zwłaszcza dzieci, które nie są jeszcze na tyle dojrzałe, aby odróżnić to, co jest „uciechą" dla ciała, a co wydaje się rozsądne umysłowi – a tym bardziej, co współgra z duszą. Dlatego dziecko pakuje się na ulicę.

Ja, Bóg, znam wszystkie wasze wybory – nawet te nieświadome. Nie przeciwstawiam im się, lecz im sprzyjam. Na tym polega Moje zadanie – dopilnować, aby wasze wybory się spełniały. (W rzeczywistości sprawia to wasza Jaźń. Ja tylko wprowadziłem mechanizm, dzięki któremu jest to możliwe. Ten mechanizm to proces tworzenia, który omówiony został w szczegółach w księdze pierwszej.)

Kiedy wybory się ze sobą kłócą – kiedy ciało, umysł i dusza nie działają zgodnie – proces twórczy zachodzi na wszystkich poziomach i daje różne wyniki. Jeśli jednak twoja istota jest zestrojona, a wybory ujednolicone, mogą zdarzyć się zadziwiające rzeczy.

Istnieją też różne szczeble w obrębie poszczególnych poziomów, co szczególnie odnosi się do umysłu.

Umysł może dokonywać wyborów, opierając się na logice, intuicji albo uczuciach, nierzadko kierując się wszystkimi trzema naraz, co grozi pogłębieniem wewnętrznego rozdźwięku.

W obrębie emocji wyróżnić można pięć dalszych stopni. Stanowią one **pięć naturalnych uczuć:** smutku, złości, zawiści, strachu oraz miłości.

A tych pięć uczuć można sprowadzić do dwóch: miłości i strachu.

Pięć naturalnych uczuć zawiera w sobie strach i miłość, lecz miłość i strach stanowią podstawę wszelkich uczuć. Pozostałe trzy wyrastają z tych dwóch podstawowych.

Za wszelkimi myślami na samym dnie kryje się zawsze miłość lub strach. To właśnie jest wielka biegunowość. Pierwotna dwoistość. Wszystko da się w końcowym rozrachunku odnieść do jednego lub do drugiego. Wszelkie myśli, idee, pojęcia, decyzje, wybory i czyny mają oparcie w strachu lub w miłości.

Lecz ostatecznie jest tylko jedno.

Miłość.

Tak naprawdę miłość jest wszystkim, co istnieje. Nawet strach wyrasta z miłości i, odpowiednio użyty, może być wyrazem miłości.

Strach może wyrażać ***miłość?***

W swej najwyższej postaci, owszem. Wszystko staje się wyrazem miłości, o ile wyrażone jest w najwyższej postaci.

Rodzic, który ratuje dziecko spod kół samochodu, kieruje się strachem czy miłością?

Chyba jednym i drugim. Boi się o życie dziecka i kocha je – tak bardzo, że gotów jest narazić swoje własne życie.

Dokładnie. Widzimy więc, że strach w swej najwyższej postaci staje się miłością... jest miłością... wyrażoną przez strach.

Podobnie gdy przyjrzymy się pozostałym naturalnym emocjom, zobaczymy, że smutek, złość i zawiść stanowię przejawy lęku, a ten zaś stanowi formę miłości.

Jedno prowadzi do drugiego. Rozumiesz?

Problem występuje wtedy, gdy któraś z tych naturalnych emocji zostaje wypaczona. Nabierają wówczas groteskowych rysów, trudno w nich rozpoznać miłość, a tym bardziej Boga, który jest Miłością Absolutną.

Słyszałem już o pięciu naturalnych uczuciach – dowiedziałem się o nich od Elisabeth Kübler-Ross.

Właśnie. To Ja jej to podsunąłem.

Czyli, jak rozumiem, kiedy dokonuję wyboru, wiele zależy od tego, co mną powoduje, a to może być ukryte gdzieś głęboko we mnie.

I tak właśnie jest.

Opowiedz mi, proszę – chciałbym to sobie odświeżyć, gdyż niewiele zostało mi w pamięci z nauki Elisabeth – o pięciu naturalnych uczuciach.

Smutek jest naturalny. To ta cząstka w tobie, która pozwala ci rozstać się z czymś, z czym nie chcesz się rozstawać; wyrazić, wyrzucić z siebie żal, jaki rodzi się w tobie pod wpływem doznanej straty. Może to być utrata ukochanej osoby albo zwykłe zgubienie okularów.

Kiedy wolno ci wyrażać smutek, pozbywasz się go. Dzieci, którym pozwalano być smutnym, mają do tego zdrowy stosunek w dorosłym życiu i w związku z tym szybko go przezwyciężają.

Dzieci, którym mówi się, „No, już nie płacz", jako dorośli nie umieją płakać. Przecież uczono ich, że tak nie wypada. Więc tłumią w sobie smutek.

Nieustannie tłumiony smutek przeradza się w przewlekłą depresję, uczucie bardzo nienaturalne.

Pod wpływem przewlekłej depresji zabijano. Wybuchały wojny, ginęły narody.

Złość jest naturalna. To narzędzie, dzięki któremu potrafisz odmówić. Nie musi być obraźliwa ani służyć krzywdzeniu innych.

Kiedy dzieciom wolno wyrażać złość, wnoszą w swe dorosłe życie zdrową wobec niej postawę, przez co szybko ją przezwyciężają.

Dzieci, którym daje się odczuć, że niеładnie jest się złościć – że nie powinno się jej uzewnętrzniać ani nawet odczuwać – nie będą umiały jako dorośli radzić sobie ze swą złością.

Złość bez przerwy tłumiona przeradza się we wściekłość, uczucie bardzo nienaturalne.

Pod wpływem wściekłości zabijano. Wybuchały wojny, ginęły narody.

Zawiść jest naturalna. To ona sprawia, że pięciolatek chce dorównać starszej siostrze i dosięgnąć tej klamki

– albo pojechać na tym rowerze. Zawiść skłania cię do podjęcia jeszcze jednej próby, wytężenia całych swoich sił, aż ci się powiedzie. Zdrowo jest czuć zawiść, to naturalna rzecz. Kiedy dzieciom wolno wyrażać zawiść, nabierają do niej właściwego podejścia i dlatego w dorosłym życiu szybko ją przezwyciężają.

Dzieci, którym daje się odczuć, że nieładnie jest być zawistnym – że nie powinno jej się okazywać ani nawet odczuwać – nie będą umiały uporać się z zawiścią jako dorośli.

Tłumiona zawiść przeradza się w zazdrość, uczucie bardzo nienaturalne.

Z zazdrości zabijano. Wybuchały wojny, ginęły narody.

Strach jest naturalny. Wszystkie dzieci przychodzą na świat bojąc się tylko dwóch rzeczy: spadania i hałasu. Pozostałe lęki są reakcjami nabytymi, wyuczonymi pod wpływem otoczenia, przekazanymi przez rodziców. Celem naturalnego strachu jest zaszczepienie ostrożności. Ostrożność pozwala utrzymać się przy życiu. Wyrasta z miłości. Miłości Jaźni.

Dzieci, którym wpaja się, że nie wypada się bać – że nie powinno się lęku uzewnętrzniać, ani nawet odczuwać – będą miały trudności z opanowaniem swego strachu w dorosłym życiu.

Nieustannie tłumiony lęk przeradza się w panikę, uczucie bardzo nienaturalne.

W panice zabijano. Wybuchały wojny, ginęły narody.

Miłość jest naturalna. Kiedy dziecku pozwala się ją swobodnie wyrażać i przyjmować bez wstydu, zahamowań, ograniczeń, niczego więcej nie potrzeba. Albowiem radość obdarowywania i chłonięcia miłości całkowicie wystarcza. Lecz miłość obwarowana warunkami, wypaczana nakazami i zakazami, kontrolowana, manipulowana, chowana, staje się wynaturzona.

Dzieci, którym daje się do zrozumienia, że ich naturalna miłość jest niewłaściwa – że nie powinno się jej okazywać ani nawet doświadczać – czeka ciężkie zadanie w przyszłości.

Miłość duszona w sobie przeradza się w zaborczość, uczucie bardzo nienaturalne.

Wskutek zaborczości zabijano. Wybuchały wojny, ginęły narody.

I w ten oto sposób naturalne uczucia, tłumione, wynaturzają się i wywołują reakcje zaburzone. A naturalne uczucia dusi w sobie większość ludzi. Lecz one są waszymi sprzymierzeńcami. To wasze dary. Boskie narzędzia, z pomocą których wykuwacie swoje doświadczenie.

Otrzymujecie je przy narodzinach. Mają za zadanie pomóc wam przejść przez życie.

Dlaczego większość ludzi tłumi w sobie te uczucia?

Tak ich nauczono. Tak im kazano.

Kto im to wpoił?

Rodzice. Wychowawcy.

Ale ***dlaczego?*** *Po co mieliby to robić?*

Bo tak ich nauczyli rodzice, a tych z kolei ich rodzice.

Tak, zgoda. Lecz ***dlaczego?*** *Co jest grane?*

Sęk w tym, że wychowaniem dzieci zajmują się u was nieodpowiednie osoby.

Jak to „nieodpowiednie"? Kogo masz na myśli?

Ojca i matkę dzieci.

Ojciec i matka nie nadają się do wychowywania swoich dzieci?

Nie, kiedy oboje są młodzi. W większości przypadków. To cud, że tak wielu osiąga zupełnie niezłe wyniki.

Nikt nie jest mniej powołany do rodzicielskiego zadania od młodych rodziców. I tak przy okazji, nikt nie zdaje sobie z tego sprawy bardziej niż oni sami.

Większość przystępuje do wychowywania dzieci z nikłym zasobem życiowych doświadczeń. Ledwo sami zdążyli się usamodzielnić. Wciąż szukają odpowiedzi, wypatrują wskazówek.

Jeszcze siebie nie odnaleźli tak naprawdę, a próbują pokierować rozwojem istot jeszcze bardziej bezradnych od nich.

Nie określili siebie, a muszą określać innych. Sami jeszcze nie uporali się z narzuconym im przez rodziców wypaczonym obrazem samych siebie.

Nie poznali siebie naprawdę, a próbują powiedzieć tobie, kim jesteś. Spoczywa na nich ciężar prawidłowego ukształtowania swoich dzieci, a nie potrafią uporządkować własnego życia. Odbija się to na ich życiu i życiu dzieci.

Przy odrobinie szczęścia krzywda wyrządzona dzieciom okaże się niezbyt groźna. Potomstwo sobie z nią poradzi – ale zdąży zapewne przekazać część szkodliwego dziedzictwa własnym potomkom.

Ludzie na ogół zyskują mądrość, cierpliwość, zrozumienie oraz miłość niezbędne do tego, aby być świetnymi rodzicami **dopiero wtedy, gdy sami przestają być zdolni do rozrodu.**

Nie bardzo rozumiem, dlaczego tak jest. Wiem, że twoje spostrzeżenia przeważnie są trafne, ale dlaczego tak się dzieje?

Ponieważ osiągnięcie zdolności rozrodczych znacznie wyprzedza wykształcenie zdolności rodzicielskich. Wychowywaniem potomstwa powinniście zająć się wtedy, gdy przestajecie być zdolni do jego płodzenia.

To wciąż dla mnie trochę niejasne.

Ludzie zdolni są do płodzenia dzieci, kiedy sami są jeszcze dziećmi, czyli, co może cię zaskoczyć, przez czterdzieści czy nawet pięćdziesiąt lat.

Ludzie pozostają „dziećmi" przez ***czterdzieści do pięćdziesięciu lat?***

Gdy spojrzeć na to pod pewnym kątem, tak. Wiem, że trudno ci się z tym pogodzić, ale spójrz dookoła siebie. Może wyczyny twojej rasy przekonają cię, że mam rację.

Wszystko bierze się stąd, że w waszym społeczeństwie przyjmuje się ukończenie 21 lat za oznakę „dorosłości". Dodajmy do tego fakt, że rodzice wielu z was nie mieli dużo więcej niż 21 lat, gdy zaczęli was wychowywać, a problem ukaże się w całej swej rozciągłości.

Gdyby osobom zdolnym do rozrodu było przeznaczone rodzicielstwo, płodzenie potomstwa byłoby niemożliwe przed skończeniem 50 lat! Płodzeniem dzieci mieli zajmować się młodzi, o tęgich i dobrze rozwiniętych ciałach. Od ich **wychowywania** zaś mieli być starsi, o tęgich i dobrze rozwiniętych umysłach.

Ale wy uparliście się, że wyłączna odpowiedzialność za dzieci spoczywa na ich rodzicach. Skutkiem tego jest nie tylko niesłychane utrudnienie zadania wychowania dzieci, ale również wypaczenie energii otaczających samo seksualne zbliżenie.

Aa... mógłbyś to wyjaśnić?

Chętnie.

Do tego samego wniosku doszło też wielu ludzi. Zasadniczo chodzi o to, że przeważająca większość Ziemian tak naprawdę nie jest zdolna do wychowywania dzieci, kiedy zdolna jest do ich poczęcia. Jednak dokonawszy tego spostrzeżenia, ludzie wymyślili całkowicie chybione rozwiązanie.

Zamiast pozwolić młodym rozkoszować się seksem, nawet jeśli prowadzi to do powstania potomstwa, wy przestrzegacie ich przed oddawaniem się mu, **dopóki nie będą gotowi wziąć na siebie odpowiedzialności za wychowanie dzieci.** Potępiacie podejmowanie przez nich współżycia „przedwcześnie" i obłożyliście tabu dziedzinę, która z założenia jest radosną celebracją życia.

Oczywiście, młodzi nie zważają na takie tabu – i słusznie: **przestrzeganie go jest całkowicie wbrew naturze.**

Ludzie pragną się łączyć i obcować intymnie, jak tylko usłyszą wewnętrzny głos, mówiący, że są już do tego gotowi. **Taka jest ludzka natura.**

Lecz to, jak ją widzą, w większej mierze jest dziełem rodziców; to oni podpowiadają im, co czują w środku. Dzieci w was upatrują wyroczni, która oznajmi im, co sądzić o życiu.

Więc kiedy odzywa się w nich pociąg do odmiennej płci, do przyglądania się, do niewinnej zabawy we dwoje, do poznawania wzajemnych „różnic", będą wypatrywali waszego osądu. Czy ta cześć ich ludzkiej natury jest „dobra"? „Zła"? Czy znajduje aprobatę? Czy należy to zdusić w zarodku? Chować w sobie? Zniechęcać?

Z obserwacji wynika, że to, co rodzice na ogół przekazują swoim dzieciom o tym obszarze ludzkiej natury, ma swoje źródło w tym, co **im samym** wpojono, w tym, co głosi ich **religia,** w tym, co sądzi na ten temat **społeczeństwo** – słowem, we wszystkim, tylko nie w naturalnym porządku rzeczy.

W przypadku waszego gatunku seksualność budzi się miedzy 9. a 14. rokiem życia. Od 15. roku życia u większości ludzi zaczyna się już przejawiać. I wtedy rusza wyścig z czasem – dzieci dążą do wyładowania rozpierającej ich radosnej energii seksualnej, a rodzice za wszelka cenę próbują je powstrzymać.

W tej rozgrywce rodzice szukają sojuszników na lewo i na prawo, albowiem, jak już powiedzieliśmy, wymagają od swego potomstwa **zaniechania** czegoś, co jak najbardziej leży w ludzkiej naturze.

W tym celu dorośli wymyślili wszelkiego rodzaju rodzinne, kulturowe, społeczne i ekonomiczne nakazy, ograniczenia i obwarowania, aby uzasadnić swe nienaturalne żądania w stosunku do potomstwa. Dzieci zaś wzrastają w przekonaniu, że ich seksualność jest **wbrew naturze.** Czy coś „zgodnego z naturą" byłoby tak piętnowane, utrącane, kontrolowane, powściągane i wypierane?

Chyba trochę przesadzasz. Nie sądzisz, że to za mocno powiedziane?

Czyżby? A jaki, twoim zdaniem, ma to wpływ na cztero- czy pięciolatka, kiedy rodzice nie posługują się nawet **poprawnymi** nazwami pewnych części ciała? Jaki komunikat przekazujesz dziecku o własnym stopniu swobody w tej dziedzinie i jaki w twej opinii ich stopień swobody powinien być w odniesieniu do tych anatomicznych obszarów?

Hmm...

No, właśnie... „hmm".

Cóż, „tych nazw się po prostu nie wymienia", jak mawiała moja babcia. Po prostu „ptaszek" czy „pupa" **brzmi** lepiej.

Tylko dlatego, że narosło wokół tych właściwych nazw tyle negatywnych skojarzeń, nie jesteście w stanie użyć ich w normalnej rozmowie.

Małe dzieci nie znają, rzecz jasna, nastawienia rodziców, pozostaje tylko w nich wrażenie, często **niezatarte,** że pewne części ciała są „brzydkie" i że wszystko, co się z nimi wiąże, jest co najmniej wstydliwe, krępujące – jeśli nie „złe".

W miarę dorastania, już jako nastolatki, dzieci przekonują się, że to nieprawda, ale wtedy już uświadamia im się dobitnie związek miedzy seksem a ciążą; tłumaczy, że będą musiały wziąć na siebie trud wychowania potomstwa, które spłodzą, i mają kolejny powód, aby sądzić, że wyrażanie swojej seksualności jest złe. I w ten sposób koło się zamyka.

Skutkiem tego jest panujący w waszym społeczeństwie zamęt – **nieunikniona konsekwencja zakłócania naturalnego porządku.**

Waszym dziełem jest okrycie erotyki wstydem, stłumienie jej – co wywołuje seksualne zahamowania, zaburzenia oraz przemoc.

Jako społeczeństwo zawsze będziecie odczuwać zahamowania na tle tego, czego się wstydzicie; zawsze będziecie przejawiać zaburzenia w zachowaniach, które zostały stłumione; i zawsze będziecie gwałtownie występować przeciwko piętnowaniu czegoś, co jak **w sercu czujecie, nigdy nie powinno być naznaczone hańbą.**

Więc Freud w zasadzie się nie mylił, twierdząc, że występująca tak powszechnie wśród ludzi napastliwość może mieć związek z seksualnością – głęboko zakorzeniona wściekłość z powodu konieczności zagłuszania podstawowych i naturalnych skłonności, instynktów, pasji.

Niejeden psychiatra ośmielił się to zauważyć. Człowiek się burzy wewnętrznie, ponieważ wie, że nie powinien się wstydzić czegoś, co daje mu taką przyjemność, a mimo to czuje winę, wstyd.

Przede wszystkim złości się na siebie za to, że czuje się tak dobrze robiąc coś, co przecież jest „złe".

Dalej, kiedy połapie się, że został wyprowadzony w pole – że seks z założenia jest chwalebnym, czcigodnym i cudownym składnikiem ludzkiego doświadczenia – oburza się na innych: na represyjnych rodziców, na bigoteryjną religię, na wyzywającą „płeć odmienną", na nadzorujące społeczeństwo.

Na koniec obracają swą złość przeciwko sobie samym za to, że pozwolili w ten sposób się zahamować.

Wiele tej tajonej złości legło u podstaw zniekształconych i niefortunnych zasad moralnych przyjętych w waszym społeczeństwie – gdzie upamiętnia się i czci ohydne akty zbrojnej przemocy, ale skrzętnie ukrywa się – czy, co gorsza, poniża – piękne przejawy miłości.

Wszystko to – **wszystko** – bierze się z przekonania, że ci, co płodzą dzieci, biorą zarazem na siebie trud ich wychowania.

Ale skoro rodzice nie są odpowiedzialni za wychowanie dzieci, to kto jest?

Cała społeczność. Szczególnie osoby starsze.

Starsi?

W wysoko rozwiniętych społeczeństwach właśnie starszyzna niańczy i kształci potomstwo, przekazuje mądrość, nauki i tradycje swojej rasy. Później powrócimy jeszcze do tego tematu.

Tam, gdzie nie potępia się płodzenia dzieci w młodym wieku – ponieważ zajmuje się nimi starszyzna plemienna i rodzicielstwo nie stanowi takiego ciężaru – nie słyszy się o hamowaniu ekspresji seksualnej, podobnie jak o gwałcie, zboczeniach i zaburzeniach na tle seksualnym.

Czy istnieją takie społeczeństwa na naszej planecie?

Owszem, ale zanikają. Od dawna je prześladujecie, zwalczacie, przerabiacie na swoją modłę, ponieważ uznaliście je za barbarzyńskie. W waszym, jak to określacie, postępowym społeczeństwie, dzieci (żony, mężowie) stanowią własność rodziców, jak mienie osobiste, i ci, co płodzą potomstwo, muszą je wychować, gdyż muszą zająć się tym, co „należy" do nich.

Podłożem wielu nękających was społecznych problemów jest pogląd, iż żony i dzieci stanowią własność osobistą, którą się „posiada".

Zajmiemy się kwestią „własności" w dalszej części, przy okazji rozważań o społecznościach wysoko rozwiniętych. Lecz teraz pomyśl tylko: Czy jest się emocjonalnie dojrzałym do wychowania dzieci, kiedy jest się zdolnym do ich płodzenia?

Prawda jest taka, że ludzie nie nadają się do rodzicielstwa nawet po trzydziestce czy po czterdziestce – i nie powinno się tego od nich oczekiwać. Nie żyją jeszcze dość długo, aby móc przekazać głęboką mądrość swoim dzieciom.

Słyszałem to już wcześniej. Mark Twain miał na ten temat podobne zdanie. Podobno powiedział kiedyś: „Kiedy miałem 19 lat, mój ojciec na niczym się nie znał. Ale kiedy skończyłem 35 lat, nie mogłem się nadziwić, jak wiele Stary się nauczył".

Świetnie to wyraził. Wczesne lata życia nigdy nie miały służyć nauczaniu prawdy, lecz jej gromadzeniu. **Jak możesz przekazać dzieciom prawdę, do której nie doszedłeś?**

To niemożliwe. Więc kończy się na tym, że uczysz ich jedynej znanej sobie prawdy – cudzej. Ojca, matki, kultury, religii. Każdej, tylko nie swojej własnej, której nadał szukasz.

I będziesz poszukiwał, eksperymentował, odnajdywał i gubił, tworzył i przetwarzał swoją prawdę, aż minie pół wieku, odkąd przebywasz na tej planecie, czy coś koło tego.

Wtedy być może ustatkujesz się, osiądziesz w swojej prawdzie. I zgodzicie się co do jednego: że nie ma stałej prawdy; że prawda, jak samo życie, jest zmienna, rozwija się, ewoluuje – a kiedy wydaje ci się, że stanąłeś w rozwoju, wręcz przeciwnie, właściwie dopiero zacząłeś ewoluować.

Tak, doszedłem do tego. Mam już ponad pięćdziesiąt lat i odkryłem tę prawdę.

To dobrze. Jesteś mądrzejszy. Starszy. Teraz powinieneś zająć się wychowywaniem dzieci. Albo jeszcze lepiej, odczekaj następnych dziesięć lat. To starsi znają prawdę i życie. Wiedzą, co jest ważne, a co nie. Co naprawdę znaczy uczciwość, lojalność, przyjaźń i miłość.

Rozumiem, co masz na myśli. Trudno się z tym pogodzić, ale do niedawna sami byliśmy jeszcze „dziećmi", teraz jesteśmy „uczniami" i rodzą się nam dzieci, wiemy, że musimy zacząć je uczyć. I dochodzimy do wniosku: cóż, przekażę im, czego nauczyłem się od rodziców.

I tak oto grzechy ojców przechodzą na synów, po siódme pokolenie.

Jak to zmienić? Jak przerwać ten krąg?

Oddajcie wychowanie dzieci w ręce Starszych. Rodzice mogą je widywać, kiedykolwiek zechcą, nawet mieszkać razem z nimi, ale nie będą ponosić wyłącznej odpowiedzialności za opiekę nad nimi. Fizyczne, społeczne i duchowe potrzeby dzieci zaspokajać będzie cała społeczność, a kształceniem i przekazywaniem wartości zajmować się będzie starszyzna.

W dalszej części tego dialogu porozmawiamy o innych sposobach życia panujących wśród wysoko rozwiniętych kultur wszechświata. Ale tych modeli nie da się zastosować do stylu życia ugruntowanego na waszej planecie.

Co masz na myśli?

Chodzi mi o to, że nie tylko wasz sposób wychowywania dzieci jest niewłaściwy, ale cały sposób życia.

Wciąż nie wiem, co masz na myśli.

Odsunęliście się od siebie. Rozbiliście rodziny, rozdarliście mniejsze społeczności wznosząc wielkie miasta. W wielkich miastach żyje więcej ludzi, ale brakuje więzi grupowej, „plemiennej", która sprawia, że członkowie grupy troszczą się o siebie nawzajem. Jesteście więc pozbawieni starszyzny. A przynajmniej jesteście od niej oddaleni.

Nie tylko się od nich oddaliliście, ale co gorsza, odepchnęliście od siebie starszych. Odstawiliście na boczny tor. Odebraliście wszelką władzę.

Niektórzy spośród was oskarżają nawet osoby w podeszłym wieku o to, że są pasożytami systemu, że domagają się świadczeń, za które muszą płacić młodzi oddając coraz większą część swoich dochodów.

To prawda. Socjologowie przewidują coś na kształt wojny pokoleń. Starszym będzie wypominać się, że żądają coraz więcej przy malejącym własnym wkładzie w dobro ogółu. Rośnie liczba osób w wieku emerytalnym, a co dopiero będzie, gdy zestarzeje się pokolenie z powojennego wyżu demograficznego i wydłużać się będzie średnia wieku.

Jeśli starsi nie wnoszą wkładu, to dlatego, że odebraliście im możliwości przysłużenia się społeczeństwu. Każecie im przechodzić na emeryturę właśnie wtedy, kiedy mogliby przynieść firmie korzyści, wycofać się z czynnego udziału w życiu właśnie wtedy, kiedy ich udział mógłby nadać sens waszym poczynaniom.

Nie tylko w dziedzinie wychowania dzieci, ale i w polityce, gospodarce, a nawet w religii, gdzie starsi tradycyjnie odgrywali ważną rolę, wasze społeczeństwo wyniosło na piedestał młodość, a starość zepchnęło w cień.

Jesteście też społeczeństwem jednostek, a nie zbiorowości.

Indywidualizując i odmładzając społeczeństwo zatraciliście zarazem jego bogate zasoby. Bez nich tak wielu żyje obecnie w uczuciowym i psychicznym niedostatku.

Ponawiam swoje pytanie. Czy można jakoś przerwać ten krąg?

Przede wszystkim musicie uznać jego realność. Tylu ludzi nie przyjmuje tego do wiadomości. Tylu udaje, że jest inaczej. Okłamujecie samych siebie, nie chcecie słyszeć prawdy, a tym bardziej jej głosić.

Tym również zajmiemy się później, przyglądając się cywilizacjom istot oświeconych, ponieważ niemożność dostrzeżenia i uznania tego, jak jest, to nie błahostka. I jeśli szczerze pragniecie zmiany, mam nadzieję, że chociaż Mnie wysłuchacie.

Nadszedł czas mówienia prawdy, prosto i bez ogródek. Jesteś gotów?

Jestem. Po to do Ciebie przyszedłem. Temu właśnie służą te rozmowy.

Prawda często jest niewygodna. Lecz tych, którzy się z nią liczą, nie drażni. Wręcz przeciwnie, uskrzydla.

Dla mnie cały ten trzyczęściowy dialog był uskrzydlający. Mów dalej, proszę.

Jest powód do zadowolenia. Coś zaczyna się zmieniać. Wasza rasa kładzie obecnie większy nacisk na tworzenie społeczności, rodzin wielopokoleniowych. Coraz bardziej szanujecie starszych, pozwalacie, aby ich życie nabrało wartości, sensu. To ogromny krok w cudownie pożytecznym kierunku.

Tak więc dokonuje się „zwrot". Wygląda na to, że zrobiliście pierwszy krok. Teraz musicie pójść dalej.

Nie można zaprowadzić takich zmian z dnia na dzień. Nie da się jednym posunięciem zastąpić obecnego modelu wychowawczego, bo od tego zaczęły się nasze rozważania. Ale krok po kroku możecie zmieniać swoją przyszłość.

Zapoznanie się z tą książką stanowi taki krok. Nim dojdziemy do końca, powtarzać się w niej będą pewne kluczowe zagadnienia. Nie przez przypadek. Dla podkreślenia ich wagi.

Zapytałeś, jak zabrać się do budowania waszego jutra. Popatrzmy najpierw na wasze wczoraj.

2

Co wspólnego ma przeszłość z przyszłością?

Kiedy znasz przeszłość, lepiej możesz zobaczyć swoją możliwą przyszłość. Zwróciłeś się do mnie z pytaniem, jak macie naprawić obecny stan rzeczy. Warto, abyście wiedzieli, jak doprowadziliście się do położenia, w jakim tkwicie dziś.

Opowiem ci o władzy i o sile – i jak się od siebie różnią. Wyjaśnię, jak to się stało, że wynaleźliście postać Szatana, i po co ją wymyślono, i dlaczego uznaliście, że wasz Bóg jest rodzaju męskiego, nie żeńskiego.

Ukażę, Kim Jestem Naprawdę, w przeciwieństwie do waszych wyobrażeń o Mnie w mitologiach. Opiszę Mój stan Bycia, Bogo-stan, w taki sposób, że z radością zastąpicie mitologię kosmologią – rzeczywistym obrazem wszechświata i relacji miedzy nim a Mną. Nauczę cię o życiu, jak działa i dlaczego tak przebiega. Tym wszystkim sprawom poświęcony jest ten rozdział.

Kiedy poznasz to wszystko, zdecydujesz, co odrzucić z wytworów twojej rasy. Albowiem część trzecia naszych rozmów traktuje o budowaniu nowego świata, tworzeniu nowej rzeczywistości.

Zbyt długo żyliście, dzieci Moje, w ustanowionym przez siebie więzieniu. Czas się wyzwolić.

Skrępowaliście swych pięć naturalnych uczuć, obróciliście je w emocje wynaturzone, które sprowadzają nieszczęście, śmierć i zniszczenie na wasz świat. Obowiązujący na waszej planecie od wieków wzór zachowania, to nie „folguj" swoim uczuciom. Jeśli czujesz smutek, uporaj się z nim; jeśli czujesz złość, zdław ja; jeśli czujesz zawiść, wstydź się jej; jeśli czujesz strach, zwalcz go; jeśli czujesz miłość, hamuj ja, wstrzymuj, uciekaj od niej – zrób wszystko, byle jej nie okazać, w całej pełni, tutaj i teraz.

Czas się wyzwolić.

Zaiste, zniewoliliście swą Świętą Jaźń. I czas Ją oswobodzić.

Już cały się palę do czynu. Od czego mamy zacząć? I jak?

Cofnijmy się do czasów, kiedy to wasze społeczeństwo gruntownie się przeobraziło. Wtedy właśnie mężczyźni stali się dominującą płcią i uznali, że okazywanie uczuć jest niewłaściwe – a nawet niewskazane w pewnych przypadkach ich doznawanie.

Co masz na myśli mówiąc o „przeobrażeniu się społeczeństwa"? O co tutaj chodzi?

We wcześniejszym okresie swoich dziejów tworzyliście społeczeństwo matriarchalne. Potem nastąpił przewrót i wyłonił się patriarchat. Kiedy dokonaliście tego przewrotu, odeszliście od wyrażania swych emocji. Nazwaliście to oznaką „słabości". Wtedy to mężczyźni wymyślili diabła oraz Boga rodzaju męskiego.

Mężczyźni wymyślili diabła?

Owszem. Szatan to zasadniczo męskie dzieło. Ostatecznie przystało na to całe społeczeństwo, ale odwrót od uczuć i wynalezienie „Złego" było wyrazem buntu mężczyzn przeciwko porządkowi matriarchalnemu, w którym władzę sprawowały kobiety kierując się swymi uczuciami. Przewodziły we wszystkich dziedzinach życia – polityce, religii, nauce, uzdrawianiu.

A jaką władzę mieli mężczyźni?

Żadną. Musieli usprawiedliwić jakoś swoje istnienie, gdyż ich rola sprowadzała się w gruncie rzeczy do zapładniania i przenoszenia ciężarów. Przypominali mrówki-robotnice czy pszczoły w ulu. Zajmowali się pracą fizyczną i zapewniali potomstwo.

Długo trwało, zanim znaleźli dla siebie ważniejsze miejsce w ówczesnym ustroju. Minęły wieki, nim dopuszczono ich do głosu w sprawach klanu. W opinii kobiet nie byli dostatecznie bystrzy, aby się na tym znać.

Trudno sobie wyobrazić, aby w społeczeństwie odmówiono prawa głosu jakiejś kategorii obywateli, i to z powodu ich płci.

Doceniam twoje poczucie humoru, naprawdę. Mogę mówić dalej?

Proszę.

Upłynęło sporo czasu, zanim przyszło im do głowy objęcie przez nich samych przywódczych stanowisk, na jakie mieli wreszcie możliwość głosować. Poza ich zasięgiem były też inne wpływowe pozycje.

Lecz kiedy wreszcie przejęli władzę w społeczeństwie, kiedy w końcu wybili się ponad swój dotychczasowy status „dzieciorobów" i „wołów roboczych", trzeba oddać im tę zasługę, że nie wykorzystali swej przewagi, uznali władzę i wpływ kobiet, zachowali dla nich szacunek, należny wszystkim ludziom bez względu na płeć.

Znów ta ironia.

Och, przepraszam. Czyżbym pomylił planety?

Wróćmy do naszych rozważań. Lecz zanim przejdę do wynalezienia „diabla", pomówmy o władzy. Ponieważ z nią właśnie wiązało się wymyślenie Szatana.

Zmierzasz zapewne do tego, że w dzisiejszym społeczeństwie całą władzę zagarnęli mężczyźni, prawda? Pozwól, że Cię uprzedzę i powiem, dlaczego tak się stało.

Jak stwierdziłeś wcześniej, w okresie matriarchatu mężczyźni byli niby pszczoły służące królowej roju. Wykonywali ciężką pracę oraz zapewniali i ochraniali potomstwo. Miałem wtedy ochotę wykrzyknąć: „Więc co się zmieniło? Tym właśnie zajmują się obecnie!" Gotów jestem się założyć, że wielu mężczyzn przyznałoby mi rację – z tym że teraz każą sobie słono płacić za swe „niewdzięczne zadanie". Mają więcej władzy.

Prawie całą.

No, dobrze, prawie całą. Ale sęk w tym, że i jedna, i druga płeć uważa, iż to właśnie ona jest od tych niewdzięcznych zadań, a tej drugiej przypada cała uciecha z życia. Męż-

czyźni krzywo patrzą na kobiety, które upominają się o część należnej im władzy, ponieważ są przekonani, że to przerasta siły pań.

Kobiety krzywo patrzą na panów, którzy sprawują całą władzę, i zarzekają się, że dłużej nie będą służyły społeczeństwu, nie dostając w zamian nawet odrobiny władzy.

Twoja analiza jest prawidłowa. I zarówno mężczyźni, jak i kobiety skazani są na powtarzanie własnych błędów w wiecznym kręgu nieszczęść sprowadzonych na siebie własnymi rękami, dopóki jedna ze stron nie zrozumie, że w życiu nie chodzi o władzę, lecz o siłę. Dopóki obie nie dostrzegą, że chodzi o jedność, a nie o podział. Gdyż w **jedności** leży **siła,** a ulega rozproszeniu w stanie podziału – dlatego tak bardzo zabiega się wtedy o władzę.

Powiadam: Przezwyciężcie rozbicie między sobą, zerwijcie ze złudzeniem odrębności, a odzyskacie źródło waszej wewnętrznej siły. Tam znajdziecie prawdziwą moc. Moc spełnienia czegokolwiek. Moc bycia czymkolwiek. Albowiem moc tworzenia bierze się z wewnętrznej siły, która jest dziełem jedności.

Dotyczy to związku między tobą i twoim Bogiem – tak samo jak twych stosunków z bliźnimi.

Przestańcie myśleć o sobie w oderwaniu od reszty, a zyskacie prawdziwą moc – jako ponadnarodowe społeczeństwo i jako jego indywidualna cząstka – którą rozporządzać możecie do woli.

Pamiętajcie jednak:

Moc bierze się z wewnętrznej siły. Wewnętrzna siła nie wynika z samej władzy. Podobnie jak wiele innych prawd, i tę wasz świat pojmuje na opak.

Władza bez siły wewnętrznej to złudzenie. Wewnętrzna siła bez jedności to fałsz. Kłamstwo, które nie przysłużyło się waszej rasie, niemniej zapadło głęboko w jej świadomość. Albowiem uważacie, że wewnętrzna moc płynie z **odrębności, indywidualności,** a tak po prostu nie jest. Przyczyną wszelkich zaburzeń i cierpienia jest wasze oddzielenie od Boga i od siebie nawzajem. Mimo to odrębność wciąż brana jest za siłę, a fałsz ten utwierdzany jest przez waszą politykę, ekonomię, a nawet religię.

Stanowi on podłoże wszelkich wojen i walk klasowych, które prowadzą do wojen; wszelkich konfliktów między rasami i płciami; wszelkich walk o władzę, które rodzą konflikt; wszelkich osobistych utrapień i zgryzot, i wszelkich tarć, z których się one biorą.

Lecz wy uparcie trzymacie się tego kłamstwa, nieważne, jakie dotąd przyniosło rezultaty – nawet jeśli grozi wam zagłada.

Lecz wiedz to: Poznaj prawdę, a prawda cię wyzwoli.

Nie ma odrębności. Ani między wami nawzajem, ani między wami i Bogiem, ani między wami i czymkolwiek, co jest.

Powtarzać to będę raz po raz na tych stronicach.

Postępuj tak, jakbyś nie był od niczego, czy od nikogo oddzielony, a jutro uzdrowisz swój świat.

Oto największy sekret w dziejach. Oto odpowiedź, której człowiek poszukiwał od dawien dawna. Oto rozwiązanie, do którego dążył, objawienie, o które się modlił.

Działaj tak, jakbyś był nie oddzielony od niczego, i uzdrowisz świat.

Zrozum, że chodzi o moc płynącą ze wspólnoty, a nie o władzę nad drugim.

Dzięki Ci. Pojąłem to. A wracając do tematu, najpierw kobiety rządziły mężczyznami, a teraz jest na odwrót. I to mężczyźni wymyślili diabła, aby wydrzeć władzę z rąk przywódczyń klanu czy plemienia?

Tak. Posłużyli się strachem, ponieważ było to jedyne narzędzie w ich posiadaniu.

I niewiele się od tamtych czasów zmieniło. Dziś też tak postępują. Czasem nawet zanim spróbują przemówić do ***rozumu,*** *sięgają po strach. Zwłaszcza gdy są to więksi, potężniejsi mężczyźni. (Lub większe, potężniejsze narody.) Nieraz wydaje się to wręcz wyryte w ich naturze. Wpisane w* ***komórki.*** *Prawo silniejszego.*

I jest tak, odkąd obalony został matriarchat.

Jak do tego doszło?

Temu poświęcony jest ten krótki wywód.

W takim razie zamieniam się w słuch.

Do przejęcia kontroli potrzebne było nie przekonanie kobiet o tym, że mężczyznom należy się więcej władzy nad swoim życiem, lecz przekonanie pozostałych mężczyzn.

Przecież wszystko toczyło się gładko i były gorsze sposoby spędzania dni niż potwierdzanie swej przydatności pracą, a później uprawianie seksu. Trudno więc było poddanym mężczyznom namówić innych poddanych mężczyzn do objęcia panowania. Dopóki nie wpadli w lęk.

Tego jednego kobiety nie brały pod uwagę.

Ten lęk zrodził się z wątpliwości, jakie zasiali najbardziej niezadowoleni wśród mężczyzn. Zazwyczaj byli oni zarazem najmniej „atrakcyjni" – cherlawi, niezbyt urodziwi, a więc nie cieszący się zainteresowaniem płci przeciwnej.

I pewnie dlatego, że tak było, ich szemranie zbywano jako rozczarowanie na tle seksualnym.

Zgadza się. Niezadowoleni mężczyźni zmuszeni byli uciec się do jedynego dostępnego im środka. Dopilnowali, aby ziarna wątpliwości obrodziły lękiem. A jeśli kobiety się mylą? – pytali. A jeśli ich sposób rządzenia światem nie jest najlepszy? A jeśli, w gruncie rzeczy, prowadzi on w prostej drodze całą społeczność – cała rasę – do niechybnej zagłady?

Tego wielu mężczyzn nie potrafiło nawet sobie wytłumaczyć. Jak to, czyż kobiety nie łączy bezpośrednia więź z Boginią? Czyż nie stanowią one, w istocie, dokładnego odzwierciedlenia Bogini? I czyż Bogini nie jest łaskawa?

Nauki te były tak nieodparte, tak żywotne, że mężczyźni nie mieli innego wyjścia niż wynaleźć diabła, Szatana, jako przeciwwagę dla bezbrzeżnej dobroci Bogini, wielbionej w matriarchalnym społeczeństwie.

Jak udało im się przekonać kogokolwiek o istnieniu „złego"?

Co do jednej rzeczy wszyscy byli wtedy zgodni – iż w niewytłumaczalny sposób trafiają się wśród potomstwa „robaczywe jabłka". Nawet kobiety wiedziały z własnego doświadczenia, że choćby nie wiem jak się starały, niektóre dzieci po prostu okazywały się „wredne". Szczególnie, o czym było wiadomo wszystkim, chłopcy, których nie dawało się ujarzmić.

I tak powstał mit.

Pewnego dnia, mówił ów mit, Wielka Matka, Bogini, wydała na świat dziecko, które okazało się niedobre. Próbowała wszystkiego, lecz ono po prostu nie chciało być dobre. Chłopiec ten w końcu wystąpił przeciwko Jej panowaniu.

Tego nie mogła znieść nawet Wielka Matka, miłująca i wybaczająca. Chłopiec został przepędzony raz na zawsze, lecz nadal dawał o sobie znać w sprytnych przebraniach i kostiumach, czasem nawet podając się za samą Boginię.

Mit ten stał się podstawą do wystąpienia mężczyzn. „Skąd wiadomo, że Bogini, której oddajemy cześć, to prawdziwa Bogini? To może być jej syn, który dorósł i próbuje nas zwieść".

Dzięki temu udało się mężczyznom w pozostałych wywołać niepokój, następnie złość na kobiety za to, że lekceważą ich niepokój, i wreszcie bunt.

W ten sposób stworzono istotę, która nazywacie Szatanem. Nietrudno było wymyślić mit o „złym dziecku", przekonać nawet kobiety o możliwości istnienia takiego tworu. Łatwo też było zaakceptować, że to wyrodne dziecko jest płci męskiej. Czyż mężczyźni nie stanowił} podrzędnego gatunku?

Umożliwiło to postawienie „mitologicznego problemu". Skoro „niedobre dziecko" jest płci męskiej, skoro „zły" jest rodzaju męskiego, to kto się mu przeciwstawi? Z pewnością nie żeńska Bogini. Albowiem przebiegle dowodzili mężczyźni, kiedy w grę wchodzi mądrość i przenikliwość, miłosierdzie i jasność widzenia, myślenie i planowanie, kobiety przewyższają mężczyzn. Lecz w przypadku brutalnej siły, czyż nie potrzeba „chłopa"? Wcześniej męskie postaci w mitologii spełniały rolę małżonków, towarzyszy, usługujących paniom i zaspokajających swą żądzę w hołdzie Jej Królewskiej Mości Bogini.

Teraz jednak konieczna była męska figura do innych zadań, zdolna obronić Boginię i pokonać wroga. Przeistoczenie to nie dokonało się z dnia na dzień, lecz na przestrzeni wielu lat. Stopniowo zaczęto dostrzegać w małżonku również obrońcę, gdyż teraz kiedy było przed kim chronić Boginię, taki obrońca wyraźnie był potrzebny.

Stąd nieduży był już krok do **równorzędnego partnera,** stojącego obok Bogini. Tak doszło do powstania Boga rodzaju męskiego i przez dłuższy czas Bogowie i Boginie królowali w mitologiach pospołu. Stopniowo jednak Bogowie zaczęli odgrywać większą rolę. Potrzeba ochrony, siły wypierała potrzebę mądrości i miłości. Nowy rodzaj miłości narodził się w mitologii. Miłość, która chroni przy pomocy brutalnej siły. Miłość zazdrosna o to, czego broni; walcząca i ginąca za Boginie.

Powstały mity o Bogach o ogromnej sile, toczących boje w niebiosach o Boginie niewysłowionej urody. I tak pojawił się **zazdrosny Bóg.**

To fascynujące.

Poczekaj, to jeszcze nie koniec.

Nie minęło wiele czasu, a zazdrość Bogów przestała dotyczyć tylko Bogiń, lecz rozszerzyła się na wszelkie stworzenia zamieszkujące wszystkie światy. Lepiej Go kochać, grzmieli każdy z osobna ci zazdrośni Bogowie, Jego i żadnego innego – **bo inaczej!**

Ponieważ mężczyźni górowali siłą nad wszystkimi, a owi Bogowie byli najpotężniejsi wśród rodzaju męskiego, mało kto ośmielił się kwestionować nową mitologię.

Powstawały opowieści o tych, którzy wystąpili przeciwko Bogom i przegrali – tak narodził się **gniew Boga.**

Wkrótce całkowicie wypaczono pojęcie Bóstwa. Zamiast być źródłem wszelkiej miłości, dawało początek bojaźni i trwodze.

Model miłości w przeważającej mierze noszący cechy kobiece – nieskończenie wyrozumiała miłość matki do dziecka i nawet, owszem, kobiety do jej niezbyt rozgarniętego, ale w sumie pożytecznego mężczyzny, ustąpiła miejsca zazdrosnej, gniewnej miłości wymagającego Boga, który nie tolerował żadnego sprzeciwu, nie dopuszczał radosnej beztroski i nie puszczał płazem żadnego uchybienia.

Uśmiech pogodnej Bogini, z wdziękiem poddającej się prawom natury i doświadczającej bezbrzeżnej miłości, zastąpiło srogie oblicze niezbyt zadowolonego Boga, ogłaszającego swą władzę nad prawami natury i na zawsze zawężającego miłość.

Oto Bóg, jakiego dziś wielbicie, i oto jak znaleźliście się w swym obecnym położeniu.

Zadziwiające. Ciekawe i zadziwiające. Ale dlaczego mi o tym wszystkim opowiadasz?

Ważne jest, abyś wiedział, że to wy **to wszystko wymyśliliście.** „Prawo silniejszego", „władza znaczy siła" to koncepcje rodem z mitów stworzonych przez mężczyzn.

Bóg gniewny, zazdrosny to wasze wyobrażenie. Ale tyle czasu tak to sobie przedstawialiście, że stało się rzeczywistością. Niektórzy z was nadal uznają ten wizerunek za prawdę. Lecz nie ma on nic wspólnego z ostateczną rzeczywistością czy z tym, co się tu naprawdę dzieje.

A co mianowicie?

Twoja dusza tęskni za **najszczytniejszym doświadczeniem samej siebie,** jakie może sobie wyobrazić. Po to przyszła na ten świat – aby się urzeczywistnić w doświadczeniu.

Lecz niebawem odkryła przyjemności zmysłowe – nie tylko seks, ale wszelkie rozkosze ciała – i oddając się nim, zapomniała o przyjemnościach duchowych.

To również są rozkosze – większe rozkosze, aniżeli może dać ciało. Lecz dusza przestała o nich pamiętać.

Widzę, że odchodzimy poniekąd od rozważań o historii i zahaczamy o coś, co już niejednokrotnie poruszaliśmy w naszych rozmowach. Może odświeżysz pamięć moją i czytelników?

Tak naprawdę nie odchodzimy od rozważań o historii. Staramy się wszystko ze sobą powiązać. Zrozum, to całkiem proste. Celem, jaki stawia sobie twoja dusza – powodem, dla którego się wciela – jest być tym, Kim W Istocie Jesteś, i wyrazić to. Dusza za tym tęskni, za poznaniem siebie w doświadczeniu.

Ta tęsknota za poznaniem siebie to nic innego jak życie dążące do zaistnienia. To Bóg postanawiający wyrazić swoje Bóstwo. Bóg z waszych opowieści nie jest Bogiem prawdziwym. W tym właśnie rzecz. Ja wyrażam siebie i doświadczam za pośrednictwem twojej duszy i innych.

Czy to w gruncie rzeczy nie ***ogranicza*** *Twojego doświadczenia?*

Ogranicza, chyba że jest inaczej. To zależy od ciebie. Ty wybierasz poziom, na którym Mnie wyrażasz. Byli już tacy, którzy obrali szczytny wyraz. Ale nikt nie przewyższył pod tym względem Jezusa Chrystusa – choć kilku mu dorównało.

Chrystus nie jest najwyższym przykładem?

Jest. Ale nie tylko on osiągnął ten stan. Chrystus jest Bogiem, który stał się Człowiekiem. Tylko że nie on jeden jest człowiekiem, przez którego wyraża się Bóg.

Każdy z was jest „Bogiem, który stał się. Człowiekiem". Jesteście Mną pod różnymi postaciami. I nie martw się tym, że Mnie zawężacie, czy tym, jak bardzo Mnie to ogranicza. Czy sądzisz, że jesteście jedyną formą, jaką obrałem? Jedynymi stworzeniami, w które tchnąłem Moją Istotę?

Powiadam ci, kryję się w każdym kwiecie, w każdej tęczy, każdej gwieździe w niebiosach, we wszystkim, na każdej planecie obiegającej każdą gwiazdę.

Jestem głosem wiatru, ciepłem słońca, niepowtarzalnym kształtem i nadzwyczajną doskonałością każdego płatka śniegu. Dostojeństwem wzlatującego orła i niewinnością sarny w polu; odwagą lwa, mądrością starożytnych.

I nie przejawiam się wyłącznie w postaciach występujących na waszej planecie. Naprawdę nie wiecie, Kim Jestem, tylko wam się tak wydaje. Nie sądźcie jednak, że to, Kim Jestem, ogranicza się do was, że tylko was obdarzyłem swą Boską Istotą – tym Świętym Duchem. Przypuszczenie takie byłoby pychą, i do tego błędem.

Mój Byt jest we wszystkim. Wszystkim. Całość jest Mym Wyrazem. Wszechność Moją Naturą. Nie ma rzeczy, którą Nie Jestem, nie może zaistnieć coś, czym Nie Jestem.

Stworzyłem was po to, Moje drogie dziatki, aby doświadczyć Siebie jako Twórcę Mego Własnego Doświadczenia.

To nie dla wszystkich jest zrozumiałe. Pomóż nam wszystkim to pojąć.

Aspektem Boga, który mogło urzeczywistnić tylko bardzo szczególne stworzenie, jedyne w swoim rodzaju, był Mój aspekt jako Stwórcy.

Nie jestem Bogiem z waszych mitów ani też Boginią. Jestem Stwórcą – Tym, Co Stwarza. Lecz pragnę Poznać Siebie w Moim Doświadczeniu.

Tak jak znam doskonałość Mego kształtu dzięki płatkowi śniegu, Me urzekające piękno dzięki róży, tak i znam Mą moc tworzenia – za twoim pośrednictwem.

Ciebie obdarzyłem zdolnością świadomego tworzenia swego doświadczenia, którą posiadam.

Za twoim pośrednictwem mogę poznać każdą Moją stronę. Doskonałość płatka śniegu, urzekające piękno róży, odwaga lwów, dostojeństwo orłów; wszystko to masz w sobie. Zawarłem w tobie to wszystko i coś jeszcze – świadomość, abyś zdał sobie z tego sprawę.

W ten sposób otrzymałeś samoświadomość. I zarazem najwspanialszy dar, albowiem masz świadomość, że jesteś sobą – dokładnie tak jak Ja.

Ja jestem Mną, świadomy tego, że jestem Mną.

To właśnie rozumie się przez stwierdzenie – „Jam Jest, Który Jest".

Ty jesteś tą Cząstką Mnie, która jest świadomością doświadczaną.

A doświadczasz (a Ja za twoim pośrednictwem) Mnie, stwarzającego Mnie.

Ja stwarzam Mnie nieustannie.

Czy to znaczy, że Bóg nie jest stały? Czy to znaczy, że nie wiesz, ***czym*** *będziesz za chwilę?*

Jak mogę wiedzieć? Ty jeszcze tego nie postanowiłeś!

Wyjaśnijmy to sobie. To ja o tym wszystkim decyduję?

Owszem. Jesteś Mnę, wybierającym bycie Mną.

Jesteś Mną, postanawiającym być tym, Kim Jestem – i kim będę za chwilę.

Wszyscy razem o tym decydujecie. Robi to każdy z osobna, wybierając, Kim Jest, i doświadczając tego, i robicie to zbiorowo, jako współtworzący zbiorowy byt.

Ja Jestem sumą doświadczeń waszej wspólnoty!

I naprawdę nie wiesz, kim będziesz w następnej chwili?

Pozwoliłem sobie zażartować. Oczywiście, że wiem. Znam już wszystkie wasze decyzje, a zatem wiem, Kim Jestem, Kim Byłem Zawsze i Kim Będę Zawsze.

Skąd wiadomo, jakiego ja dokonam wyboru, co zrobię, czym będę, nie mówiąc już o decyzjach całej rasy ludzkiej?

To proste. To już zostało przez was postanowione. Wszystko – kim będziecie, co zrobicie, co posiądziecie. To już się odbyło. Odbywa się w tej chwili!

Nie rozumiesz? Czas nie istnieje.

To również omawialiśmy.

Przydałaby się powtórka.

Tak, chciałbym ponownie usłyszeć, jak to działa.

Przeszłość, teraźniejszość i przyszłość to wasze konstrukty, to kontekst, do którego możecie odnieść wasze bieżące doświadczenie. W przeciwnym razie wszystkie wasze (Nasze) doświadczenia na siebie by się nakładały.

W rzeczywistości nachodzą na siebie – to znaczy rozgrywają się w tym samym „czasie" – tylko wy o tym nie wiecie. Nałożyliście sobie „klapki" percepcyjne, które całkowicie przesłaniają ostateczną rzeczywistość.

Tłumaczyłem to w księdze drugiej. Warto przeczytać raz jeszcze odnośne fragmenty, aby lepiej zrozumieć, o czym tutaj mowa.

Chodzi Mi o to, że wszystko dzieje się równocześnie. Wszystko. Tak więc wiem, kim „będę", kim „jestem" i kim „byłem". Zawsze i wszędzie. I o każdej porze.

Widzisz zatem, że nijak nie możecie Mnie zaskoczyć.

Ten dramat – to życie świata – stworzyłem po to, abyście mogli poznać siebie w doświadczeniu. Miał też za zadanie sprawić, abyście zapomnieli, Kim Jesteście, po to, abyście mogli przypomnieć sobie, Kim Jesteście, i to stworzyć.

*Ponieważ nie mogę **stworzyć** tego, kim jestem, jeśli już doświadczam tego, kim jestem. Nie mogę stworzyć siebie mierzącego metr osiemdziesiąt pięć, jeśli **mam** metr osiemdziesiąt pięć wzrostu. Muszę być **niższy** – lub przynajmniej **myśleć, że jestem niższy.***

Dokładnie. Rozumiesz to doskonale. A skoro najgłębszym pragnieniem duszy (Boga) jest doświadczyć siebie jako Stwórcy i skoro wszystko zostało już stworzone, nie mieliśmy innego wyjścia jak znaleźć sposób na zapomnienie, cośmy stworzyli.

Tu zdumiewające, jak nam się to udało. Próbować „zapomnieć", że wszyscy stanowimy Jedność, a nasza Jedność to Bóg, to mniej więcej tak jak starać się wymazać z pamięci, że w pokoju jest z nami różowy słoń. Jaki czar to zdziałał?

Cóż, otarłeś się właśnie o tajemny powód wszelkiego istnienia na płaszczyźnie fizycznej. To życie w postaci fizycznej rzuciło na was taki urok – i słusznie, bo to przecież nadzwyczajna przygoda.

Zapomnieć pomogła nam Zasada Przyjemności, jak można by ją nazwać.

Spośród przyjemności ta jest najwyższa, która prowadzi cię do stworzenia tego, Kim W Istocie Jesteś w swoim doświadczeniu, tu i teraz – i wciąż na nowo, na kolejnych wyższych stopniach. To sprawia największą przyjemność Bogu.

Przyjemności niższego rodzaju z kolei powodują, że zapominasz, Kim Jesteś W Istocie. Lecz nie potępiaj tego, co niższe, albowiem bez tego nie mógłbyś doświadczyć rzeczy wyższych.

Chciałoby się rzec, że rozkosze ciała najpierw sprowadzają na nas zapomnienie naszej prawdziwej istoty, a później stają się narzędziem przypomnienia!

Właśnie. Trafiłeś w sedno. A fizyczną rozkosz wykorzystuje się do przypomnienia sobie, Kim W Istocie Jesteś, wznosząc w swoim ciele podstawową energię życia.

Nazywa się ja niekiedy „energią seksualną", a podnosi się ją wzdłuż rdzenia swej istoty, aż dosięgnie ona obszaru zwanego przez was Trzecim Okiem. Mieści się on pośrodku czoła, nieco powyżej oczu. Kiedy wznosisz w sobie tę energię, rozchodzi się ona po całym twoim ciele. Przypomina to wewnętrzny orgazm.

Jak to się robi?

W myślach. Dosłownie. Wyobrażasz sobie wewnątrz siebie szlak obejmujący tak zwane „czakry". Kiedy nabędzie się wprawy w podnoszeniu energii do wyższych ośrodków, można się w tym doświadczeniu rozsmakować, tak jak w seksie.

Ma ono nader wzniosły charakter. Staje się wkrótce wysoce pożądanym doświadczeniem. Nie zatraca się jednak apetytu na obniżanie energii, na pierwotne namiętności – i nie powinno. Gdyż wyższe nie może istnieć bez niższego – jak to wielokrotnie podkreślałem. Kiedy się wzniesiesz, musisz zejść na dół, aby móc ponownie doświadczyć przyjemności wznoszenia się do góry.

Na tym polega święty rytm życia. Nie ogranicza się on jednak do krążenia energii wewnątrz waszego ciała. Podlega mu również ruch energii w obrębie Boskiego Ciała.

Wcielacie się jako niższe formy, następnie rozwijacie wyższe stany świadomości. W ten sposób wznosicie energię w Boskim Ciele na wyższy poziom. **Stanowicie** tą energię. A gdy dotrzecie na sam szczyt, doświadczacie go w całej pełni, potem decydujecie, czego następnie doświadczyć i gdzie się udać w obrębie świata względności, aby tego doświadczyć.

Być może zechcesz doświadczyć stawania się sobą, swą prawdziwą Jaźnią – to cudowne doznanie – i zaczniesz od początku wędrówkę po Kosmicznym Kole.

Czy to to samo co „krąg karmiczny"?

Nie. „Krąg karmiczny" nie istnieje. Przynajmniej nie w takiej postaci, jak go przedstawiacie. Wielu z was uważa, że to nie koło, lecz rodzaj kieratu, w którym spłacacie długi z przeszłości i mężnie wystrzegacie się popadnięcia w nowe. To właśnie rozumie się na ogół przez „krąg karmiczny". Nie odbiega to specjalnie od określonej teologii Zachodu, gdyż w obu ujęciach jesteś niegodnym grzesznikiem, usiłującym się oczyścić, aby móc dostąpić następnego poziomu duchowego.

Doświadczenie zaś, jakie mam na myśli, nazywam Kosmicznym Kołem, nie ma bowiem nic ze spłacania długów, kary czy „oczyszczania" niegodziwości. Opisuje ono ostateczną rzeczywistość czy przebieg rozwoju wszechświata.

To cykl życia, czy też Proces przez duże „p". Oddaje on naturę rzeczy, brak początku i końca; szlak wiodący ku wszystkiemu i z powrotem, po którym radośnie wędruje dusza przez wieczność.

To święty rytm wszelkiego życia, na podstawie którego krąży Energia Boga.

Niech mnie, to dopiero! Nigdy przedtem nikt tak jasno mi tego nie wyłożył! Nigdy nie rozumiałem tego z taką jasnością.

Z zamiarem nabrania jasności przystąpiłeś do tego dialogu. Na tym polega cel tego przedsięwzięcia. Cieszę się więc, że spełnia swoje zadanie.

Tak naprawdę nie ma podziału na „wyższe" i „niższe" miejsca na Kosmicznym Kole. Nie może być. Przecież to ***koło,*** *a nie* ***drabina.***

Znakomicie to ująłeś. Trafnie i obrazowo. Dlatego też nie potępiaj tak zwanych niskich, podstawowych, zwierzęcych instynktów u człowieka, lecz chwal je, szanuj, gdyż dzięki nim i za ich pośrednictwem odnajdziesz drogę do domu.

To uwolni zapewne sporo osób od poczucia winy na tle seksu.

Tyle razy powtarzałem tu – bawcie się, bawcie, **bawcie** seksem – i wszystkim w życiu!

Mieszajcie to, co zwiecie świętym, ze świętokradczym, albowiem zanim dojrzycie w waszych ołtarzach wyborne miejsce do uprawiania miłości, a w waszych sypialniach pierwszorzędne miejsce kultu, będziecie błądzić w ciemnościach.

Sądzicie, że „seks" i Bóg to dwie odrębne sprawy? Mylicie się. **Jestem w waszej sypialni co noc!**

Więc śmiało! Mieszajcie to, co wszeteczne z wzniosłym – aż zobaczycie, że niczym się nie różnią, i doświadczycie Jedności we Wszystkim. Gdy będziecie postępować w swym rozwoju, przekonacie się, że wcale nie wyrzekacie się seksu, lecz po prostu radujecie nim na wyższym poziomie. Gdyż całość życia to Synergistyczna EKSpresja – SEKS.

Jeśli to zrozumiesz, pojmiesz wszystko, jeśli chodzi o życie. I jego koniec – który nazywacie „śmiercią". W chwili śmierci przekonasz się, że nie wyrzekasz się życia, lecz po prostu radujesz się nim na wyższym poziomie.

Kiedy przestaniesz wreszcie dostrzegać podział w Boskim Świecie – na to, co jest Bogiem i co Nim nie jest – wtedy odrzucisz ten ludzki wymysł, który nazwaliście Szatanem.

Jeśli Szatan istnieje, to tylko jako myśl, iż jesteś ode Mnie oddzielony. Nie możesz istnieć oddzielnie, gdyż Ja Jestem Wszystkim, Co Jest.

Diabła wynaleziono po to, aby zmusić ludzi do uległości, pod groźbą odsunięcia od Boga, gdyby się sprzeciwiali. Posługiwano się **taktyką przerażenia,** wizją zatracenia w wiecznym ogniu piekielnym. Lecz teraz nie potrzebujecie się obawiać. Albowiem nic was nie może oddzielić ode Mnie.

Ty i Ja jesteśmy Jednym. Nie może być inaczej, skoro Jestem Tym, Kim Jestem: Wszystkim, Co Jest.

Po cóż miałbym skazywać siebie na potępienie? I jak miałbym to uczynić? Jak mógłbym odłączyć się ode Mnie, skoro Jestem Wszystkim, Co Jest, niczego innego nie ma.

Moim celem jest rozwój, nie potępianie; wzrastanie, nie obumieranie; doświadczanie, nie przekreślanie doświadczenia. Moim celem jest Być, a nie przestać Być.

Nijak nie mogę oddzielić się od ciebie – i wszystkiego innego. „Piekło" to nieznajomość tej prawdy. „Zbawienie" to jej poznanie i pełne zrozumienie. Jesteś zbawiony. Nie martw się swoim losem „po śmierci".

3

Czy moglibyśmy porozmawiać o śmierci? Zapowiadałeś, że trzecia część „Rozmów" dotyczyć będzie prawd wyższych, uniwersalnych. Do tej pory niewiele miejsca poświęciliśmy w naszych rozważaniach śmierci – i temu, co dzieje się potem. Zajmijmy się tym zagadnieniem teraz.

Nie mam nic przeciwko temu. Co chciałbyś wiedzieć?

Co się dzieje, kiedy się umiera?

A co wybierasz?

Chcesz powiedzieć, że przytrafia mi się to, co postanowię?

A czy myślisz, że tylko dlatego, że umierasz, przestajesz tworzyć?

Nie wiem. Dlatego pytam.

Słusznie. (Przy okazji, wiesz, tylko jak widać, zapomniałeś – i bardzo dobrze. Wszystko poszło zgodnie z planem.)

Kiedy umierasz, nie przestajesz tworzyć. Czy to jasne?

Tak.

Cieszę się.

A tworzyć nie przestajesz, ponieważ wcale nie umierasz. Nie możesz umrzeć. Jesteś samym życiem. Życie nie może być „nieżyciem". Dlatego umrzeć nie możesz.

Zatem w chwili śmierci... żyjesz dalej.

Stąd właśnie ci, którzy „umarli", nie wierzą w to – ponieważ nie doświadczają tego, że są martwi. Wręcz przeciwnie, czują się (bo są) nad wyraz żywi. I ogarnia ich zamęt.

Jaźń dostrzega być może leżące, poskręcane ciało, zupełnie nieruchome, lecz Ona sama nagle przenosi się z miejsca na miejsce. Ma wrażenie, że lata po całym pokoju, potem zaś, że jest wszędzie naraz. A gdy zapragnie jakiegoś określonego punktu widzenia, zaraz jego doświadcza.

Gdy dusza (jak będziemy odtąd nazywać Jaźń) zdziwi się, „Dlaczego moje ciało się nie rusza?", znajdzie się tuż nad ciałem, przyglądając się z ciekawością jego bezruchowi.

Gdy ktoś wejdzie do pokoju i dusza pomyśli, „Kto to taki?" – natychmiast jest przy niej.

W ten sposób dusza błyskawicznie się uczy, że może dotrzeć Wszędzie – z prędkością swej myśli.

Przepełnia ją uczucie niewiarygodnej swobody i lekkości, mija trochę czasu, zanim „oswoi się" ona z nowo odkrytą zdolnością podążania za każdą myślą.

Jeśli osoba ta ma dzieci i pomyśli o nich, dusza od razu do nich trafia, gdziekolwiek by były. Dusza przekonuje się, że nie tylko potrafi docierać, gdzie tylko zapragnie, z prędkością myśli, ale może też być w dwóch miejscach jednocześnie. Albo w trzech. Lub pięciu.

Może istnieć, prowadzić ogląd oraz działania we wszystkich tych miejscach równocześnie – bez trudu i bez zamętu. I przez zwykłą zmianę swojego „ogniska" może znów połączyć się w jedno.

Dusza przypomina sobie w następnym życiu, o czym warto byłoby pamiętać w obecnym – że wszelkie zjawiska są dziełem myśli, każdy przejaw skutkiem intencji.

To, na czym ogniskuję swoją uwagę, staje się dla mnie rzeczywistością.

Dokładnie. Cała różnica sprowadza się do tego, jak szybko doświadcza się skutków. W świecie fizycznym pomiędzy myślą a doświadczeniem pojawia się odstęp. W świecie ducha odstępu nie ma; wynik występuje natychmiast.

Dusze „świeżo odeszłe" z tego świata uczą się pilnie śledzić swoje myśli, ponieważ cokolwiek pomyślą, zaraz tego doznają.

Mówię „uczą się", choć nie jest to precyzyjne określenie. „Przypominają sobie" byłoby odpowiedniejsze.

Gdyby dusze wcielone uczyły się kontrolować swe myśli tak sprawnie i szybko jak odcieleśnione, ich całe życie wyglądałoby zupełnie inaczej.

W tworzeniu indywidualnej rzeczywistości o wszystkim decyduje kontrolowanie myśli czy, innymi słowy, modlitwa.

Modlitwa?

Kontrolowanie myśli stanowi najwyższą formę modlitwy. Dlatego myśl o rzeczach słusznych i godziwych. Wystrzegaj się mroku, czarnowidztwa i defetyzmu. I w czarnej godzinie – szczególnie wtedy – dostrzegaj tylko doskonałość, okazuj tylko wdzięczność i stawiaj przed sobą tylko następny przejaw doskonałości, jaki zamierzasz urzeczywistnić.

Oto recepta na spokój ducha. Oto przepis na radość.

To nieoceniona rada. Dzięki, że przekazałeś ją przeze mnie.

Dzięki, że siebie użyczyłeś. Czasami jesteś „czystszy", bardziej otwarty – jak sitko, które właśnie przepłukano. Bardziej drożny.

Ładnie powiedziane.

Staram się.

Przypomnijmy więc: Uwolnione od ciała dusze szybko pamiętają o tym, że trzeba bacznie śledzić i kontrolować swoje myśli, ponieważ cokolwiek pomyślą, natychmiast urzeczywistniają.

Raz jeszcze powiadam, że to samo dotyczy dusz przebywających w ciele, tylko że wtedy wyniki nie występują natychmiast. I to właśnie odstęp „czasu" pomiędzy myślą a efektem – dni, tygodni, miesięcy, a nawet lat – stwarza złudzenie, że rzeczy przydarzają się **tobie,** a nie **z twojego powodu.** To iluzja, ona sprawia, że zapominasz, iż jesteś **przyczyną** zdarzeń.

Wielokrotnie nadmieniałem, że zapomnienie to stanowi część planu. Element procesu. Albowiem nie możesz stworzyć siebie, dopóki nie zapomnisz, Kim Jesteś. Tak więc złudzenie odpowiedzialne za utratę pamięci ma swój cel.

Kiedy opuszczasz ciało, jest dla ciebie ogromnym zaskoczeniem natychmiastowy i oczywisty związek między twoimi myślami i twoimi tworami. To wstrząs, będący jednak źródłem radości, płynącej z przypomnienia sobie, że jesteś czynnikiem sprawczym swego doświadczenia, nie odbiorcą skutków, jakie ono ze sobą niesie.

Dlaczego występuje takie opóźnienie między myślą i tworem, ***zanim*** *umrzemy, i jego brak po śmierci?*

Ponieważ działacie w obrębie iluzji czasu. Nie ma odstępu między myślą i tworem z dala od ciała, gdyż wtedy jesteś również daleko od wyznacznika czasu.

Innymi słowy, jak wielokrotnie mawiałeś, czas nie istnieje.

Nie w sposób, jaki go pojmujecie. Zjawisko „czasu" jest w istocie pochodną perspektywy.

Dlaczego istnieje, kiedy przebywamy w ciele?

Wyście o tym zadecydowali przyjmując swą obecną perspektywę. Pozwala ona wam dużo dokładniej poznawać i badać doświadczenia, rozbijając je na pojedyncze składniki.

Życie jest zdarzeniem jednorazowym, dziejącym się w kosmosie **właśnie teraz.** Rozgrywa się całe, wszędzie.

Nie ma innego „czasu" niż teraźniejszość. Nie ma innego „miejsca" niż tutaj.

Tu i Teraz to Wszystko, Co Jest.

Lecz wy postanowiliście doświadczyć wspaniałości tego Tu i Teraz w najdrobniejszych szczegółach, doświadczyć swojej Jaźni jako twórcy tej rzeczywistości tu i teraz. Można to było osiągnąć dwojako. W czasie i przestrzeni.

Tak niesamowita była to myśl, że dosłownie wybuchnęliście z rozkoszy.

Ten wybuch z rozkoszy stworzył przestrzeń między waszymi cząstkami oraz czas, jaki trwało przebycie tej przestrzeni.

W ten sposób dosłownie rozdarliście się na strzępy, aby móc przyjrzeć się kawałkom. Można powiedzieć, że „pękliście", taki był ubaw.

I od tej pory zbieracie siebie do kupy po kawałeczku.

Tak właśnie wygląda moje życie. Próbuję sklecić z jego okruchów sensowną całość.

I to właśnie czas umożliwił wam wyodrębnienie poszczególnych cząstek, podzielenie niepodzielnego, abyście mogli wyraźniej dostrzegać i pełniej doświadczać.

Kiedy spoglądasz na coś stałego przez mikroskop, na jakąś rzecz, widzisz, że wcale nie jest stała, lecz stanowi zlepek miliona rozmaitych efektów – różnych zjawisk dziejących się naraz i w ten sposób tworzących większą całość – podobnie wy posługujecie się czasem jako mikroskopem dla duszy.

Rozważ tę Przypowieść o Skale.

Była sobie kiedyś Skała, wypełniona niezliczonymi atomami, protonami, neutronami i innymi elementarnymi cząstkami materii. Cząstki te nieustannie się przemieszczały, tworząc wzorzec. Każda cząstka zmieniała swoje położenie, w jednej chwili była „tu", w drugiej „tam", a do przebycia odległości dzielącej te miejsca potrzebowała „czasu". Mimo to cząstki poruszały się tak szybko, że sama Skała wydawała się nieruchoma. Po prostu sobie **była.** Stała chłonąc słońce i deszcz, zupełnie nieporuszona.

„Co to jest, co wewnątrz mnie tak się porusza?", zapytała.

„To Ty", odparł Głos z Oddali.

„Ja? – zdziwiła się Skała. – Przecież to niemożliwe. Ja stoję w miejscu. Każdy to widzi".

„Owszem, **z daleka** – rzekł Głos. – Stamtąd wyglądasz, jakbyś była stała, nieruchoma. Lecz gdy się zbliżyć – przyjrzeć dokładnie temu, co naprawdę się dzieje – widać, że wszystko, co się składa na to, Czym Jesteś, jest **w ciągłym ruchu.** Mknie z niesamowita prędkością w czasie i przestrzeni w określonym porządku, który **tworzy** Ciebie jako Skałę. Jesteś niczym zaczarowana! Ruszasz się i równocześnie stoisz nieruchomo".

„Ale co jest złudzeniem? – dopytywała się Skała. – Jednolitość, bezruch Skały, czy podzielność i ruch Jej cząstek?".

Na co Głos odparł: „A co jest złudzeniem? Jednolitość, bezruch Boga? Czy podzielność i ruch Jego cząstek?".

Powiadam ci: Na tej Skale zbuduje Swój kościół. Albowiem jest to Opoka dziejów. Odwieczna prawda, która przenika wszystko. Wyłożyłem ci ją tutaj, w tej przypowieści. Ot i cała Kosmologia.

Życie to szereg drobnych, niewiarygodnie prędkich poruszeń. Ruchy te nie wpływają na niewzruszony Byt Wszystkiego, Co Jest. Lecz jak w przypadku atomów skały, to ruch wytwarza tę nieruchomość.

Z tej odległości podziału nie ma. Nie może być, ponieważ Wszystko, Co Jest, to wszystko, co istnieje. Ja jestem Tym Nieporuszonym, który wszystko wprawia w ruch.

Jednak z waszego ograniczonego punktu widzenia, z którego oglądacie Wszystko, Co Jest, widzicie siebie oddzielnie, w oderwaniu, nie jeden byt nieruchomy, lecz mnóstwo, mnóstwo bytów w ciągłym ruchu.

Oba spostrzeżenia są poprawne. Obie rzeczywistości są prawdziwe.

A gdy „umieram", wcale nie umieram, tylko przestawiam się na świadomość makrokosmosu – gdzie nie ma „czasu" ani „przestrzeni", teraz i wtedy, przedtem i potem.

Właśnie. Widzę, że rozumiesz.

Zobaczmy, czy potrafię to zrekapitulować.

Śmiało.

Z perspektywy makro podział nie istnieje, „stamtąd" wszystkie poszczególne cząstki postrzegane są jako Całość.

Kiedy patrzysz na kamień pod nogami, widzisz kamień, tu i teraz, jako zamkniętą, doskonałą całość. Lecz w tym ułamku sekundy kiedy kierujesz na niego swą uwagę, w jego wnętrzu dzieje się mnóstwo rzeczy – trwa niesamowity ruch, z niewiarygodną prędkością, cząstek tego kamienia. I co te cząstki robią? Tworzą ten kamień.

Patrząc na niego nie dostrzegasz tego procesu. Nawet jeśli ogarniasz go intelektem, dla ciebie wszystko to odbywa się „teraz". Kamień nie ***staje się*** *kamieniem, on* ***jest*** *kamieniem – w tej chwili, przed twoimi oczami.*

Lecz gdybyś miał świadomość jednej z cząstek atomu kamienia, doświadczyłbyś szalonego pędu, byłbyś „tu", potem „tam". A gdyby ktoś z zewnątrz oświadczył ci: „To wszystko odbywa się jednocześnie", nazwałbyś go kłamcą lub szarlatanem.

Lecz z perspektywy oddalenia fałszywy wydawałby się pogląd, iż poszczególne cząstki kamienia są odrębne, a do te-

go poruszają się z zawrotną szybkością. Z tej odległości byłoby widać to, co z bliska jest niewidoczne – że wszystko stanowi Jedność i że wszystkie te ruchy razem wzięte ***niczego nie poruszyły.***

Otóż to. Jak słusznie zauważyłeś, w życiu wszystko zależy od perspektywy. Jeśli zawsze będziesz miał tę prawdę przed oczami, zaczniesz pojmować Boską makrorzeczywistość. I odsłoni się przed tobą sekret całego wszechświata: **Wszystko to jedno i to samo.**

Wszechświat jest cząstką w ciele Boga!

Niewiele mijasz się z prawdą.

I do tej makrorzeczywistości powracamy w świadomości, kiedy, jak to się mówi, „umieramy"?

Tak. Lecz nawet ta makrorzeczywistość stanowi tylko **mikrorzeczywistość** jeszcze **większej makrorzeczywistości** i tak dalej, bez końca.

Jesteśmy Bogiem – „Tym, Co Jest" – nieustannie tworzący siebie, nieustannie będący, kim jesteśmy... aż przestajemy tym być i stajemy się czym innym.

Nawet skała nie będzie skałą zawsze, tak się tylko wydaje. Przedtem była czymś innym, co skamieniało w wyniku procesu trwającego setki tysięcy lat. Tak więc była kiedyś czymś innym i znowu będzie czymś innym.

Tak samo jest z tobą. Nie byłeś zawsze tym, kim jesteś teraz. I dziś, gdy stajesz w całej swej świetności, naprawdę jesteś „inny".

O rety, to dopiero coś. Chciałem powiedzieć, że to zupełnie „wdechowe". Nigdy przedtem nie słyszałem niczego takiego. Całą kosmologię życia przedstawiłeś tak przystępnie. To niesłychane.

Dziękuje ci. Doceniam twoje uznanie. Staram się jak mogę.

Piekielnie dobrze ci idzie.

Tego chyba bym nie powiedział.

Ajajaj.

Żartowałem. Odrobina humoru tu nie zaszkodzi. Mnie nie można „obrazić". Lecz twoi bracia często gorszą się w Moim imieniu.

Zauważyłem. Wracając do tematu, chyba wreszcie pojąłem.

Co mianowicie?

Wszystko zaczęło się od mojego jednego pytania: „Jak to możliwe, że 'czas' istnieje, kiedy przebywamy w ciele, a znika, gdy dusza je opuszcza?". Ty zaś, jak sądzę, w gruncie rzeczy mówisz, że „czas" to po prostu ***perspektywa;*** *ani „istnieje", ani „przestaje istnieć", lecz gdy dusza zmienia swoją perspektywę, doświadczamy rzeczywistości inaczej.*

Dokładnie to miałem na myśli!

Chodziło ci też o rzecz ważniejszą: w perspektywie ***makro*** *dusza jest* ***świadoma bezpośredniego związku*** *między*

myśleniem i tworzeniem; *między poglądami i doświadczeniami.*

Tak. Na poziomie makro widzi się i skałę, i ruch wewnątrz skały. Ruchu atomów i wrażenia skały, jaki on wywołuje, nie dzieli żaden „czas". Skała „jest", gdy występuje ruch. **Ponieważ** występuje ruch. Tu przyczyna i skutek są równoczesne. Ruch przebiega, a skała jest, obie rzeczy naraz.

To właśnie uzmysławia sobie dusza w chwili tak zwanej „śmierci". To tylko zmiana perspektywy. Dostrzegasz więcej i rozumiesz więcej.

Po śmierci nic już nie ogranicza twojego spojrzenia. Widzisz skałę i wnikasz w skałę. Najbardziej zawile i złożone zagadnienia życia wydadzą ci się jasne i przejrzyste.

Lecz będziesz miał przed sobą nowe tajemnice do zgłębiania. W miarę posuwania się po Kosmicznym Kole pojawiają się coraz to wyższe rzeczywistości, coraz to donioślejsze prawdy.

Lecz jeśli zapamiętasz to – perspektywa rodzi myśli, a z myśli rodzi się wszystko – jeśli będziesz pamiętał o tym, **zanim opuścisz ciało,** a nie dopiero potem, **odmieni się całe twoje życie.**

A myśli można kontrolować przez zmianę spojrzenia.

Właśnie. Spójrz inaczej, a zaczniesz myśleć o wszystkim inaczej. W ten sposób zapanujesz nad swoimi myślami, a to decyduje o całym twoim doświadczeniu.

Niektórzy nazywają to ciągłą modlitwą.

Wspominałeś to wcześniej. Nigdy tak nie podchodziłem do modlitwy.

Gdybyś przyjął, że kierowanie myślami, panowanie nad nimi stanowi najwyższą formę modlitwy, myślałbyś jedynie o rzeczach słusznych i godziwych. Wystrzegałbyś się mroku, czarnowidztwa i defetyzmu. I w czarnej godzinie – szczególnie wtedy – dostrzegałbyś tylko doskonałość.

Podkreślasz to raz po raz.

Daję wam narzędzia, z pomocą których możecie odmienić swoje życie. Powtarzam to, co najważniejsze, ponieważ powtarzanie sprzyja rozpoznaniu prawdy w potrzebie.

Wszystko, co się dzieje – cokolwiek miało, ma i będzie miało miejsce – stanowi zewnętrzny, fizyczny wyraz waszych najskrytszych myśli, wyborów, zapatrywań odnośnie tego, Kim Jesteście i Kim Pragniecie Być. Dlatego też nie potępiaj tego, z czym się nie zgadzasz. Staraj się to zmienić, oraz warunki, które to zrodziły.

Dostrzegaj ciemność, lecz nie przeklinaj jej. Bądź raczej dla niej światłem, aby ją rozjaśnić. Niech blask twego światła wydobędzie z mroku tych, którzy w nim błądzą, abyście wszyscy mogli wreszcie ujrzeć, Kim Jesteście W Istocie.

Nie chowaj swego blasku pod korcem, lecz ponieś go w świat. Może on okazać się światłem, które prawdziwie oświeci świat.

Lśnijcie więc, lśnijcie! Niech godzina najczarniejszego zwątpienia stanie się waszym największym darem. A obdarowani w ten sposób, przekażcie innym najcenniejszy dar: Ich samych.

To będzie twoje zadanie, twa radość – zwrócić ludziom ich samych. Nawet w ich najczarniejszej godzinie. Szczególnie wtedy.

Świat na ciebie czeka. Na uzdrowienie. Więc zacznij teraz. Tam, gdzie jesteś. Wiele możesz zdziałać.

Moje stado rozproszyło się. Trzeba odnaleźć owce. Przeto jako dobrzy pasterze, przyprowadźcie je do Mnie.

4

Dziękuję. Dziękuję Ci za to, że mnie powołałeś, postawiłeś przed tym wyzwaniem. Wyznaczyłeś cel. Dzięki Ci. Za pilnowanie, abym nie zboczył z kierunku, w jakim rzeczywiście pragnę podążać. Po to zwróciłem się do Ciebie. Dlatego tak cenię sobie ten dialog. Gdyż w rozmowie z Tobą odnajduję w sobie Boskość i zaczynam dostrzegać ją w innych.

Mój kochany, niebiosa radują się na te słowa. Po to właśnie do Ciebie przyszedłem, i przyjdę do każdego, kto Mnie woła. Tak jak i zwracam się do innych, którzy to czytają. Albowiem dialog ten nie był przeznaczony wyłącznie dla ciebie. Ma on służyć milionom na całym świecie. Trafił on do ich rąk dokładnie wtedy, gdy tego potrzebowali, nierzadko w nadzwyczajnych okolicznościach. Przywiódł do mądrości, którą oni sami zrodzili – w sam raz na tę chwilę.

W tym zawiera się cały urok tego przedsięwzięcia: każdy z was przyczynia się do jego wyniku. To tylko „wygląda tak", jakby kto inny dał ci tę książkę, otworzył ciebie na ten dialog, lecz **to ty sam postawiłeś przed nim swoją Jaźń.**

Zajmijmy się więc wspólnie innymi kwestiami, tak drogimi twemu sercu.

Czy mógłbym się dowiedzieć czegoś więcej o życiu po śmierci? Tłumaczyłeś, co dzieje się wtedy z duszą, a ja chcę wiedzieć więcej na ten temat.

Zatem będziemy o tym rozprawiać, aż twe pragnienie wiedzy zostanie zaspokojone.

Powiedziałem wcześniej, że przydarza ci się, cokolwiek chcesz, aby się zdarzyło. I tak jest. Tworzysz swoją rzeczywistość nie tylko wtedy, kiedy przebywasz w ciele, ale również z dala od niego.

Początkowo możesz tego nie spostrzec i dlatego być może nie tworzysz swej rzeczywistości świadomie. Za twoje doświadczenie wówczas będzie odpowiedzialna jedna z dwóch energii: zbiorowa świadomość lub twoje własne niesforne myśli.

O ile twoje niesforne myśli przeważają nad zbiorową świadomością, o tyle będziesz doświadczał ich jako rzeczywistości. W takiej mierze jednak, w jakiej przyjąłeś, wchłonąłeś, zinternalizowałeś świadomość zbiorową, w takiej mierze doświadczysz jej jako swojej rzeczywistości.

Nie odbiega to w niczym od procesu twórczego w twym obecnym życiu.

Zawsze masz przed sobą trzy możliwości do wyboru:

1. Pozwolić, aby Chwila była tworem twoich nieokiełznanych myśli;
2. Pozwolić, aby Chwila była tworem twojej twórczej świadomości;
3. Pozwolić, aby Chwila była tworem świadomości zbiorowej.

Wiąże się z tym swoista ironia:

W swym obecnym życiu trudno ci tworzyć, opierając się na swej jednostkowej świadomości, i często zakładasz, że twoja jednostkowa świadomość błądzi, jeśli wziąć pod uwagę wszystko to, co postrzegasz wokół siebie, i tak oto ulegasz świadomości ogółu, czy to wychodzi ci na dobre, czy nie.

W pierwszych chwilach życia „po śmierci" z kolei może być ci **trudno** poddać się świadomości zbiorowej, jeśli wziąć pod uwagę wszystko to, co postrzegasz wokół siebie (a co może wydać ci się niewiarygodne), dlatego najdzie cię pokusa trwania przy własnych indywidualnych poglądach, czy wychodzi ci to na dobre, czy nie.

Powiadam ci: Obstawanie przy własnych indywidualnych poglądach bardziej popłaca wtedy, gdy otacza cię zewsząd niższa świadomość, poddanie się zaś wskazane jest w otoczeniu wyższej świadomości.

Warto więc szukać istot o rozwiniętej świadomości. Trudno wręcz przecenić znaczenie właściwego towarzystwa. Z tym nie ma kłopotu w życiu „po śmierci", albowiem wtedy natychmiast znajdziesz się w otoczeniu samej wyższej świadomości.

Mimo to nie od razu możesz zdać sobie sprawę z tej lubej otoczki. Możesz odnosić wrażenie, że rzeczy „przydarzają się" tobie, że jesteś na łasce losu. Jednym słowem, doświadczasz świadomości, w jakiej umierałeś.

Niektórzy mają określone oczekiwania co do przyszłego życia, choć sami nawet tego nie wiedzą. Wyobrażali sobie, co czeka ich po śmierci, a kiedy „umierają", te wyobrażenia się urzeczywistniają. I tak jak to bywa również za życia, do głosu dochodzą te najsilniejsze, najżarliwiej pielęgnowane.

Wobec tego ***można*** *trafić do piekła. Gdyby ktoś całe życie wierzył w istnienie piekła i w to, że Bóg osądzi „żywych i umarłych", że oddzieli „ziarno od plew" i że na pewno za-*

służyli na piekło, zważywszy na ich występki w oczach Boga, wówczas ***pójdą*** *do piekła! Będą smażyć się w ogniu wiecznego potępienia! Jak mogliby tego uniknąć? Podkreślałeś w naszym dialogu, że piekła nie ma. Mówisz też, że tworzymy swoją rzeczywistość i mamy moc tworzenia dowolnej rzeczywistości, własnymi myślami. Zatem męki piekielne i potępienie* ***mogą*** *zaistnieć* ***dla tych, którzy w to wierzą.***

W Ostatecznej Rzeczywistości nie istnieje nic prócz tego, Co Jest. Słusznie zauważasz, że możecie tworzyć dowolną podrzeczywistość – nawet opisane przez ciebie doświadczenie piekła. Nie twierdziłem nigdy, że nie można doświadczyć piekła; powiedziałem, że piekła nie ma. **Większa część tego, co doświadczacie, nie istnieje; mimo to doświadczacie tego.**

To niesamowite. Mój przyjaciel Barnet Bain z Robinem Williamsem niedawno ukończyli film właśnie o tym, dokładnie. Piszę te słowa 7 sierpnia 1998, lecz wstawiłem je do rozmowy, która miała miejsce dwa lata wcześniej, czego nigdy dotąd nie robiłem. Lecz tuż przed wysłaniem rękopisu do wydawcy, gdy po raz ostatni go sprawdzałem, nagle doznałem olśnienia. Chwileczkę. Robin Williams zrobił film ***dokładnie o tym, o czym tu mówimy.*** *Nosi tytuł „What Dreams May Come" („Miedzy niebem a piekłem") i w niezwykły sposób przedstawia to, co właśnie powiedziałeś.*

Znam ten film.

Tak? ***Bóg chodzi do kina?***

Bóg kręci filmy.

Zatkało mnie.

A co? Myślisz, że Bóg ogranicza się do książek?

Czy film Robina Williamsa pokazuje prawdę? To znaczy, czy tak jest, dosłownie?

Nie. Żadna księga, film czy jakiekolwiek inne ludzkie przedstawienie Boskości nie oddaje dosłownie prawdy.

Nawet Biblia? Biblia nie mówi prawdy w swej dosłownej warstwie?

Nie. I ty chyba o tym wiesz.

*A **ta** książka? Ona z pewnością mówi dosłownie prawdę?*

Przykro mi ciebie rozczarować, ale przepuszczasz ją przez filtr swojej osoby. Zgadzam się, że być może w twoim przypadku zniekształcenie jest niewielkie, ale mimo wszystko powstaje.

Zdaję sobie z tego sprawę. Ale chciałem, abyśmy postawili sprawę jasno, ponieważ niektóre osoby traktują takie książki czy filmy w rodzaju „Między niebem a piekłem" jak dosłowną prawdę. Powyższe oświadczenie ma temu zapobiec.

Autorzy tego filmu przekazali za pomocą niedoskonałego medium doniosłą prawdę. Chcieli pokazać, że po śmierci doświadczasz tego, czego oczekujesz, co wybierasz. I naprawdę im się to udało.

Czy możemy teraz podjąć przerwany wątek?

Chciałbym się dowiedzieć czegoś, co nie dawało mi spokoju podczas oglądania tego filmu. Jeśli piekła nie ma, a mimo to doświadczam go, ***czy jest jakaś różnica?***

Nie ma, tak długo jak pozostajesz w stworzonej przez siebie rzeczywistości. Ale nie będziesz tworzył jej wiecznie. Niektórzy doświadczą jej w niespełna nanosekundę, jakbyście to określili. Dlatego nawet w obrębie własnej wyobraźni nie doświadczysz otchłani smutku i cierpienia.

Co powstrzyma mnie przed powołaniem go do istnienia na wieczność, jeśli wierzyłem w nie przez całe życie i zasłużyłem na nie swymi uczynkami?

Wiedza i zrozumienie.

Podobnie jak teraz następna twoja chwila powstaje z nowego zrozumienia, jakie wyniosłeś z poprzedniej chwili, tak i w życiu „po śmierci" stworzysz nową chwilę na podstawie tego, co pojąłeś w minionej.

A bardzo szybko zrozumiesz, że zawsze masz przed sobą wybór, czego pragniesz doświadczyć. To dlatego, że w tym stanie wyniki występują natychmiast i nie sposób przeoczyć związku między myślami a doświadczeniem, jakie na ciebie sprowadzają.

Poznasz siebie jako twórcę własnego doświadczenia.

To tłumaczy, dlaczego przeżycia na granicy śmierci niektórych osób są cudowne, a innych koszmarne; dlaczego u jednych są one głębokie, a u drugich właściwie ich brak. I stąd tak wiele różnych opowieści krąży o tym, co dzieje się w chwili umierania i zaraz potem.

Niektórzy powracają przepełnieni spokojem i miłością, wyzbywszy się całkowicie lęku przed śmiercią, a inni z kolei przerażeni, przeświadczeni, że zetknęli się z mrocznymi, złowieszczymi siłami.

Dusza podchwytuje, odtwarza najsilniejsze sugestie płynące z umysłu, i urzeczywistnia je w doświadczeniu.

Niektóre dusze pozostają w obrębie tego doświadczenia przez jakiś czas – podobnie jak tkwiły w ramach równie nierealnych i przemijających doświadczeń za życia. Inne z kolei, szybko rozeznawszy się w sytuacji, zaczynają inaczej myśleć i przechodzą do nowych doświadczeń.

Chcesz powiedzieć, że w przyszłym życiu nie ma jednego ustalonego porządku rzeczy? Nie istnieją odwieczne prawdy, niezależne do naszego umysłu? Po śmierci nadal wytwarzamy w tej nowej rzeczywistości mity, legendy i doświadczenia „na niby"? Kiedy wreszcie się wyzwalamy? Kiedy poznajemy prawdę?

Kiedy postanowicie. O to właśnie chodziło w filmie Rabina Williamsa. O to samo chodzi tutaj. Ci, których jedynym pragnieniem jest poznać odwieczną prawdę o Wszystkim, Co Jest, przeniknąć wielkie tajemnice, doświadczyć najwyższej rzeczywistości, dostępują tego.

I owszem, istnieje Jedna Prawda, Ostateczna Rzeczywistość. Lecz ty zawsze otrzymasz to, co wybierzesz – ponieważ prawda jest taka, że jako boska istota tworzysz własne doświadczenie.

Gdybyś jednak postanowił przestać tworzyć swą indywidualną rzeczywistość i zaczął zagłębiać się w wyższą rzeczywistość jedności, natychmiast będziesz miał ku temu sposobność.

Ci, którzy „umierają" z takim postanowieniem, z takim pragnieniem, z taką wiedzą, od razu przechodzą do doświadczenia Jedności. Inni doświadczają tego tylko wtedy, i dopiero, gdy tego zapragną.

Dokładnie tak samo ma się sprawa z duszą, póki jest w ciele.

Wszystko jest kwestią chęci, twojego wyboru, nawet stworzenie doświadczenia tego, co **już zostało stworzone.**

Oto Twórca, który się tworzy, Nieporuszony, który wszystko wprawia w ruch. Alfa i Omega, przedtem i potem, teraz-wtedy-zawsze wszystkich rzeczy, wasz Bóg.

Nie porzucę cię, ale nie będę ci się narzucał. Nigdy tego nie czyniłem i nie uczynię. Możesz do Mnie wrócić, kiedykolwiek zechcesz. Teraz, kiedy przebywasz w ciele, i po jego opuszczeniu. Możesz powrócić do Jedności i doznać utraty swej indywidualnej tożsamości, kiedy najdzie cię ochota. Możesz też na nowo stworzyć doświadczenie swej indywidualnej Jaźni, kiedy postanowisz.

Możesz doświadczyć dowolnego aspektu Wszystkiego, Co Jest, jeśli takie jest twoje życzenie – od najdrobniejszego do najogromniejszego. Możesz doświadczyć wszechświata w skali mikro i w skali makro.

Mogę doświadczyć skały albo jej cząstki.

Otóż to. Robisz postępy.

Kiedy przebywasz w ludzkim ciele, zaznajesz tylko wycinka całości, to znaczy wycinka mikrokosmosu (choć nie jest to bynajmniej najmniejszy jego wycinek). Kiedy porzucasz ciało i przenosisz się do, jak to nazywacie, „świata ducha", twój ogląd niezmiernie się poszerza. Nagle wszystko wiesz i możesz. Nabierasz perspektyw makro, dzięki czemu pojmujesz, co przedtem było niepojęte.

Rozumiesz między innymi, że istnieje jeszcze większy makrokosmos. To znaczy, staje się dla ciebie jasne, że Wszystko, Co Jest, dalece przerasta obecnie doświadczaną przez ciebie rzeczywistość. Przejmie cię cześć i trwoga, zachwyt i podniecenie, radość i uciecha, ponieważ dowiesz się wtedy, o czym Mi wiadomo zawsze: ta gra nie ma końca.

Czy osiągnę prawdziwą mądrość?

Po „śmierci" możesz sprawić, że uzyskasz odpowiedź na każde pytanie, jakie kiedykolwiek cię nurtowało – i otworzysz się na nowe, o jakich nawet nie śniłeś. Możesz wybrać doświadczenie Jedni ze Wszystkim, Co Jest. I będziesz miał możliwość decydowania o tym, czym pragniesz być, co uczynić w następnej chwili.

Czy wybierasz powrót do swego ostatniego ciała? Czy wybierasz ponowne doświadczenie w ludzkiej postaci, lecz w innej?

Czy wybierasz pobyt w „świecie ducha" na doświadczanym obecnie poziomie? Czy pójście dalej w wiedzy i doświadczaniu? Czy wybierasz całkowite „zatracenie swojej indywidualnej tożsamości" i stopienie się teraz z Jednością?

Co wybierasz? Co wybierasz? Co **wybierasz?**

Zawsze będę przed tobą stawiał to pytanie. Zawsze będzie chciał to wiedzieć wszechświat. Bo wszechświat potrafi tylko jedno – spełniać twoje najserdeczniejsze pragnienie, najgłębsze pragnienie. Robi to w każdej chwili, każdego dnia. Różnica między nami polega na tym, że ty nie zdajesz sobie z tego sprawy.

Powiedz mi... czy moi krewni, moi bliscy spotkają się ze mną po śmierci i pomogą mi zrozumieć, co się dzieje, jak twierdzą niektórzy? Czy połączę się znowu z tymi, którzy „odeszli przede mną"? Czy będziemy mogli razem spędzić wieczność?

Co wybierzesz? Czy postanowisz, aby tak się stało? Jak postanowisz, tak będzie.

Gubię się trochę w tym. Chcesz powiedzieć, że wszyscy mamy wolną wolę i zachowujemy ją nawet po śmierci?

Tak, to właśnie mówię.

W takim razie, wolna wola moich bliskich będzie musiała pokrywać się z moją – muszą dzielić ze mną moją myśl, moje pragnienie – w przeciwnym razie nie byłoby ich przy mnie, kiedy umieram. A gdybym ja zechciał pobyć razem z nimi w wieczności, a któreś z nich zapragnęło pójść dalej? Może jedno z nich chciałoby doznać Unii z Jednością, jak to określiłeś? Co wtedy?

We wszechświecie nie ma sprzeczności. Coś, co pozornie wygląda na sprzeczność, tak naprawdę nią nie jest. Gdyby doszło do opisanej przez ciebie sytuacji, stałoby się tak, że obie strony otrzymałyby to, co wybierają.

Obie?

Obie.

Czy wolno wiedzieć jak?

Wolno.

Dobrze. Więc jak...

Co sądzisz o Bogu? Czy uważasz, że Ja istnieje w jednym miejscu i tylko w jednym miejscu?

Nie. Myślę, że istniejesz wszędzie naraz. Wierzę, że Bóg jest wszechobecny.

I masz rację. Nie ma takiego miejsca, gdzie Ja Nie Jestem. Rozumiesz?

Chyba tak.

Świetnie. Więc dlaczego myślisz, że z tobą jest inaczej?

Ponieważ Ty jesteś Bogiem, a ja zwykłym śmiertelnikiem.

Rozumiem. Nadal obstajemy przy „zwykłym śmiertelniku", tak?

W porządku, zgoda... przyjmijmy na potrzeby dyskusji, że ja również jestem Bogiem – czy przynajmniej mam w sobie coś z Boga. Czy mam rozumieć, że ja też mogę być wszędzie, przez cały czas?

Wszystko sprowadza się do tego, co świadomość postanawia objąć jako swoją rzeczywistość. W „świecie ducha" cokolwiek zdołasz sobie wyobrazić, tego możesz doświadczyć. Jeśli chcesz doświadczyć siebie jako pojedynczej duszy, w jednym miejscu i „czasie", nic nie stoi na przeszkodzie. Lecz jeśli zapragniesz doświadczyć swego ducha w większym wymiarze, jako przebywającego w wielu miejscach w jednym „czasie", **również nic nie stoi na przeszkodzie.** Ponieważ w gruncie rzeczy istnieje tylko jeden „czas" i jedno „miejsce", a ty przebywasz w nim całym, zawsze. Możesz zatem doświadczyć dowolnej jego cząstki, **lub cząstek,** jeśli takie twoje życzenie, ilekroć to wybierzesz.

A jeśli ***ja*** *chcę, aby moi krewni byli ze* ***mną,*** *lecz jedno z* ***nich*** *chce stać się „częścią Całości" gdzie indziej? Co wtedy?*

Nie jest to możliwe, abyście ty i twoi bliscy pragnęli czego innego. Ty i Ja, twoi krewni i Ja, my wszyscy – to jedno i to samo.

Twoje pragnienie czegoś jest równoznaczne z Moim pragnieniem tego, ponieważ jesteś Mną, odgrywającym doświadczenie zwane **pragnieniem.** Dlatego też czego pożądasz ty, pożądam i Ja.

Podobnie ty i twoi bliscy stanowicie jedno. Zatem czego Ja pragnę, pragną i oni. Wynika stąd, że twoje pragnienie i pragnienia najbliższych są takie same.

Dotyczy to również życia na Ziemi. Wszyscy macie takie same pragnienia. Pragniecie pokoju, dostatku, radości, spełnienia. Pragniecie zadowolenia z pracy, realizacji siebie, a w życiu miłości. Wasze pragnienia niczym się nie różnią.

Myślisz, że to zbieg okoliczności? Nie. **Tak właśnie urządzone jest życie.** Co niniejszym przed tobą odsłaniam.

Tylko jedna rzecz odróżnia wasz świat od „świata ducha". Na Ziemi mimo że wszyscy pragniecie identycznych rzeczy, macie całkiem odmienne wyobrażenia na temat tego, jak to osiągnąć. Więc każdy z was zdąża w innym kierunku, w poszukiwaniu tego samego! To te rozbieżne wyobrażenia przyczyniają się. do zróżnicowania wyników. Można by te idee nazwać Ukrytymi Sprężynami. Wyjaśniałem to zresztą wcześniej w naszym dialogu.

Tak, w części pierwszej.

Jednym z takich rozpowszechnionych wyobrażeń jest pogląd o niewystarczalności. Wielu z was wierzy w głębi duszy, że **nie wystarcza tego, co jest.** Że **wszystkiego** jest za mało.

Za mało miłości, za mało pieniędzy, za mało jedzenia, za mało odzieży, za mało domów, za mało czasu, za mało dobrych pomysłów i z pewnością nie dość im ich samych.

Ta Ukryta Sprężyna powoduje, że uciekacie się do wszelkich wybiegów i środków, aby zapewnić sobie to, czego waszym zdaniem jest „za mało". Porzucilibyście tę postawę natychmiast, gdybyście jasno widzieli, że starczy tego dla każdego... **cokolwiek** jest przedmiotem waszego pożądania.

W „niebie", jak to nazywacie, wasze wyobrażenia o „niedostatku" znikają, ponieważ uświadamiacie sobie, że nic was nie oddziela od tego, czego pragniecie.

Zdajecie sobie sprawę, że jest was samych „z naddatkiem". Pojmujecie, że możecie być w więcej niż jednym miejscu naraz, nie ma więc powodu sprzeciwiać się temu, czego pragnie brat lub siostra. Jeśli chcą, abyś był z nimi, kiedy umierają, sama ta myśl przyzywa ciebie do nich – i nie widzisz powodu, aby nie spełnić ich życzenia, ponieważ niczego ci przez to **nie ubędzie.**

Taki stan, w którym nie ma powodu niczego odmawiać, to Moja rzeczywistość.

Słyszałeś to zapewne wcześniej i to prawda: Bóg nigdy nie odmawia.

Dam wam dokładnie to, czego pragniecie, zawsze. Jak czynię to od początku czasu.

Naprawdę ***dajesz każdemu dokładnie to, czego pragnie,*** *za każdym razem?*

Owszem, mój drogi.

Twoje życie stanowi odbicie twoich życzeń, i tego, w jakiej mierze według ciebie mogą się spełnić. Nie mogę dać tobie tego, czego, twoim zdaniem, otrzymać nie możesz – choćbyś pragnął tego najgoręcej – albowiem nie sprzeciwie się twej własnej myśli. Nie mogę. Takie jest Prawo.

Gdy wierzysz, że czegoś nie możesz otrzymać, to tak, jakbyś tego nie pragnął, gdyż oba stany wywołują ten sam skutek.

Ale tutaj nie możemy mieć tego, co tylko sobie wymarzymy. Nie sposób, na przykład, być w dwóch miejscach jednocześnie. Podobnie ograniczeni jesteśmy pod wieloma innymi względami.

Wiem, że tak to postrzegasz, i tak też ci się stanie, „wedle twojej wiary", albowiem jedna rzecz wiecznie jest prawdziwa: zawsze będzie ci dane doświadczenie, w które wierzysz, że będzie ci dane.

Toteż kiedy mówisz, że nie można być w dwóch miejscach naraz, wówczas jest to dla ciebie niemożliwe. Lecz kiedy powiesz sobie, że możesz znaleźć się w dowolnym miejscu z prędkością swojej myśli, a nawet objawić się w fizycznej postaci w dwóch czy więcej miejscach jednocześnie, wtedy możesz tego dokonać.

O, właśnie. Tego rodzaju rzeczy budzą we mnie podejrzliwość. Chcę wierzyć, że ten przekaz pochodzi wprost od samego Boga – ale kiedy mówisz coś takiego, wszystko się we mnie burzy. Po prostu nie jestem w stanie w to uwierzyć. Nie wydaje mi się to prawdą. Nie przemawia za tym żaden aspekt ludzkiego doświadczenia.

Wręcz przeciwnie. Wiadomo, że dokonywali obu tych rzeczy święci i mędrcy wszystkich religii. Potrzeba do tego ogromnej wiary? **Nadzwyczajnej** wiary? Wiary, do jakiej dochodzi się raz na tysiąc lat? Owszem. Ale czy to znaczy, że jest to niemożliwe? Bynajmniej.

Jak wzbudzić w sobie taką wiarę? Jak osiągnąć tak wysoki stopień?

Tam nie można dojść. Tam można tylko **być.** I nie jest to zwykła zabawa słowami. Mówię poważnie. Tego rodzaju wiary – co nazywam Pełnym Rozumieniem – nie można starać się wzbudzić w sobie. Tak naprawdę jeśli próbujesz ją w sobie wzbudzić, nie uzyskasz jej. Tym możesz tylko być. Być Całkowitym Rozumieniem.

Taki stan wynika z **totalnej świadomości.** Inaczej być nie może. Jeśli próbujesz ją osiągnąć, nie możesz Nią być.

To tak, jakby się chciało mieć metr osiemdziesiąt pięć wzrostu, gdy mierzy się ledwie metr sześćdziesiąt. Nie możesz być wysoki i mierzyć metr osiemdziesiąt pięć. Możesz tylko „być" taki, jaki **jesteś** – niski i mierzyć metr sześćdziesiąt. „Będziesz" miał metr osiemdziesiąt pięć,

kiedy na tyle urośniesz. Wówczas będziesz mógł dokonywać wszystkich rzeczy co ludzie tego wzrostu. Kiedy **jesteś** w stanie totalnej świadomości, otwierają się przed tobą wszystkie możliwości, jakie mają osoby w stanie totalnej świadomości.

Dlatego też nie „próbuj wierzyć", że potrafisz dokonać tych rzeczy. Zacznij od świadomości, rozwijaj ją. Gdy będziesz w pełni świadomy, wiara przestanie być potrzebna. Całkowite Rozumienie uczyni cuda.

Raz, w trakcie medytacji, doznałem totalnej jedności, totalnej świadomości. To było cudowne, ekstatyczne. Od tamtej pory usiłuję powtórzyć to doświadczenie. Medytuję i próbuję przywołać tamten stan. Ale mi się nie udaje. To pewnie dlatego, prawda? Dowiaduję się od ciebie, że dopóki usilnie czegoś chcę, nie mogę tego dostać, gdyż moje starania świadczą o tym, że tego nie mam. Słyszałem tę mądrość wielokrotnie w tym dialogu.

Tak, tak. Teraz rozumiesz. Rozjaśnia ci się wszystko. Dlatego tak kołujemy w naszych rozmowach. Powracamy do tych samych tematów, aż wreszcie za trzecim, czwartym, może piątym razem dociera to do ciebie.

Cieszę się, że zadałem to pytanie, ponieważ mogłoby się wywiązać z tego coś niebezpiecznego, mam na myśli stwierdzenia w rodzaju „możesz być w dwóch miejscach naraz" czy „możesz wszystko, czego tylko zapragniesz". Takie myślenie każe ludziom skakać z dachu Empire State Building z okrzykiem: „Jestem Bogiem! Patrzcie! Potrafię latać!"

Obyś był w stanie totalnej świadomości, zanim się na coś takiego porwiesz. Jeśli musisz sobie udowadniać, że jesteś Bogiem, na oczach innych ludzi, to znaczy, że siebie nie znasz, a ten brak wiedzy odbije się na twojej rzeczywistości. Jednym słowem, zlecisz na łeb.

Bóg nie szuka potwierdzenia u innych, ponieważ nie odczuwa takiej potrzeby. Bóg Jest, i tak właśnie ma się sprawa. Ten, kto wie, że stanowi jedno z Bogiem lub doświadcza w sobie Boga, nie potrzebuje ani nie stara się wykazać tego przed nikim, a tym bardziej przed samym sobą.

Dlatego też gdy szydzili z niego, wołając: „Jeśli jesteś Synem Boga, zejdź z tego krzyża!" – mężczyzna o imieniu Jezus nic nie uczynił.

Lecz trzy dni później, po cichu i bez ostentacji, gdy w pobliżu nie było świadków ani widowni – dokonał rzeczy jeszcze bardziej zadziwiającej, o której świat od tamtej pory nie przestaje mówić.

W tym zawiera się wasze zbawienie, albowiem ukazano wam prawdę nie tylko o Jezusie, ale o waszej Prawdziwej Istocie, dzięki czemu możecie ocalić siebie z kłamstwa o sobie, jakie wam wmówiono i jakie przyjęliście za prawdę.

Bóg zaprasza was do waszej najszczytniejszej myśli o sobie, zawsze.

Są obecnie na świecie osoby, które objawiły wyższe możliwości: znikają i pojawiają się na nowo, materializują i dematerializują przedmioty, powracają na nowo do życia – a wszystko to sprawia ich wiara. Ich wiedza. Niezmącona jasność co do tego, jak jest.

W przeszłości nazywano takich ludzi świętymi i zbawicielami, a same zdarzenia cudami. Lecz niczym się od swych świętych nie różnicie. Wszyscy nimi jesteście. **Tę prawdę właśnie wam przekazywali.**

Jak temu dać wiarę? Chcę w to wierzyć całym sercem, ale nie mogę. Po prostu nie mogę.

W to nie można wierzyć. Można to jedynie **wiedzieć.**

W jaki sposób? Jak do tego dojść?

Cokolwiek wybierasz dla siebie, daj drugiemu. Jeśli sam nie możesz do tego dojść, pomóż innemu. Daj poznać drugiemu, że on już do tego doszedł. **Chwal** go za to. **Czcij.**

Na tym polega wartość guru. Sporo negatywnej energii narosło na Zachodzie wokół tego pojęcia. Słowo „guru" stało się niemal określeniem pejoratywnym. To ktoś w rodzaju szarlatana. Poddając się autorytetowi guru zrzekasz się władzy nad sobą.

Szacunek dla guru nie oznacza utraty władzy, lecz jej **zyskanie.** Albowiem kiedy darzysz czcią swego mistrza, mówisz: „Dostrzegam ciebie". A co dostrzegasz w innych, zaczynasz widzieć w sobie. To zewnętrzne świadectwo twej wewnętrznej rzeczywistości. Żywy dowód prawdy, jaką nosisz w sobie. Prawdy o twej istocie.

Ta prawda objawia się innym za pośrednictwem pisanych przez ciebie książek.

Nie ja piszę te książki. Ty jesteś ich autorem, a ja ledwie protokolantem.

Bóg jest autorem... **i ty też.** Nie ma różnicy, czy Ja piszę te słowa, czy ty. Jeśli sądzisz, że jest, to znaczy, że umknął ci sens tego przedsięwzięcia. Prawda ta nie trafia do ogółu ludzi. Dlatego ślę wciąż nowych nauczycieli, z tym samym przesłaniem co dawniej.

Rozumiem, że wzbraniasz się przed przyjęciem tej nauki jako swej osobistej prawdy. Gdybyś poszedł w świat głosząc, że stanowisz z Bogiem Jedno – czy nawet z cząstka Boga – ludzie nie wiedzieliby, jak ciebie potraktować.

Mogą mnie potraktować, jak chcą. Wiem jedno: Nie zasługuję na to, aby być odbiorcą udzielanej mi mądrości. Czuję się niegodny misji posłańca tej prawdy. Pracuję nad trzecią już książką, świadomy, że przy tych wszystkich błędach, jakie popełniłem, swych egoistycznych postępkach, po prostu nie jestem godzien, aby przekazywać tę wspaniałą prawdę.

Lecz być może to właśnie najważniejsze przesłanie całego cyklu: Bóg od nikogo się nie odwraca, przemawia do każdego, nawet najbardziej niegodnego spośród nas. Gdyż jeśli Bóg odezwał się do mnie, to wejrzy do serca każdego mężczyzny, każdej kobiety, każdego dziecka, co łaknie prawdy.

Jest więc nadzieja dla wszystkich z nas. Nikt nie jest tak straszny, aby Bóg go porzucił, ani tak występny, aby Bóg mu nie wybaczył.

Naprawdę w to wierzysz – w to wszystko, co właśnie napisałeś?

Tak.

Zatem niech tak będzie, tak ci się stanie.

Lecz powiadam ci: **Jesteś** godny. Tak jak każdy inny człowiek. Niegodziwość jest najcięższym oskarżeniem wytoczonym przeciwko ludzkiej rasie. Wy rozstrzygacie, czy jesteście godni, czy nie, biorąc pod uwagę swoją przeszłość. Ja rozstrzygam to na podstawie waszej przyszłości.

Przyszłość, przyszłość, przede wszystkim przyszłość! Tam jest twoje życie, nie w przeszłości. Przyszłość. Tam jest twoja prawda, nie w przeszłości.

To, co zrobiłeś, nie ma znaczenia wobec tego, co zamierzasz zrobić. To, jak zbłądziłeś, jest nieistotne przy tym, co zamierzasz urzeczywistnić.

Wybaczam wam błędy. Co do jednego. Wybaczam chybione namiętności. Co do jednej. Wybaczam zbłąkane idee, krzywdzące czyny, samolubne decyzje. Wszystkie.

Inni mogą wam tego nie darować, ja daruję. Inni mogą was nie uwolnić od poczucia winy, ja tak. Inni mogą nie pozwolić wam zapomnieć, pójść dalej, odrodzić się, ja tak. Gdyż wiem, że ty nie jesteś sobą z przeszłości, lecz zawsze jesteś i będziesz sobą w teraźniejszości.

Grzesznik może się przeistoczyć w świętego w jednej minucie. W jednej sekundzie. W jednym tchnieniu.

Tak naprawdę, „grzesznicy" nie istnieją, albowiem nie ma przeciw komu zgrzeszyć – Mnie nie można obrazić. Dlatego mówię, że ci „wybaczam". Używam takiego określenia, ponieważ jest ono dla ciebie zrozumiałe.

W rzeczywistości **nie** wybaczam ci **niczego.** Nie potrzebuję. Nie ma nic do wybaczania. Ale mogę cię wyzwolić. Co niniejszym czynię. W tej chwili. Po raz kolejny. Jak czyniłem to wielokrotnie w przeszłości, za pomocą nauk wielu innych nauczycieli.

Dlaczego nie posłuchaliśmy ich? Dlaczego nie uwierzyliśmy w tę wspaniałą obietnicę?

Ponieważ nie potraficie uwierzyć w Boską dobroć. W takim razie zapomnijcie o Mej dobroci. Przyjmijcie za to prostą logikę.

Nie potrzebuję wam wybaczać dlatego, że nie możecie Mnie urazić, tak jak nie sposób Mnie zranić czy zniszczyć. Ale wam się wydaje, że możecie Mi zaszkodzić. Co za urojenie! Co za śmiała obsesja!

Nie możecie Mnie zranić, Mnie nie da się w żaden sposób skrzywdzić. Gdyż jestem ponad wszelkie razy i urazy i jako taki nie mogę i nie będę nastawać na innych.

Rozumiesz teraz, dlaczego nie potępiam, nie karzę i nie szukam zemsty. Nie mam takiej potrzeby, gdyż nijak nie można Mi zaszkodzić, obrazić czy zranić Mnie.

Tak samo jest z tobą. I wszystkimi innymi – chociaż wam się wydaje, że można was skrzywdzić, urazić i zniszczyć.

Ponieważ wyobrażacie sobie krzywdę, dążycie do odwetu. Ponieważ doznajecie bólu, sprawiacie ból innym. Lecz jakie to usprawiedliwienie zadawanego gwałtu? Ponieważ (jak wam się wydaje) ktoś dopiekł wam do żywego, uważacie za słuszne i właściwe odpłacenie mu tym samym? To, co jest niedopuszczalne dla ludzi, **tobie** wolno robić, dopóki czujesz się rozgrzeszony!

To obłęd. Zaślepieni nim, nie dostrzegacie, że każdy, kto krzywdzi innych, czuje się usprawiedliwiony. Cokolwiek zrobi, **zakłada, że czyni słusznie,** biorąc pod uwagę to, czego pragnie i poszukuje.

W waszym mniemaniu, ich dążenia są złe. Ale w ich rozumieniu, wcale nie. Możesz nie zgadzać się z ich obrazem świata, z ich etycznymi czy moralnymi zasadami, z ich teologią, czy też z ich decyzjami, wyborami i czynami... ale **oni** się zgadzają, w ramach przyjętych przez siebie wartości.

Uznasz ich wartości za „złe". Ale skąd wiadomo, że twoje wartości są „dobre"? Są „dobre", bo ty tak mówisz.

Nawet to miałoby sens, gdybyś przy nich trwał, ale wciąż zmieniasz zdanie co do tego, co jest „dobre", a co „złe". Postępują tak jednostki, postępują tak narody.

To, co kilkadziesiąt lat temu społeczeństwo uważało za „dobre", dziś nazywacie „złym". I odwrotnie. Kto ma się w tym wszystkim rozeznać? Jak odróżnić zawodników bez kartki z numerami?

Lecz mimo to mamy czelność osądzać jeden drugiego. Mamy czelność potępiać, bo ktoś nie może połapać się w tym, co aktualnie wolno, a czego nie. Niezłe z nas ziółka. Nie umiemy nawet postanowić raz na zawsze, co jest „w porządku", a co nie.

Nie w tym rzecz. Zmienianie zapatrywań na to, co jest „dobre", a co „złe", nie stanowi problemu. **Musicie** je zmieniać, bo inaczej przestalibyście się rozwijać. Zmienność jest cechą ewolucji.

Nie, problem polega na tym, że większość uważa obecne wartości za jedyne słuszne i doskonałe, i dlatego chętnie narzuciłaby je wszystkim pozostałym. Staliście się zanadto zadufani w sobie.

Trwajcie przy swoich przekonaniach, jeśli wam służą. Obstawajcie przy nich. Albowiem wasze poglądy na temat „dobra" i „zła" określają, Kim Jesteście. Ale nie wymagajcie od innych, aby naginali się do waszych ram. I nie „zacinajcie się" w swych obecnych zwyczajach i zapatrywaniach, hamując przez to bieg ewolucji.

To właściwie jest niemożliwe, gdyż życie i tak idzie naprzód, z tobą lub bez. Nic nie jest ciągle takie samo, nic nie może zostać niezmienione. Brak zmiany to brak ruchu. Brak ruchu to martwota.

Życie to ruch. Nawet skały rozpiera pęd. Wszystko płynie. **Wszystko.** Nic nie tkwi w bezruchu. Dlatego też ruch sprawia, że wszystko jest już za chwilę inne.

Kto pozostaje taki sam, lub stara się pozostać, sprzeciwia się prawom życia. To głupota, ponieważ w tej walce życie zawsze jest zwycięzcą.

Więc zmieniaj się. Tak, zmieniaj! Zmieniaj swe wyobrażenia o tym, co jest „słuszne", a co nie. Zmieniaj poglądy na to, na tamto. Zmieniaj modele, teorie, wzorce.

Pozwól swym najgłębszym prawdom przeobrazić się. Sam dokonaj tego przeobrażenia dla własnego dobra. Ponieważ twoja nowa myśl o tym, Kim Jesteś, zawiera w sobie wzrost. Ponieważ twój nowy pogląd na to, Jak Jest, przyspiesza ewolucję. Ponieważ twoje nowe pojęcie o tym, Kto, Co, Gdzie, Kiedy, Dlaczego, Jak kryje w sobie rozwiązanie zagadki, odsłonięcie intrygi, koniec akcji. Wtedy możesz zacząć nową opowieść, wspanialszą.

Twój nowy pomysł na **to wszystko** to źródło natchnienia, tworzenia, objawiania i urzeczywistniania Boga-w-tobie.

Rzeczy w twoim przekonaniu „najlepsze" mogą być jeszcze lepsze. Twoje teologie, ideologie, kosmologie, według ciebie cudowne, mogą obfitować w jeszcze więcej cudów. Albowiem są jeszcze „rzeczy na niebie i na ziemi, o jakich się nie śniło waszym filozofom".

Zatem bądź otwarty. Bądź OTWARTY. Nie zamykaj się na nową prawdę tylko dlatego, że wygodnie ci ze starą. Życie zaczyna się tam, gdzie kończy się przytulna strefa ochronna.

Ale nie osądzaj pochopnie. Unikaj ferowania wyroków, gdyż czyjeś dzisiejsze „występki" są twoimi wczorajszymi, „błędy" – twoimi wczorajszymi potknięciami, poprawionymi, a wybory tak „szkodliwe" i „krzywdzące", tak „samolubne" i „niewybaczalne" jak wiele niegdysiejszych twoich.

Kiedy „nie mieści ci się w głowie", jak ktoś mógł się „czegoś takiego dopuścić", zapomniałeś po prostu, skąd sam przyszedłeś i dokąd ty i ta druga osoba zmierzacie.

Tym zaś, co mają się za złych, niegodnych, bezpowrotnie straconych, powiadam: Ani jeden z was nie jest zgubiony na zawsze, ani nigdy nie będzie. Albowiem wszyscy, **wszyscy bez wyjątku,** dopiero się stajecie. Wszyscy, **wszyscy bez wyjątku,** podążacie drogą ewolucji.

Taki jest Mój cel.

Dla was i przez was.

5

Pamiętam modlitwę, której uczono mnie w dzieciństwie: „Panie, nie jestem godzien, abyś przyszedł do mnie. Ale powiedz tylko słowo, a będzie uzdrowiona dusza moja". Teraz, kiedy usłyszałem Twoje słowa, czuję się uzdrowiony. Przestałem się czuć niegodny. Potrafisz sprawić, że czuję swoją wartość. Gdybym mógł przekazać jeden dar wszystkim ludziom, wybrałbym to właśnie.

Już to uczyniłeś dzięki tym rozmowom.

Chciałbym dalej go udzielać, kiedy te rozmowy dobiegną końca.

Nasz dialog nie skończy się **nigdy.**

No to w takim razie, kiedy dopełni się ta trylogia.

Będziesz miał sposobność ku temu.

Jestem z tego powodu bardzo szczęśliwy. Ponieważ tego pragnie moja dusza – obdarzać innych poczuciem osobistej wartości. Każdy ma coś do ofiarowania innym. Ja chciałbym dawać właśnie to.

Idź więc i dawaj. Staraj się, aby każdy, z kim się zetkniesz, czuł się godny. Obdarz każdego poczuciem własnej wartości, spraw, aby dojrzał w sobie prawdziwy cud. Czyń to, a uzdrowisz świat.

Pokornie proszę Ciebie o pomoc.

Zawsze ją otrzymasz. Jesteśmy przyjaciółmi.

Na razie jednak, póki jeszcze mogę, chciałbym Ci zadać pytanie dotyczące czegoś, co wcześniej powiedziałeś.

Słucham.

Mówiąc o „życiu po życiu", jak można to określić, wyraziłeś się w ten sposób: „Możesz też na nowo stworzyć doświadczenie swej indywidualnej Jaźni, kiedy postanowisz". Co dokładnie miałeś na myśli?

To, że możesz wydzielić się z Jedności, kiedykolwiek zechcesz, jako nowa „Jaźń" lub ta, którą byłeś poprzednio.

Chcesz powiedzieć, że mogę zachować swą indywidualną świadomość, poczucie swojej tożsamości?

Tak. Za każdym razem będzie ci dane doświadczenie, jakie wybierzesz.

Czyli mogę powrócić do życia – na Ziemię – jako ta sama osoba, jaką byłem przed „śmiercią"?

Tak.

W tej samej postaci?

Słyszałeś kiedyś o Jezusie?

Owszem, ale ja nie jestem Jezusem i nie chciałbym się z nim równać.

A czy Jezus nie powiedział: „To wszystko, i więcej, wy też możecie uczynić”?

Zgoda, ale nie chodziło mu o takie cuda, jak sądzę.

Przykro mi, że tak sądzisz. Ponieważ Jezus nie był jedynym, który powstał z martwych.

Nie? Były też inne przypadki zmartwychwstania?

Tak.

Mój Boże, to bluźnierstwo.

Bluźnierstwem jest to, że oprócz Jezusa jeszcze inni powstali z martwych?

W opinii niektórych, na pewno.

W takim razie nie czytali Biblii.

Biblii? To ***Biblia*** *mówi, że inni też ożywali po śmierci?*

A niejaki Łazarz?

Nie, to nie w porządku. On został wskrzeszony mocą Chrystusa.

Otóż to. Myślisz, że „moc Chrystusa", jak to nazywasz, ogranicza się tylko do jednego Łazarza? Jednej osoby w dziejach całego świata?

Nie patrzyłem nigdy na to od tej strony.

Powiadam ci: Wielu powstało z „martwych". Wielu „powracało między żywych". Każdego dnia, w tej chwili, dokonuje się to w waszych szpitalach.

Znowu to samo. Tu w grę wchodzi nauka, medycyna, a nie teologia.

Aha. Bóg z dzisiejszymi cudami nie ma nic wspólnego, tylko z dawnymi.

Uh-mm... dobrze, punkt dla ciebie. Ale ***nikt nie wskrzesił sam siebie, własnymi siłami, jak uczynił to Jezus!*** *Nikt nie powrócił do życia* ***w taki sposób.***

Jesteś pewny?

No... raczej tak...

A słyszałeś o Mahavatarze Babajim?

Nie powinniśmy do tego mieszać mistyki Wschodu. Wiele osób podchodzi do tego sceptycznie.

Rozumiem. I z pewnością mają rację, czy nie tak?

Postawmy sprawę jasno. Twierdzisz, że dusza może powró-

cić z „zaświatów" jako duch albo przybrać poprzednią postać fizyczną, jeśli tego zapragnie?

Wreszcie zaczynasz pojmować.

W porządku, lecz dlaczego nie dokonało tego więcej osób? Dlaczego nie słyszymy o tym na co dzień? Z pewnością trafiłoby to do gazet.

W rzeczywistości powraca wiele osób w postaci ducha. Niewiele, przyznaję, decyduje się na powrót do ciała.

Ha! I ***tu*** *Cię mam!* ***Dlaczego?*** *Jeśli to takie łatwe,* ***dlaczego nie czyni tego więcej dusz?***

To nie jest kwestia łatwości, lecz chęci.

To znaczy?

To znaczy, że nader rzadko dusza pragnie powrócić do świata fizycznego w tej samej postaci co poprzednim razem.

Jeśli dusza decyduje się ponownie wcielić, prawie zawsze wstępuje w inne ciało. W ten sposób przystępuje do nowych zadań, doświadcza nowych rzeczy, przeżywa nowe przygody.

Na ogół dusza porzuca ciało, kiedy zakończyła to, co miała do wypełnienia w tym ciele. Doświadczyła tego, czego szukała.

A ludzie, którzy giną w wypadku? Czy ich doświadczenie się spełniło, czy zostało „przerwane"?

Nadal uważasz, że ludzie giną przez przypadek?

A jest inaczej?

We wszechświecie nic nie dzieje się przypadkiem. Nie ma czegoś takiego jak „wypadek" czy „zbieg okoliczności".

Gdybym potrafił przekonać sam siebie, że to prawda, nigdy więcej nie opłakiwałbym tych, którzy odeszli.

Żałoba po nich to ostatnia rzecz, jakiej by sobie życzyli.
Gdybyś wiedział, gdzie teraz przebywają, i że trafili tam wskutek własnego wyższego wyboru, **świętowałbyś** ich odejście. Gdybyś choć przez chwilę doświadczył przyszłego życia, wnosząc do niego swą najszczytniejszą myśl o sobie i o Bogu, roześmiałbyś się na pogrzebie i przepełnił swoje serce radością.

Zazwyczaj bolejemy nad tym, cośmy utracili. Z żalu, że już nigdy nie ujrzymy tej osoby, obejmiemy, czy przytulimy, że na zawsze rozstaliśmy się z kimś, kogo kochaliśmy.

I dobrze. Taki płacz wyraża szacunek dla waszej miłości, dla ukochanej osoby. Ale nawet taka żałoba trwałaby krótko, gdybyś wiedział, jakie wspaniałości czekają dusze po opuszczeniu ciała.

Jak wygląda życie „po śmierci"? Opowiedz mi jak najwięcej.

Nie wszystko można wyjawić, nie dlatego, że tego nie chcę, lecz w twym obecnym stanie, na obecnym etapie rozumienia nie umiałbyś sobie przedstawić tego, czego się dowiadujesz. Mimo to sporo można przekazać.

O czym była już mowa wcześniej, w przyszłym życiu masz przed sobą trzy możliwości, tak jak w życiu, którego doświadczasz teraz. Możesz tworzyć swoje doświadczenie świadomie, drogą wyboru, albo możesz doświadczyć zbiorowej świadomości Wszystkiego, Co Jest. To ostatnie nazywamy Zjednoczeniem lub Powrotem do Jedności.

Gdybyś obrał tę pierwszą drogę, uleganie wytworom własnych niekontrolowanych myśli nie potrwa długo (w przeciwieństwie do tego, jak postępujesz tutaj. Albowiem w chwili kiedy przestanie ci odpowiadać to, czego doświadczasz, postanowisz stworzyć nową, przyjemniejszą rzeczywistość, co możesz uczynić przez zwykłe zaniechanie myślenia negatywnego.

Z tego względu nigdy nie doświadczysz „piekła", którego tak się obawiasz, chyba że to wybierzesz. Nawet wtedy będziesz „zadowolony", ponieważ dostajesz to, czego chcesz. (Więcej ludzi, niż przypuszczasz, jest „zadowolonych" ze swego „nieszczęścia".) Doświadczenie to będzie trwało tak długo, dopóki nie zdecydujesz inaczej.

Już z chwilą rozpoczęcia się tego doświadczenia ludzie przeważnie porzucają je na rzecz nowego.

Dokładnie w taki sam sposób możesz rozprawić się z piekłem w swym obecnym życiu na Ziemi.

Gdybyś obrał drugą drogę i świadomie kształtował swoje doświadczenie, z pewnością natychmiast „dostąpisz nieba", gdyż to właśnie wybierze osoba, która wierzy w niebo, gdy dokonuje wolnego wyboru. Jeśli zaś nie wierzysz w niebo, możesz zaznać, czegokolwiek zapragniesz – a gdy to zrozumiesz, twoje życzenia staną się coraz wznioślejsze. I wtedy **uwierzysz** w niebo!

Gdybyś obrał trzecią drogę i poddał się wytworom świadomości zbiorowej, natychmiast przypadnie ci w udziale bezgraniczna akceptacja, bezgraniczna miłość, bezgraniczny spokój, bezgraniczna radość i bezgraniczna świadomość, bo takie są przymioty świadomości powszechnej. Wówczas stopisz się z Jednością i nie będzie nic oprócz Tego, Czym Jesteście – i Zawsze Byliście, dopóki nie zdecydujesz, że powinno zaistnieć również coś innego. To jest nirwana, doświadczenie Jedności, którego przelotnie można zaznać podczas medytacji, niewysłowiona wręcz ekstaza.

Jednak po nieskończonym czasie-bezczasie nasycisz się Jednością, ponieważ pojmiesz, że nie sposób doświadczać Jedności jako takiej, kiedy nie istnieje również To, Co Nie Jest Jednością. Stworzysz więc, kolejny raz, ideę podziału, wielości.

W ten sposób wędrować będziesz po Kosmicznym Kole, wstępować i zstępować, i tak bez końca, po wsze czasy.

Wielekroć powracać będziesz na łono Jedności – w nieskończoność – i pojmiesz, że z każdego położenia na Kosmicznym Kole możesz wrócić do Jedności, bo masz taką moc.

Możesz to zrobić teraz, gdy czytasz te słowa.

Możesz to zrobić jutro, podczas medytacji.

Możesz to zrobić o każdej porze.

I nie musimy tkwić na tym poziomie świadomości, na którym znajdujemy się, kiedy umieramy?

Nie. Możesz przenieść się na następny, jak tylko tego zapragniesz. Albo odczekać tyle „czasu", ile zechcesz. Jeśli twoja perspektywa jest ograniczona, a myśli nieujarzmione, doświadczysz rzeczy właściwych takiemu stanowi, dopóki nie postanowisz inaczej. Wtedy się „ockniesz" – staniesz się świadomy – i zaczniesz doświadczać siebie jako twórcy własnego doświadczenia.

Spojrzysz wstecz na ten pierwszy etap i nazwiesz go czyśćcem. Drugi etap, na którym z prędkością myśli ziszcza się wszystko, czego zapragniesz, będzie twoim niebem. Etapowi zaś trzeciemu, kiedy doświadczasz błogiej Jedności, nadasz miano nirwany.

Nurtuje mnie jeszcze jedna sprawa, związana nie tyle ze „śmiercią", co z wychodzeniem poza ciało. Jak to wy tłumaczyć? Co się wtedy dzieje?

Twoja istota po prostu porzuca ciało fizyczne. Może ci się to przytrafić w trakcie medytacji lub w bardziej subtelny sposób, podczas głębokiego snu.

Na takiej „wycieczce" dusza może znaleźć się, gdziekolwiek zechce. Osoba opowiadająca o takich przeżyciach często nie pamięta, aby stanowiła swoją wole, i mówi, że coś takiego się „jej przydarzyło". Lecz nic, w czym bierze udział dusza, nie jest bezwolne.

Jak to się dzieje, że rzeczy się nam „ukazują", „objawiają" w trakcie takich doznań, skoro tworzymy sami wszystko „na bieżąco"? Odsłaniać się nam mogą rzeczy tylko wtedy, gdyby istniały niezależnie od nas. Sam nie umiem sobie tego wytłumaczyć.

Nic nie istnieje niezależnie od was, wszystko jest waszym wytworem. Nawet pozorny brak rozumienia jest twoim dziełem; całkiem dosłownie, to kaprys twojej wyobraźni. Wyobrażasz sobie, że nie znasz odpowiedzi na to pytanie, więc nie znasz. Lecz jak tylko wyobrazisz sobie, że wiesz, pojmujesz.

Pozwalasz sobie na tego rodzaju grę, aby mógł przebiegać Proces.

Jaki Proces?

Odwieczny. Życie.

Kiedy doznajesz „samoobjawienia" – czy to we śnie, czy podczas opuszczania ciała, czy w czarownych chwilach niezmąconej jasności – w istocie nastąpiło „przypomnienie". Nagle pamiętasz, co sam stworzyłeś. Te chwile przypomnienia niosą ze sobą ogromną moc. Mogą wręcz wywołać epifanię.

Gdy doświadczysz czegoś tak wspaniałego, trudno ci powrócić do „rzeczywistości" w potocznym tego słowa znaczeniu. A to dlatego, że dla ciebie rzeczywistość się zmieniła. Poszerzyła się, rozrosła. I nie może skurczyć się do poprzednich rozmiarów. To tak, jakby się chciało wcisnąć dżina wypuszczonego na wolność z powrotem do butelki. Nie da się.

Czy dlatego właśnie ludzie, którzy wyszli poza ciało czy doznali „przeżyć na granicy śmierci", po powrocie wydają się tacy odmienieni?

Zgadza się. Są inni. Teraz wiedzą dużo więcej. Lecz nierzadko, w miarę upływu czasu, popadają w stare nawyki, gdyż zapomnieli to, co wiedzą, po raz kolejny.

Czy jest jakiś sposób na tę „amnezję"?

Owszem. W każdym momencie wcielaj swoją wiedzę w czyn, działaj, opierając się na tym, co wiesz, nie kieruj się tym, co narzuca ci świat pozorów. Obstawaj przy niej, bez względu na to, jak zwodnicze otaczają cię iluzje.

Tak postępowali i postępują wszyscy mistrzowie. Sądzą nie według pozorów, działają zgodnie ze swoją wiedzą.

Jest jeszcze jeden sposób, aby pamiętać.

Jaki?

Spraw, aby pamiętał drugi. Czegokolwiek pragniesz dla siebie, uczyń drugiemu.

Mam wrażenie, że tak ma się sprawa z tymi książkami.

Dokładnie tak. Im dłużej się oddajesz temu dialogowi, tym mniej konieczne to się staje dla ciebie. Im więcej przekazujesz innym, tym mniej musisz przekazywać swej Jaźni.

Ponieważ ma Jaźń i inni stanowią Jedno, a co daję innym, tym obdarzam siebie.

Widzisz, teraz ty udzielasz odpowiedzi Mnie. I na tym to właśnie polega.

Niech mnie, właśnie udzieliłem Bogu odpowiedzi. To odlotowo. Naprawdę odlotowo.

Mnie to mówisz?

*Właśnie to jest odlotowe – **mówię Tobie!***

A Ja powiadam **tobie:** Nadejdzie dzień, kiedy wszyscy przemówimy Jednym głosem. Nadejdzie taki dzień, dla wszystkich ludzi.

Cóż, jeśli mnie to czeka, chciałbym upewnić się, czy dobrze Cię zrozumiałem. Jedna rzecz mnie nurtuje, wiem, że wyjaśniałeś to nie raz, ale naprawdę zależy mi na dokładnym zrozumieniu.

Chodzi o to, czy kiedy już osiągniemy ten stan Jedności, przez wielu nazywany Nirwaną – kiedy powrócimy do Źródła – to nie zostajemy tam? Pytam dlatego, że to zdaje się kłócić z moim pojmowaniem wschodnich doktryn i nauk mistycznych.

Pozostawanie we wzniosłym stanie Jedności ze Wszystkim jednocześnie wykluczałoby go. Jak już tłumaczyłem, To, Co Jest, może zaistnieć jedynie w obrębie Tego, Czym Nie Jest. Nawet bezbrzeżnego błogostanu Jedności nie da się doświadczyć jako takiego właśnie, jeśli nie istnieje zarazem coś, co nie dorównuje bezbrzeżnemu błogostanowi. Dlatego więc musiało powstać – i nieustannie powstaje – coś, co nie jest błogą Jednością.

*Ale kiedy dostąpiliśmy tej błogości, kiedy utopiliśmy się ponownie w Jedno, kiedy staliśmy się Wszystkim i Niczym jednocześnie, to skąd w ogóle możemy **wiedzieć,** że nadal istniejemy? Jeśli nie doświadczamy niczego innego... nie wiem. Nie mogę się w tym połapać. Nijak nie potrafię tego „ugryźć".*

Opisujesz coś, co nazywam Boskim Dylematem. Dokładnie przed takim samym dylematem stanął Bóg i rozwiązał go powołując do istnienia to, co nie jest Bogiem (czy przynajmniej uważa, że nie jest).

Bóg oddał – i oddaje w każdej chwili – cząstkę siebie, aby to doświadczało niewiedzy o sobie po to, by Jego reszta mogła poznać swoją prawdziwą istotę.

Tak oto „Bóg oddał syna swojego jednorodzonego dla waszego zbawienia". Stąd właśnie wziął się ten mit.

Myślę, że wszyscy jesteśmy Bogiem – i każdy z nas nieustannie wędruje od Wiedzy do Niewiedzy i z powrotem do Wiedzy, z bytu do niebytu, z Jedności do Podziału i znów do Jedności, w nigdy nie kończącym się cyklu. To cykl życia – Ty nazywasz to Kosmicznym Kołem.

Otóż to. Dokładnie. Ładnie to ująłeś.

Ale czy wszyscy musimy zaczynać od zera? Wracać do punktu wyjścia? Stawać na polu nr 1? Nie mijamy premiowanego pola i nie zgarniamy nagrody?

Nie musicie nic robić. Ani w tym życiu, ani w żadnym innym. Możecie wybrać – **zawsze** – dokąd się udać, co uczynić, w ramach stwarzanego przez siebie na nowo doświadczenia Boga. Możecie przeskoczyć na dowolne miejsce na Kosmicznym Kole. Możecie powrócić w dowolnej postaci, w każdym innym wymiarze, rzeczywistości, Układzie Słonecznym czy cywilizacji, gdzie tylko zechcecie. Niektórzy z tych, którzy osiągnęli całkowite zjednoczenie z Boskością, postanowili „wrócić" jako oświeceni mistrzowie. A byli też tacy, którzy odeszli jako oświeceni mistrzowie i postanowili „wrócić" **we własnej osobie.**

Na pewno słyszałeś o guru, którzy powracali do waszego świata, objawiając się w różnych miejscach i epokach.

Na takim doniesieniu oparta jest jedna z waszych religii. Mowa o mormonach, których prorokiem jest Joseph Smith. Ukazał mu się, jak twierdził, sam Jezus, wiele stuleci po tym, jak „na zawsze" opuścił ten świat.

Tak więc wracasz do położenia na Kosmicznym Kole, jakie ci się podoba.

Mimo wszystko nawet to może wydać się przygnębiające. Czy nigdy nie ***odpoczywamy?*** *Czy po osiągnięciu nirwany nie* ***zatrzymujemy się*** *tam? Czy na zawsze skazani jesteśmy na to dreptanie w kółko, „raz jesteś, raz cię nie ma", niczym w kieracie? Czy wiecznie wędrujemy donikąd?*

Tak. I to jest najwspanialsza prawda. Nie musicie nigdzie dojść, nic robić, tylko być dokładnie tacy, jacy jesteście w tej chwili.

W gruncie rzeczy nigdzie nie podróżujecie. Jesteście już tym, czym staracie się być. Jesteście już tam, gdzie staracie się dotrzeć.

Wie to mistrz i dlatego przestaje się miotać. A potem pomaga tobie zaprzestać zmagań, a ty z kolei pomagasz innym, kiedy staniesz się mistrzem.

Lecz ten proces – Kosmiczne Koło – to nie przygnębiający kierat. To nieustanne i chwalebne utwierdzania bezkresnej wspaniałości Boga – i nie ma w tym wcale nic przytłaczającego.

Mimo to mnie to przytłacza.

Zobaczmy, czy uda mi się wpłynąć na twoje zdanie. Czy lubisz seks?

Uwielbiam.

Tak jak większość ludzi, z wyjątkiem tych, co mają na ten temat dziwaczne zapatrywania. A zatem gdybym oznajmił ci, że od jutra możesz kochać się z każdą osobą, do której czujesz pociąg? Czy to by cię uszczęśliwiło?

A czy byłoby to wbrew ich woli?

Nie. Tak wszystko bym urządził, że każdy, z kim pragniesz w ten sposób celebrować ludzkie doświadczenie miłości, chciałby uczynić to samo z tobą. Czułby do ciebie pociąg.

Hurra! To dopiero!

Ale pod jednym warunkiem: musisz zrobić sobie przerwę między jedną a drugą osobą. Nie możesz kochać się w jednym nieprzerwanym ciągu.

Jasna sprawa.

Tak więc, aby doznać ekstazy tego rodzaju fizycznego zbliżenia, musisz doświadczyć też stanu oddalenia, chociażby przez chwilę.

Chyba wiem, dokąd zmierzasz.

Nawet rozkosz nie byłaby rozkoszą bez odniesienia do stanu, który nią nie jest. Jest to równie prawdziwe w przypadku ekstazy duchowej, jak i fizycznej.

Nie ma nic przygnębiającego w cyklu życia, tylko powód do nieustannego radowania się.

Prawdziwych mistrzów radość nie opuszcza nigdy. Teraz może urzekać perspektywa przebywania na ich poziomie. Lecz można też wychodzić z ekstazy i zachować radość. Nie trzeba być w ekstazie, aby odczuwać radość. Wystarczy wiedza, że istnieje.

6

Chciałbym zmienić temat, jeśli można, i porozmawiać o tym, co czeka naszą planetę. Ale przedtem chciałbym podzielić się spostrzeżeniem. Wydaje się, że wiele stwierdzeń, które tu padają, powtarza się raz po raz. Czasami mam wrażenie, jakbym słuchał w kółko tego samego.

I tak ma być! Jak wcześniej mówiłem, takie jest założenie.

Przesłanie to przypomina sprężynę. Kiedy jest zwinięta, jej zwoje zachodzą na siebie i odnosi się wrażenie, że całkiem dosłownie „krąży wokół tego samego". Dopiero gdy sprężyna się rozwinie, widać, że rozciąga się spirala dalej, niż ci się śniło.

Masz racje. Wiele z tego, co tu powiedziano, powtarza się w taki czy inny sposób. Niejednokrotnie w taki **sam** sposób. Twoje spostrzeżenie jest trafne.

Z chwilą dojścia do końca tego przesłania powinieneś umieć zacytować najważniejsze jego punkty słowo w słowo. Może przyjść taka chwila, że będziesz chciał to uczynić.

Dobrze, niech będzie. Ale idźmy ***naprzód.*** *Niektórzy sądzą, że mam „bezpośrednią łączność z Bogiem" i w związku z tym chcą się przeze mnie dowiedzieć, czy nasza planeta jest ska-*

zana na zagładę? Pytałem już o to, ale tym razem pragnę, abyś odpowiedział wprost. Czy naszą planetę czekają zmiany, jak wielu przewiduje? A jeśli nie, to co ci wszyscy jasnowidze dostrzegają? Zbiorową wizję? Powinniśmy się modlić? Zmienić? Czy możemy coś na to poradzić? Czy też sprawa jest, niestety, beznadziejna?

Z radością odpowiem na te pytania, ale nie „posuniemy się naprzód".

Nie?

Wszystkich odpowiedzi już ci udzieliłem, przy okazji powracających rozważań o czasie.

Chodzi o to, że „wszystko, co się kiedykolwiek zdarzy, już się zdarzyło"?

Właśnie.

Ale CO takiego już się wydarzyło? Jak?

Wszystko. Wszystko już się wydarzyło. Każda możliwość istnieje jako fakt dokonany.

Jak to możliwe? Nadal nie rozumiem, jak to możliwe.

W takim razie wyłożę to w sposób bardziej przystępny. Czy przyglądałeś się, jak dzieci wykorzystują CD-ROM do gry na komputerze?

Owszem.

Czy nie intrygowało ciebie, skąd komputer wie, jak reagować na każdy ruch, jaki dziecko wykonuje joystickiem?

Intrygowało mnie.

To wszystko zapisane jest na dyskietce. Komputer wie, jak zareagować na każdy ruch joysticka, ponieważ każdy możliwy ruch został już wprowadzony na dyskietkę, **razem z właściwą reakcją.**

To niesamowite. Prawie nierzeczywiste.

To, że każde zakończenie, wraz z każdym posunięciem prowadzącym do tego zakończenia, jest zaprogramowane na dyskietce? To nic „niesamowitego". To tylko technika.

A jeśli uważasz, że technika gier komputerowych to dopiero coś, co powiesz na technikę **wszechświata?**

Przedstaw sobie Kosmiczne Koło jako taki CD-ROM. Wszystkie zakończenia już istnieją. Wszechświat nie może się doczekać, które wybierzesz **tym razem.** A gdy gra dobiegnie końca, bez względu na wynik, obojętnie, czy wygrasz, przegrasz czy zremisujesz, wszechświat zaproponuje ci następną rozgrywkę.

Więc Bóg to nic więcej niż CD-ROM?

Nie ujmowałbym tego tak. Ale w całym tym dialogu staram się ilustrować pojęcia tak, aby każdy mógł je objąć umysłem. Uważam, że porównanie z CD-ROM-em jest udane.

Pod wieloma względami życie **jest** niczym CD-ROM. Wszystkie możliwości istnieją i już zaistniały. Ty wybierasz tę, której pragniesz doświadczyć.

Dotyczy to także kwestii „zmian" na Ziemi.

Przewidywania jasnowidzów na temat czekających waszą planetę zmian są prawdziwe. Udało im się wejrzeć w „przyszłość" i zobaczyć. Pytanie tylko, którą „przyszłość" ujrzeli? Jak w przypadku zakończenia gry na CD-ROM-ie, **istnieje więcej wersji.**

W jednej z nich Ziemię ogarną zburzenia, w innej – nie.

Właściwie **wszystkie** scenariusze **już się rozegrały**. Pamiętaj, czas.

Wiem, wiem. „Czas nie istnieje".

Zgadza się. I jaki stąd wniosek?

Wszystko dzieje się jednocześnie.

Znów masz rację. Wszystko, co się kiedykolwiek działo, dzieje się teraz i kiedykolwiek będzie się działo, istnieje w tej chwili. Tak jak posunięcia w grze komputerowej znajduję się w tej chwili na dyskietce. A zatem jeśli uważasz, że byłoby ciekawie, gdyby te proroctwa zagłady się spełniły, skup na nich całą swą uwagę, a sprowadzisz to na siebie. A jeśli uznasz, że chciałbyś doświadczyć innej rzeczywistości, skup się na niej, a przyciągniesz taki wynik.

Czyli nie powiesz mi, czy nastąpią zmiany na Ziemi, czy nie, tak?

Czekam na znak od was. Wy o tym zadecydujecie, swoimi myślami, słowami i czynami.

A jeśli chodzi o skutki daty 2000 dla komputerów? Niektórzy twierdzą, że przestawienie się komputerów na rok 2000 spowoduje ogromny zamęt społeczny i ekonomiczny. Czy tak się stanie?

Co wy sądzicie? Co wybieracie? Myślicie, że nie macie na to żadnego wpływu? Nie odpowiada to prawdzie.

Nie zdradzisz nam rozwiązania?

Nie jest Moim zadaniem wróżyć wam i nie uczynię tego. Ale mogę wam powiedzieć tyle. **Każdy** może wam powiedzieć tyle. Jeśli nie będziecie ostrożni, to wylądujecie dokładnie tam, dokąd zmierzacie. A jeśli nie podoba wam się obrany kierunek, **zmieńcie kurs.**

Jak? W jaki sposób mogę wpłynąć na powszechny wynik? Co ***powinniśmy*** *zrobić w obliczu tych wszystkich katastroficznych prognoz wygłaszanych przez duchowe czy parapsychiczne „autorytety"?*

Zagłębić się w siebie. Odszukać wewnątrz prawdziwą mądrość. Zobaczyć, co ona wam nakazuje. I tak postąpić.

Jeśli będzie oznaczało to apelowanie do polityków i przemysłowców, domaganie się, aby podjęli działania w sprawie niszczenia środowiska, zróbcie to. Jeśli to znaczy zebranie przywódców społeczności, aby wspólnie zaradzili skutkom daty 2000, zróbcie to. A jeśli mądrość nakaże ci kroczenie swoją drogą, emanowanie pozytywną energią, zapobieganie panice, która niezawodnie **sprowadza** nieszczęście, czyń to.

Przede wszystkim zaś, nie lękaj się. „Umrzeć" nie możesz w żadnym przypadku, więc nie ma czego się bać. Bądź świadomy przebiegu Procesu i wiedz w głębi duszy, że nic ci nie grozi.

Staraj się dostrzec doskonałość w każdej rzeczy. Wiedz, że będzie ci dane wszystko, co trzeba, abyś doświadczył dokładnie tego, co postanawiasz w miarę stwarzania siebie takim, Jakim Jesteś W Istocie.

Ta droga przynosi pokój. We wszystkim dostrzegaj doskonałość.

Wreszcie, nie próbuj przed niczym „uciekać". Umacniasz to, przed czym się bronisz. Powiedziałem to w księdze pierwszej i taka jest prawda.

Kto smuci się z powodu tego, co „widzi" w przyszłości lub czego się o niej „dowiedział", nie „trwa w doskonałości".

Co jeszcze nam radzisz?

Świętujcie! Świętujcie życie! Świętujcie Jaźń! Świętujcie przepowiednie! Świętujcie Boga!

Świętujcie! Bawcie się.

Radujcie się każdą chwilą, cokolwiek wam przynosi, ponieważ jesteście radością i zawsze będziecie.

Bóg nie może stworzyć niczego niedoskonałego. Jeśli sądzisz, że Bóg może stworzyć coś ułomnego, to nie wiesz nic o Bogu.

Więc świętuj. Świętuj doskonałość! Śmiej się i dostrzegaj wszędzie doskonałość, a to, co inni nazywają niedoskonałym, nie zaszkodzi tobie.

To znaczy, że mogę uniknąć tego, że Ziemia pochyli się na swej osi albo że zostanę rozgnieciony przez meteor, starty przez trzęsienie ziemi, ogarnięty przez zamęt i histerię, jakie pociągnie za sobą przejście komputerów na datę 2000?

Na pewno możesz uchronić się przed ich negatywnym wpływem na twoją psychikę.

Nie o to pytałem.

Ale tak odpowiedziałem. Spójrz w przyszłość bez lęku, rozumiejąc Proces i dostrzegając doskonałość wszystkiego.

Ten spokój, ta pogoda ducha, to opanowanie ustrzegą cię przed wieloma doświadczeniami i skutkami, które inni określiliby jako „negatywne".

A jeśli się mylisz? A jeśli wcale nie jesteś Bogiem, tylko wytworem mojej płodnej wyobraźni?

Odzywają się stare wątpliwości, co?

A jeśli nawet, to co z tego? Czy znasz jakiś lepszy sposób na życie?

Mówię jedynie: zachowajcie spokój, pogodę ducha w obliczu tych ponurych przepowiedni planetarnych klęsk, a rzeczy wezmą najlepszy z możliwych obrót.

Nawet jeśli nie jestem Bogiem, tylko „tobą", wymyślającym to wszystko, czy znajdziesz gdzieś lepszą radę?

Chyba nie.

Więc, jak zwykle, nie ma różnicy, czy jestem „Bogiem", czy nie.

Skorzystaj więc z tej mądrości, tak jak i z całej wiedzy zawartej w tych dialogach, i nią żyj. A jeśli wpadniesz na lepszy pomysł, zastosuj go.

Posłuchaj, nawet jeśli to naprawdę tylko Neale Donald Walsch wypowiada się w tych wszystkich księgach, trudno o lepszą radę w kwestiach jakie tu są poruszane. Więc spójrz na to od tej strony: Albo to mówię Ja, Bóg, albo ten Neale to łebski gość.

Jaka to różnica?

Taka, że gdybym był przekonany, iż to Bóg mówi to wszystko, słuchałbym uważniej.

Trele-morele. Słałem ci przekazy tysiąc razy na sto różnych sposobów i na większość z nich byłeś głuchy.

Chyba masz rację.

Chyba?

No, dobrze, byłem głuchy.

Więc tym razem nie bądź. Kto naprowadził cię na tę książkę? Ty sam. A zatem jeśli nie potrafisz posłuchać Boga, posłuchaj siebie.

Albo zaprzyjaźnionego jasnowidza.

Albo zaprzyjaźnionego jasnowidza.

Dworujesz sobie ze mnie, waść, ale szczęśliwie wiąże się to z kolejnym zagadnieniem, jakie chciałbym omówić.

Wiem.

Wiesz?

Oczywiście. Chcesz porozmawiać o zdolnościach parapsychicznych.

Jak na to wpadłeś?

Jestem jasnowidzem.

No jasne. Jesteś jasnowidzem nad jasnowidze. Jesteś Szefem Wszystkich Szefów, Ważniakiem Numer Jeden, Wielkim Wodzem, Pierwszym Na Pokładzie, Prezesem Zarządu.

Człowieku, wreszcie kapujesz, o co „biega".

Przybij piątkę.

Ale odlot, bracie. Już się robi.

Więc chodzi mi o to, czym są zdolności parapsychiczne?

To, co nazywanie „parapsychicznymi" zdolnościami, tkwi w każdym z was. To jest istotnie „szósty zmysł". Wszyscy go posiadacie.

Moc parapsychiczna to nic innego jak zdolność wykroczenia poza wąskie ramy codziennego doświadczenia, przywrócenia szerszego oglądu rzeczy. Odczuwania więcej, niż sam sobie – jako we własnym mniemaniu, jednostce ograniczonej – wyznaczyłeś; poznania więcej. To zdolność włączenia się w **wyższą prawdę** wokół siebie, wyczuwania innej energii.

Jak się ją rozwija?

„Rozwija" to dobre słowo. To tak jak z mięśniami. Wszyscy je macie, lecz niektórzy postanawiają je rozwijać, podczas gdy u innych są szczątkowe i daleko mniej użyteczne.

Aby rozwinąć swój mięsień „parapsychiczny", trzeba go ćwiczyć. Używać. Codziennie. Nieustannie.

Ten mięsień jest na swoim miejscu, ale jest wątły, mizerny, stanowczo za mało wykorzystywany. Więc jeśli coś cię „tknie" raz na jakiś czas, nie podejmujesz odpowiedniego działania. Jeśli najdzie cię „przeczucie", nie słuchasz. Masz sen lub „natchnienie", ale pozwalasz, aby uleciały, nie poświęcasz im uwagi.

Całe szczęście, że nie zlekceważyłeś przeczucia, jakie miałeś w związku z tymi książkami, bo nie czytałbyś teraz tych słów.

Myślisz, że to ślepy traf cię nakierował? Przypadek?

Zatem pierwszy krok w rozwijaniu parapsychicznej „mocy" to uznanie, że się ją posiada, a następnie korzystanie z niej. Zwracaj uwagę na każde przeczucie, każdy intuicyjny domysł. **Zwracaj uwagę.**

Potem działaj, opierając się na tym, co „wiesz". Nie pozwól, aby umysł cię od tego odwiódł. Nie pozwól, aby przeszkodził ci strach.

Im częściej postępujesz tak, jak podpowiada ci intuicja, tym bardziej będzie ci ona służyć. Intuicja zawsze była w tobie obecna, lecz dopiero teraz ją zauważasz.

Ale mnie nie chodzi o dar, powiedzmy, wyszukiwania wolnego miejsca do zaparkowania samochodu. Mam na myśli rzeczywistą moc parapsychiczną. Taką, która umożliwia wgląd w przyszłość. Daje wiedzę o ludziach, której inaczej nie mógłbyś zdobyć.

Ja też.

Jaki jest mechanizm działania takiej mocy? Czy powinienem słuchać ludzi, którzy ją posiadają? Jeśli jasnowidz przepowie mi coś, czy mogę to zmienić czy też moja przyszłość jest już wyryta w kamieniu? W jaki sposób niektóre osoby potrafią „przejrzeć cię na wylot" w chwili, gdy cię zobaczą? A co jeśli...

Chwileczkę. To cztery różne pytania. Zwolnijmy tempo i zajmijmy się nimi po kolei.

Zgoda. Jaki jest mechanizm działania parapsychicznej mocy?

Są trzy zasady rządzące zjawiskami parapsychicznymi, które pomogą ci zrozumieć działanie takiej mocy. Oto one:

1. Wszelka myśl jest energią.
2. Wszystko jest w ruchu.
3. Wszelki czas jest teraz.

Osoby zwane mediami są otwarte na doświadczenia, jakie niosą te zjawiska – na wibracje. Czasem przyjmują one postać obrazów, czasami myśli wyrażonej przez słowo.

Medium nabiera wprawy w wyczuwaniu tych energii. Z początku może nie być to łatwe, ponieważ energie te mają ulotny, subtelny charakter. Jak leciutki powiew wiatru w letnią noc, który, wydawało ci się, musnął twoje włosy – a może nie. Jak słabiutki odgłos w oddali, który, masz wrażenie, usłyszałeś, ale nie jesteś pewny. Jak mgnienie obrazu uchwyconego kącikiem oka, który, mógłbyś przysiąc, był realny, ale gdy patrzysz wprost, zniknął. Czy w ogóle coś widziałeś?

Takie pytanie zadaje sobie nowicjusz. Wytrawne medium nigdy tak nie pyta, gdyż wie, że pytanie odsuwa od niego odpowiedź. Angażuje umysł, a to ostatnia rzecz, jakiej medium sobie życzy. Intuicja nie mieści się w umyśle. Aby włączyć szósty zmysł, trzeba wyłączyć umysł. Ponieważ intuicja jest przymiotem duszy.

Intuicja to duchowe ucho.

Tylko dusza jest na tyle wrażliwa, aby „wyłapać" najlżejsze wibracje życia, wyczuć te energie i zinterpretować je.

Posiadacie sześć zmysłów, nie pięć: zmysł węchu, smaku, dotyku, wzroku, słuchu i... **intuicyjnej wiedzy.**

Tak działa „moc parapsychiczna".

Ilekroć pomyślisz coś, twa myśl wysyła energię. Ona **jest** energią. Dusza medium wychwytuje tę energię. Jasnowidz z prawdziwego zdarzenia nie będzie zastanawiał się nad jej znaczeniem, lecz bez namysłu podzieli się z tobą wrażeniem, jakie ta energia w nim wywołuje. W ten sposób może określić, o czym właśnie myślisz.

Każde uczucie, jakiego kiedykolwiek doznałeś, pozostaje w twojej duszy. Twoja dusza to suma wszystkich twoich uczuć. Ich składnica. Nawet jeśli tkwią tam od lat, medium potrafi je „wyczuć" tu i teraz. A to dlatego, że wszyscy razem...

Czas nie istnieje...

Stąd jasnowidz jest w stanie odczytać twoją „przeszłość".

„Jutra" też nie ma. Wszystko dzieje się właśnie teraz. Każde zdarzenie emituje falę energii, odciska niezatarty obraz na kosmicznej błonie fotograficznej. Medium dostrzega czy wyczuwa obraz „jutra" tak, jakby miało miejsce teraz – co zresztą jest prawdą. W ten sposób jasnowidze przepowiadają „przyszłość".

Jak to się odbywa od strony fizjologicznej? Zapewne bezwiednie, jasnowidz wytężając swą uwagę wysyła submolekularny składnik swej istoty. Jego „myśl", jeśli wolisz, opuszcza ciało i mknie w przestrzeni, dociera tam, skąd „widać" „teraz", którego jeszcze nie doświadczyłeś.

Submolekularna podróż w czasie!

Można tak powiedzieć.

Submolekularna podróż w czasie!

A jak! Widzę, że robi się z tego istna szopka.

Nie, nie. Przyrzekam, że się poprawię... naprawdę. Mów dalej, proszę.

Dobrze. Ten submolekularny element, po wchłonięciu energii obrazu, powraca wraz z nią do ciała. Medium, nierzadko z drżeniem, odbiera obraz albo wrażenie i stara się nie poddawać danych „obróbce", lecz po prostu i od razu opisuje. Nauczyło się nie podawać w wątpliwość tego, co „myśli", „widzi" niespodziewanie czy „czuje", lecz „przepuszczać" w czystej, nietkniętej postaci.

Kilka tygodni później, gdy odebrane zjawisko zaistniało, medium obwołane zostaje jasnowidzem, co rzecz jasna, jest zgodne z prawdą.

Lecz jeśli tak jest istotnie, to dlaczego niektóre „przepowiednie" okazują się „chybione", to znaczy nigdy się nie spełniają?

Ponieważ jasnowidz nie „przepowiedział przyszłości", tylko przedstawił jedną z „możliwych możliwości", jaka na mgnienie oka ukazała mu się pośród Wiecznej Chwili Teraźniejszości.

Wieczna Chwila zawiera w sobie wszystkie „możliwe możliwości". Jak kilkakrotnie wyjaśniałem, wszystko już zaistniało, na milion różnych sposobów. Wam pozostaje tylko wybrać optykę.

Wszystko sprowadza się do percepcji. Gdy zmieniasz swoje postrzeganie, zmieniasz myślenie, a twoje myśli tworzą rzeczywistość. Dowolny wynik, jaki mógłbyś przewidzieć dla danej sytuacji, czeka na ciebie gotowy. Ty musisz tylko go dostrzec. Poznać.

To właśnie kryje się w słowach, „jeszcze zanim zapytasz, ja już tobie odpowiedziałem". Istotnie, wasze „modlitwy" zostają wysłuchane, zanim zostaną wypowiedziane.

Dlaczego więc nie wszyscy dostajemy to, o co prosimy?

Mówiliśmy o tym w księdze pierwszej. Nie zawsze otrzymasz to, czego chcesz, ale zawsze dostaniesz to, co tworzysz. Tworzenie wynika z myślenia, które wynika z postrzegania.

To wszystko jest takie zawrotne. Mimo że tyle razy to przerabialiśmy, to wciąż przyprawia o zawrót głowy.

Prawda? Dlatego warto do tego powracać. Kilkakrotne wysłuchanie daje ci szansę znalezienia punktu zaczepienia, a gdy się zaczepisz, przestanie ci się od tego kręcić w głowie.

Jeśli wszystko dzieje się teraz, co przesądza o tym, której ***cząstki*** *tego wszystkiego doświadczam w* ***mojej*** *chwili obecnej?*

Wybory, jakich dokonujesz – i wiara w nie. Ta wiara podyktowana będzie twoimi poglądami na daną rzecz, te zaś biorą się z percepcji – z tego, „jak na to się zapatrujesz".

Medium dostrzega wybór, jakiego dokonujesz odnośnie do „jutra", widzi, jak się to potoczy. Ale prawdziwy jasnowidz zawsze ci powie, że nie musi tak być. Możesz „wybrać ponownie" i zmienić wynik.

W gruncie rzeczy przetwarzałbym to, czego już doświadczyłem!

Właśnie! Teraz pojmujesz. Widzisz, co to znaczy żyć w ramach paradoksu.

Ale jeśli to „już się zdarzyło", to komu to „się zdarzyło"? I jeśli to zmieniam, kim jest to „ja", które doświadcza zmiany?

Jest więcej „ciebie" rozłożonych w czasie. Omawialiśmy to szczegółowo w księdze drugiej. Proponuję, abyś ponownie ją przeczytał i powiązał jej treść z naszymi rozważaniami tutaj.

Zgoda. Ale chciałbym pozostać przy temacie jasnowidzenia. Wielu ludzi podaje się za jasnowidzów. Jak odróżnić prawdziwego od fałszywego?

Każdy posiada zdolności parapsychiczne, więc **wszyscy** oni są „prawdziwi". Trzeba tylko przyjrzeć się, jaki mają w tym cel – czy pragną ci pomóc, czy się wzbogacić?

„Zawodowe media", którym chodzi o osiągnięcie własnej korzyści, często obiecują wiele rzeczy – że „odzyskają dla ciebie utraconą ukochaną czy ukochanego", że „ześlą na ciebie zaszczyty i bogactwo", a nawet pomogą ci schudnąć.

Podejmują się tego wszystkiego – ale tylko za opłatą. Nawet dokonają dla ciebie „odczytu" drugiej osoby – szefa, kochanka, przyjaciela. „Przynieś mi coś – mówią – szal, zdjęcie, próbkę pisma".

I rzeczywiście **potrafią** wiele o niej powiedzieć. To dlatego, że każdy zostawia za sobą swój ślad, „parapsychiczny odcisk", pasmo energii. A osoba wrażliwa to odbiera.

Lecz uczciwy jasnowidz nigdy nie zaproponuje, że pomoże ci odzyskać ukochaną, wpłynie na czyjeś zdanie **czy wywoła jakikolwiek skutek swą** parapsychiczną **„mocą".** Ktoś, kto poświęcił swe życie na doskonalenie tego daru, wie, że w niczyją wolną wolę nie należy ingerować, tak samo jak szpiegować cudzych myśli czy naruszać prywatności.

Myślałem, że nie ma żadnych zakazów i nakazów. Skąd nagle to „nie należy"?

Zawsze trzeba to rozumieć w odniesieniu do tego, co jak wiem, staracie się urzeczywistnić.

Wiem, że wszyscy pragniecie wzrastać, ewoluować, powrócić do Jedności. Dążycie do tego, aby doświadczyć najwspanialszej wersji najświetniejszego wyobrażenia swojej prawdziwej istoty. Staracie się to osiągnąć indywidualnie i jako rasa.

W moim świecie nie ma zakazów ani nakazów, podziału na to, co słuszne i nie – podkreślałem to wielokrotnie – i nie smażycie się w ogniu piekielnym, jeśli wybierzecie „źle", ponieważ ani „piekła", ani „zła" nie ma; chyba że myślicie inaczej.

Lecz pozostają prawa rządzące fizycznym wszechświatem, a jednym z nich jest prawo przyczyny i skutku.

Doniosłą jego konsekwencją jest to, że

Wszelki wywołany skutek w końcu doświadczany jest przez Jaźń.

Co to znaczy?

Pewnego dnia doświadczysz tego, czego za twoją sprawą doznali inni.

W środowisku New Age istnieje na to barwne określenie:

„Czego ty dotkniesz, to dotknie ciebie".

Właśnie. Inni znają to jako nakaz Jezusa: „Czyń drugiemu to, co chciałbyś, aby tobie czyniono".

Jezus głosił prawo przyczyny i skutku, można powiedzieć, Pierwszą Zasadę. To niczym Pierwsza Dyrektywa udzielona Kirkowi, Picardowi i Janewayowi.

Bóg ogląda „Star Trek"!

A co ty myślałeś? Sam napisałem połowę odcinków.

Lepiej, żeby Gene tego nie słyszał.

Daj spokój... to Gene **kazał** mi to powiedzieć.

Jesteś w kontakcie z Genem Rodenberry?

I z Carlem Saganem, Bobem Heinleinem i **całą paczką** tu, na górze.

Wiesz, nie wolno nam tak sobie żartować. Traci na tym wiarygodność całego dialogu.

Ach tak. Z Bogiem trzeba rozmawiać poważnie.

Przynajmniej w sposób nie budzący podejrzeń.

Podejrzane jest to, że są ze Mną Gene, Carl i Bob? Muszę im to powiedzieć. Lecz wracając do rzeczy, jak odróżnić prawdziwego jasnowidza od „rzekomego"? Ten pierwszy zna i stosuje Pierwszą Dyrektywę. I dlatego, kiedy prosisz, aby odzyskał dla ciebie „utraconą ukochaną" albo odczytał aurę osoby, której chusteczkę lub list mu przynosisz, prawdziwy jasnowidz odpowie:

„Przykro mi, ale nie mogę tego uczynić. Nie ingeruję ani nie wnikam w drogę, jaką kroczy druga osoba".

„W żaden sposób nie wpłynę na jej wybory".

„I nie przekażę na jej temat żadnej informacji o charakterze poufnym czy osobistym".

Lecz jeśli ktoś ofiaruje się wykonać dla ciebie te „usługi", masz do czynienia z krętaczem, który żeruje na ludzkiej słabości i wyłudza pieniądze.

A media pomagające ustalić położenie ukochanej osoby – porwanego dziecka, nastolatka, który uciekł z domu i jest zbyt dumny, aby zadzwonić do rodziców, mimo że rozpaczliwie tego pragnie? Albo osoby pomagające policji odnaleźć zaginioną osobę, żywą lub martwą?

Te przykłady mówią same za siebie. Jasnowidz z prawdziwego zdarzenia nade wszystko wystrzega się narzucania swojej woli komu innemu. Jego zadaniem jest służyć.

Czy nawiązywanie kontaktu ze zmarłymi jest rzeczą właściwą? Powinniśmy próbować dotrzeć do tych, którzy „stąd odeszli"?

Po co mielibyście to robić?

Żeby sprawdzić, czy mają nam coś do przekazania.

Jeśli komuś, kto przebywa już „po drugiej stronie", zależy na tym, aby was o czymś powiadomić, znajdzie na to sposób, nie martw się.

Ciocia, wujek, brat, siostra, ojciec, matka, małżonek czy kochanek, którzy „stąd odeszli", wędrują dalej, doznają pełnej radości, zmierzają ku całkowitemu zrozumieniu.

Jeśli częścią ich planu jest powrót do was – sprawdzenie, jak się macie, danie wam do zrozumienia, że u nich wszystko w porządku, cokolwiek – możesz być pewny, że to uczynią.

Wypatruj wtedy „znaku" i nie przegap go. Nie przypisuj go swojej wyobraźni czy zbiegowi okoliczności, nie odrzucaj jako przejawu „pobożnego życzenia". Czekaj na wiadomość i ją odbierz.

Znam panią, która opiekowała się umierającym mężem i błagała, że skoro musi odejść, niech chociaż wróci do niej i powiadomi ją, że ma się dobrze. Mąż obiecał i dwa dni później zmarł. Nie minął tydzień, gdy pewnej nocy wyrwało ją ze snu uczucie, że ktoś przy niej usiadł. Kiedy otworzyła oczy, mogłaby przysiąc, że widziała męża, który siedział na łóżku i uśmiechał się do niej. Mrugnęła i spojrzała jeszcze raz i on zniknął. Opowiedziała mi tę historię po pewnym czasie, uznając całą sprawę za przywidzenie.

To typowe. Otrzymujecie znaki – niepodważalne, oczywiste znaki – i nie zważacie na nie. Albo odrzucacie jako figle, które płata wam własny umysł.

Przed takim samym wyborem stoicie teraz odnośnie do tej książki.

Dlaczego tak postępujemy? Dlaczego najpierw prosimy o coś – na przykład o mądrość, którą zawierają te trzy książki – a potem, kiedy dostajemy, nie chcemy w to wierzyć?

Ponieważ wątpicie w chwałę Boską. Jak Tomasz, musicie zobaczyć, dotknąć, zanim uwierzycie. Lecz tego, co pragniecie wiedzieć, nie da się zobaczyć ani dotknąć. To przynależy do zupełnie innej dziedziny. Nie jesteście jeszcze gotowi na jej przyjęcie. Ale nie obawiajcie się. Gdy student dojrzeje, pojawi się nauczyciel.

Chcesz więc powiedzieć – wracając do pytania wyjściowego – że ***nie*** *powinniśmy chodzić do jasnowidzów ani uczestniczyć w seansach.*

Nie mówię, co macie robić albo czego nie macie robić. Po prostu nie wiem, czemu to by służyło.

A gdybym to ***ja*** *miał do przekazania coś temu drugiemu, a nie chciał się czegoś dowiedzieć od* ***niego?***

Sądzisz, że mógłbyś to wypowiedzieć i on by nie usłyszał? Cokolwiek pomyślisz, czy wyobrazisz sobie w związku z osobą uznaną za „zmarłą", natychmiast przywołasz do siebie jej świadomość.

Nie da się pomyśleć czy wyobrazić sobie czegoś w związku z osobą przebywającą „po drugiej stronie" tak, aby jej Istota nie była tego w pełni świadoma. Nie trzeba korzystać z usług „pośredników" do takiej komunikacji.

Najlepszym środkiem komunikacji jest miłość.

A co z komunikacją ***obustronną?*** *Czy do tego medium może się przydać? Czy takie porozumienie jest w ogóle możliwe? Czy to wszystko jest „lipne"? Niebezpieczne?*

Chodzi ci o porozumiewanie się z duchami. Tak, to jest możliwe. Czy niebezpieczne? Właściwie wszystko jest „niebezpieczne", jeśli się boisz. Czego się lękasz, to powołujesz do istnienia. Lecz w rzeczywistości nie ma czego się obawiać.

Ci, których kochasz, nigdy nie oddalają się od ciebie, dzieli was zaledwie odległość myśli. Zawsze będą przy tobie, gdy ich potrzebujesz, gotowi służyć radą czy pocieszyć. Jeśli przeżywasz w związku z ich utratą udrękę, twoi ukochani przekażą ci znak, sygnał, „wiadomość", która da ci do zrozumienia, że z nimi wszystko w porządku.

Nie musisz nawet ich wzywać, ponieważ dusze, które kochały cię w tym życiu, lgną do ciebie, mkną ku tobie w chwili, gdy wyczują najlżejsze zaburzenie w twojej aurze. Szybko poznają nowe możliwości, jakie daje im nowy rodzaj istnienia, a wśród nich służenie pomocą i podnoszenie na duchu tych, których kochają. A wyczujesz ich pokrzepiającą obecność, jeśli jesteś naprawdę na nich otwarty.

Więc opowieści o ludziach, którzy „głowę by dali", że ukochany zmarły był w pokoju, nie są wyssane z palca?

Oczywiście. Można wyczuć zapach ulubionych perfum czy wody kolońskiej, cygar ukochanej osoby, usłyszeć nuconą cichuteńko melodię, którą zwykli nucić. Lub nieoczekiwanie natknąć się na ich jakąś osobistą rzecz. Zupełnie „bez powodu" może nagle „pojawić się" chusteczka, portfel, spinka czy coś z biżuterii. „Znajduje się" ją na kanapie czy pod stertą starych pism. Tkwi sobie tam po prostu. Zdjęcie zrobione przy jakiejś szczególnej okazji – właśnie wtedy gdy tęskniłeś za tą osobą, rozmyślałeś o niej i smuciłeś się z powodu jej śmierci. Te rzeczy nie „zdarzają się, ot, tak sobie". Te rzeczy nie „pojawiają się" w danej chwili przypadkiem. Powiadam ci: **We wszechświecie nie występuje przypadkowy zbieg okoliczności.**

To bardzo powszechne zjawisko. Bardzo.

Lecz wracając do pytania: Czy potrzeba „pośrednika", aby nawiązać łączność z bezcielesnymi istotami? Nie. Czy jest to czasami przydatne? Czasami. Wszystko zależy od medium czy jasnowidza – od ich motywacji.

Jeśli ktoś nie podejmie się tego, nie zgodzi się być dla ciebie „pośrednikiem", bez wysokiego honorarium, uciekaj od niego jak najdalej. Takim osobom może chodzić wyłącznie o pieniądze. Nie dziw się, jeśli się uzależnisz i miesiącami, nawet latami będziesz powracał, gnany umiejętnie przez nie podsycaną chęcią czy potrzebą nawiązania kontaktu ze „światem duchów".

Ktoś, kto jak sam duch, pragnie służyć, nie żąda dla siebie niczego ponad to, co jest mu potrzebne do dalszej działalności.

Jeśli ktoś, kto wychodzi z takiego założenia, zgadza się ci pomóc, dopilnuj, aby otrzymał w zamian godziwą zapłatę. Nie wykorzystuj takiej nadzwyczajnej łaskawości dając niewiele – lub w ogóle nic – jeśli wiesz, że stać cię na więcej.

Patrz, kto naprawdę pomaga światu, obdarza wiedzą, wglądem, zrozumieniem, troską i miłosierdziem. Nie żałuj mu wsparcia. Bądź dla niego szczodry. Szanuj go. Albowiem należy on do Wysłanników Światłości.

7

Sporośmy tu ujęli, oj sporo. Czy możemy zmienić temat? Jesteś gotowy?

A ty?

Ja cały się rwę. Wreszcie się rozkręciłem. Cisną mi się na usta wszystkie pytania, jakie nurtowały mnie przez ostatnie trzy lata.

Nie mam nic przeciwko temu. Wal.

Fajowo. Chciałbym teraz rzucić nieco światła na kolejną ezoteryczną tajemnicę. Czy pomówisz ze mną o reinkarnacji?

Jasne.

Wiele religii utrzymuje, że doktryna reinkarnacji jest błędna, że mamy tylko jedno życie tutaj, jedną szansę.

Wiem. Ale to nie jest tak.

Jak mogą się mylić w sprawie tak istotnej? Jak mogą nie znać prawdy o rzeczy tak podstawowej?

Musisz wiedzieć, że ludzie wyznają religie oparte na strachu, głoszące Boga, którego należy czcić i bać się.

To właśnie strach sprawił, że społeczeństwo Ziemi przekształciło się z matriarchatu w patriarchat. To strach spowodował, że ludzie stawali się posłuszni kapłanom wzywającym ich do „prostowania swych ścieżek" i „zważania na głos Pana". To dzięki niemu Kościoły umacniały i powiększały swoje szeregi.

Pewien Kościół twierdził nawet, że Bóg cię ukarze, jeśli nie będziesz chodził co niedzielę na mszę. Niechodzenie do kościoła uznano za grzech.

Nie do Kościoła w ogóle. Trzeba było chodzić do tego jednego konkretnego kościoła. Gdy poszło się na mszę do kościoła innego obrządku, również popełniało się grzech. Stanowiło to próbę ustanowienia kontroli za pomocą strachu. Zadziwiające jest to, że to zadziałało. Wciąż działa, jak diabli.

Bogu nie przystoi przeklinać.

Ja nie przeklinam. Stwierdziłem fakt: „działa jak diabli".

Ludzie zawsze będą wierzyli w diabły, w piekło i w Boga, który ich na nie skazuje, tak długo, jak będą przypisywać Bogu cechy ludzkie – bezwzględność, mściwość, samolubność i brak litości.

W dawnych czasach ludzie nie potrafili sobie wyobrazić Boga, który wzniósłby się ponad to wszystko. Dlatego zaakceptowali nauki licznych Kościołów nakazujące bojaźń Bożą.

Wyglądało to tak, jakby ludzie nie dowierzali, że sami z siebie mogą być dobrzy i postępować słusznie. Dlatego musieli stworzyć religię głoszącą gniewnego, karzącego Boga, aby trzymać siebie w ryzach. Idea reinkarnacji zaś wprowadzała zamęt.

Jak to? Co groźnego kryła w sobie ta doktryna?

Kościół upominał: „bądźcie grzeczni, bo inaczej...", a tu zjawiają się zwolennicy reinkarnacji, mówiący: „Będziecie mieli jeszcze jedną szansę potem i następną. I jeszcze więcej. Więc się nie martwcie. Zróbcie, co w waszej mocy. Nie umierajcie ze strachu. Przyrzeknijcie sobie, że się poprawicie i już".

Oczywiście, wczesny Kościół nie mógł na to pozwolić. Dlatego wykonał dwa posunięcia. Najpierw potępił doktrynę reinkarnacji jako heretycką, a następnie ustanowił sakrament spowiedzi. Spowiedź załatwiała to, co obiecywała reinkarnacja. To znaczy dawała wiernym **kolejną szansę.**

Zatem powstał układ, w ramach którego Bóg karał ciebie za twoje występki, chyba że się ***z nich wyspowiadałeś.*** *Wówczas mogłeś poczuć się bezpieczny, bo wiedziałeś, że Bóg wysłuchał twojej spowiedzi i odpuścił ci twoje grzechy.*

Owszem. Ale tkwił w tym pewien haczyk. Rozgrzeszenia **nie mógł udzielić ci bezpośredniego sam Bóg.** Musiało ono wyjść od Kościoła, a księża ustalali „pokutę", którą należało odprawić. Zwykle były to modlitwy, których zmówienia wymagano od grzeszników. Więc miałeś już dwa powody, aby nie występować z Kościoła.

Spowiedź okazała się tak mocną kartą przetargową, że wkrótce grzechem ogłoszono **niechodzenie do spowiedzi.** Trzeba się było wyspowiadać przynajmniej raz w roku. Gdy tego nie dopilnowano, dawano Bogu kolejny powód do złości.

I tak mnożyły się nakazy – przeważnie arbitralne i kapryśne – ustanawiane przez Kościół, a każdy z nich wsparty był groźbą wiecznego potępienia, chyba że winę **wyznawano.** Wówczas uzyskiwano Boskie przebaczenie i w ten sposób unikano zatracenia.

Ale powstał problem. Ludzie wpadli na to, że dzięki temu mogą grzeszyć do woli, o ile się z tego spowiadali. Kościół był w rozterce. Strach opuścił ludzkie serca. Spadło uczestnictwo w mszach, kurczyły się szeregi wiernych. Ludzie przychodzili do spowiedzi raz w roku, odprawiali pokutę, uzyskiwali odpuszczenie grzechów i wracali do swoich zajęć.

Nie było co do tego wątpliwości. Musiał znaleźć się sposób na to, aby znów zasiać strach w ludzkich sercach.

I tak wymyślono czyściec.

Czyściec?

Czyściec. To miejsce przypominało piekło, ale zesłanie do niego nie było wieczne. Nowa doktryna mówiła, że Bóg podda ciebie cierpieniu za twoje występki, nawet **jeśli je wyznałeś.**

W myśl tej nauki Bóg skazywał cię na pewną dawkę katuszy, w zależności od liczby i rodzaju popełnionych grzechów. Grzechy dzieliły się na „śmiertelne" i „powszednie". Jeśli przed śmiercią nie zdążyłeś się wyspowiadać z grzechów śmiertelnych, trafiałeś prosto do piekła.

Raz jeszcze wzrosła frekwencja w kościołach. Podobnie jak datki na tacę, a zwłaszcza darowizny, albowiem w doktrynie czyśćca przewidziano możliwość **wykupienia się od cierpienia.**

Słucham?

Zgodnie z nauką Kościoła można było uzyskać specjalny odpust – ale nie od samego Boga – tylko od wysokiego dostojnika Kościoła. Odpusty te wyzwalały z mąk czyśćcowych, na które „zasłużyłeś sobie" swoimi grzechami – lub przynajmniej je łagodziły.

Coś jak „zwolnienie przedterminowe za dobre sprawowanie"?

Tak. Lecz ulgi te, rzecz jasna, dotyczyły tylko garstki. Na ogół tych, którzy przekazali na rzecz Kościoła znaczne dobra.

Za ogromną sumę można nawet było otrzymać **odpust całkowity.** Oznaczało to **zupełne wymiganie się od czyśćca.** To była przepustka wprost do nieba.

Ta szczególna łaska zastrzeżona była dla jeszcze węższego grona. Dla najmożniejszych rodów i jeszcze może rodzin królewskich. W zamian za te całkowite odpusty w ręce Kościoła przekazywano zawrotne kwoty, kosztowności, ziemie. Lecz elitarność tego wszystkiego budziła wielka frustracje i niezadowolenie mas.

Biedni wieśniacy nie mogli liczyć na biskupi odpust – zatem wiara ludu słabła i liczebność Kościoła znów spadła.

I co wymyślił ***tym razem?***

Świeczki.

Ludzie mogli teraz przyjść do kościoła i zapalić świeczkę za „biedne dusze czyśćcowe", a zmawiając nowennę (serie modlitw w określonym porządku) mogli skrócić pobyt swoich drogich w czyśćcu.

Dla siebie nic nie mogli wskórać, lecz chociaż mogli modlić się o łaskę dla umarłych. Oczywiście, nie zaszkodziło, jeśli każdą zapaloną świeczkę poparto monetą lub dwiema wrzuconymi do skarbony.

Mnóstwo świeczek migotało w kościołach i brzęczały monety wpadające strumieniem do blaszanych skarbon, a wszystko po to, aby wyjednać u Mnie „złagodzenie" wyroku dla dusz cierpiących w czyśćcu.

To się nie mieści w głowie! Chcesz powiedzieć, że ludzie tego nie przejrzeli? Nie połapali się, że to desperacka próba zdesperowanego Kościoła wprawienia wiernych w tak desperacki stan umysłu, aby zdobyli się na wszystko, byle tylko uchronić się przed tym „desperado", którego nazywali Bogiem? Chcesz powiedzieć, że na to poszli?

Jak najbardziej.

Nic dziwnego, że Kościół uznał reinkarnację za herezję.

Zgadza się. Lecz kiedy was tworzyłem, nie powołałem was do jednorazowego istnienia, ułamka czasu w skali wszechświata, nie skazałem was na nieuchronne błądzenie i liczenie na jakiś cud na koniec. Próbowałem wyobrazić sobie taki układ, ale nadal nie umiem powiedzieć, jaki miałbym w tym cel.

Wy również nie potraficie tego odgadnąć. Dlatego powtarzacie: „Niezbadane są drogi Pana", i tym podobne sentencje. Ale Ja nie działam po kryjomu. Wszystko, co czynię, ma swój powód i jest kryształowo jasne. Tłumaczyłem, po co was stworzyłem i jaki jest cel waszego istnienia, wiele razy w trakcie tego dialogu.

Reinkarnacja doskonale przystaje do tego celu, którym jest Moje tworzenie i doświadczenie, Kim Jestem za pośrednictwem was, w kolejnych waszych żywotach, oraz za pośrednictwem innych istot obdarzonych świadomością, jakie umieściłem we wszechświecie.

Więc ISTNIEJE życie na innych –

Oczywiście, że tak. Naprawdę uważasz, że jesteście zupełnie sami w tym olbrzymim wszechświecie? Ale ten temat poruszymy później...

... Obiecujesz?

Obiecuję.

Zatem twoim celem jako duszy jest doświadczenie siebie jako Całości. My wszyscy ewoluujemy. Stajemy się.

Czym? Nie wiemy! I nie dowiemy się, dopóki tam nie dotrzemy! Ale sama podróż sprawia Nam radość. I jak tylko „tam dotrzemy", jak urzeczywistnimy kolejną najwyższą ideę samych siebie, wymyślimy jeszcze wspanialszą, jeszcze szczytniejszą, i **radość nie będzie miała końca.**

Nadążasz?

Tak. Mógłbym już to niemal przytoczyć słowo w słowo.

To dobrze.

Więc... w życiu chodzi o zdecydowanie, Kim Jesteś W Istocie, i bycie tym. Robisz to codziennie. Każdym swym czynem, myślą, słowem. Tak przedstawia się prawda.

W takiej mierze, w jakiej jesteś zadowolony ze swego – Kim Jesteś w obecnym doświadczeniu – będziesz się go trzymał, dokonując jedynie drobnych poprawek tu i ówdzie w drodze do doskonałości.

Paramahansa Yogananda stanowi przykład osoby bliskiej osiągnięcia „ideału" pod względem uzewnętrznienia swojego o sobie mniemania. Miał bardzo jasny pogląd na to, kim jest i jaka więź łączy go ze Mną, i starał się to wyrazić swoim życiem. Pragnął doświadczyć swej idei samego siebie w rzeczywistości, poznać ją doświadczalnie.

Tak samo postąpił Babe Ruth. Miał bardzo jasny pogląd na to, kim jest i jaka więź łączy go ze Mną, i starał się to wyrazić swoim życiem. Pragnął doświadczyć swej idei samego siebie w rzeczywistości, poznać ją doświadczalnie.

Niewielu ludzi sięga tego poziomu. Ma się rozumieć, Mistrz i Babe różnili się całkowicie w swych zapatrywaniach na siebie, mimo to obaj znakomicie je przedstawili w życiu.

Zupełnie inaczej wyobrażali też sobie Mnie, to pewne, wychodzili z odmiennych założeń na Mój temat i stosunku, jaki łączy ich ze Mną. I te różnice znalazły odbicie w ich myślach, słowach i czynach.

Jeden emanował spokojem i pogodą ducha i zsyłał pokój i pogodę ducha na innych. Drugim targały rozterki, niepokój i czasami złość (zwłaszcza gdy nie mógł postawić na swoim) i przenosił niepokój na innych.

Obaj byli dobroduszni – łagodniejszego niż Babę ze świecą by szukać – a różnica między nimi polegała na tym, że jeden nie posiadał właściwie żadnych dóbr materialnych, lecz nigdy nie pragnął niczego ponad to, co dostał, drugi zaś „miał wszystko", lecz nigdy nie dostał tego, czego naprawdę pragnął.

Gdyby Babe'a Rutha czekał taki koniec, przypuszczam, że byłoby nam smutno z tego powodu, lecz dusza, która wcieliła się jako Babe Ruth, jest jeszcze daleko od kresu wędrówki zwanej ewolucją. Miała sposobność dokonania przeglądu doświadczeń, jakie zgotowała sobie oraz innym, i stanęła przed wyborem, czego doświadczyć następnie w swym dążeniu do stwarzania i odtwarzania siebie w coraz doskonalszym wydaniu.

Przerwiemy na tym naszą opowieść o tych dwóch duszach, gdyż obie dokonały już następnego wyboru – i doświadczają już jego skutków.

To znaczy, że wcieliły się w nowe ciała?

Błędem byłoby sądzić, że reinkarnacja – przybranie koleinej fizycznej postaci – stanowiła jedyną dostępną dla nich możliwość.

Jakie są te ***inne*** *możliwości?*

Takie, jakich sobie zażyczą.

Wyjaśniałem już, co dzieje się po tak zwanej „śmierci".

Niektóre dusze czują, że wiele jeszcze chciałyby się dowiedzieć, więc trafiają do „szkoły", inne dusze zaś – „stare", jak je określacie – je uczą. Czego je uczą? Że **nie ma nic, co musiałyby poznawać.** Że nigdy nie musiały niczego się uczyć. Że wystarczy tylko sobie przypomnieć. Pamiętać, Kim i Czym Są W Istocie.

„Dowiadują się", że doświadczyć Swej Prawdziwej Istoty można przez bycie Nią. Przypomina im się o tym w sposób łagodny, obrazowo.

Pozostałe dusze już o tym pamiętają, gdy docierają na „druga stronę". (Posługuję się znajomymi wam określeniami, aby same słowa nie stały na przeszkodzie rozumieniu.) Dusze te mogę od razu przejść do radosnego spełnienia swych życzeń odnośnie do tego, czym pragną „być". Mogą wybrać spośród miliona, tryliona Moich przejawów i doświadczyć tego natychmiast. Może to się wiązać z przybraniem fizycznej postaci.

Dowolnej?

Dowolnej.

Więc to prawda, że dusze mogą wcielać się w zwierzęta, że Bóg może być krową? A krowy są naprawdę święte?

(Hmm...)

Przepraszam.

Miałeś całe życie na odgrywanie komika estradowego. I, nawiasem mówiąc, patrząc na twoje życie, można powiedzieć, że udało ci się zmienić je w komedię.

Brrram! Ale mi dołożyłeś. Orkiestra tusz!

Dzięki, dzięki.

Ale żarty na bok, panowie... Odpowiedź brzmi – tak, dusze mogą wracać pod postacią zwierząt. Pytanie, czy chcą? Raczej nie.

Czy zwierzęta mają dusze?

Jeśli choć raz zaglądałeś zwierzęciu w oczy, znasz już odpowiedź na to pytanie.

Więc skąd mogę wiedzieć, że to nie moja babcia, wcielona w mojego kota?

Proces, o którym tu mowa, jest ewolucją. Samo-tworzeniem i ewolucją. A ewolucja zmierza tylko w jedną stronę. Wzwyż. Zawsze wzwyż.

Największym pragnieniem duszy jest doświadczać wciąż wyższych aspektów siebie. Dlatego pnie się do góry, nie w dół, po ewolucyjnej skali, aż osiągnie nirwanę – całkowitą Jedność ze Wszystkim. Czyli ze Mną.

Lecz skoro dusza pragnie doświadczać siebie w coraz wyższym wydaniu, po co zadawałaby sobie trud przybierania ponownie ludzkiej postaci? To z pewnością nie przybliża jej do celu.

Jeśli dusza po raz kolejny się wciela, to po to, aby dalej doświadczać i dalej ewoluować. Wiele poziomów ewolucji można zaobserwować u ludzi. Można wcielać się wiele razy – setki – i piąć się wciąż wzwyż.

Lecz nie da się tego pogodzić z powrotem do niższych form życia. Stąd powrót taki nie następuje. Nie przed osiągnięciem przez duszę ostatecznego zjednoczenia ze Wszystkim, Co Jest.

Z tego wynika, że muszą powstawać „nowe dusze", wcielające się w niższe formy życia.

Nie. Każda istniejąca dusza została stworzona Jednocześnie. Jesteśmy tu wszyscy Teraz. Ale jak już tłumaczyłem, kiedy dusza (cząstka Mnie) osiąga ostateczne spełnienie, ma możliwość „rozpoczęcia od nowa", „zapomnienia", aby mogła stworzyć siebie od podstaw jeszcze raz. W ten sposób Bóg nieustannie na nowo doświadcza siebie.

Dusza może wybrać „wtórny obieg" po niższych formach życia, ilekroć zechce.

Bez reinkarnacji – bez możliwości powrotu do postaci fizycznej – dusza musiałaby osiągnąć wszystko, do czego dąży, w ramach jednego życia, a to o wiele krócej niż jedno mgnienie na kosmicznym zegarze.

Zatem tak, reinkarnacja jest faktem. Jest prawdziwa, celowa i doskonała.

Dobrze, ale jedna rzecz nie daje mi spokoju. Powiedziałeś, że czas nie istnieje, że wszystko dzieje się naraz, teraz. Zgadza się?

Zgadza się.

Następnie dałeś do zrozumienia, że wszyscy istniejemy „cały czas" na różnych poziomach, czy też w różnych punktach, w kontinuum czasoprzestrzennym.

Tak jest naprawdę.

W porządku, lecz od tego właśnie wszystko się gmatwa. Jeśli moje jedno „ja" w kontinuum czasoprzestrzennym „umiera", a potem ***powraca*** *tutaj jako* ***inna osoba...*** *to... to kim ja właściwie jestem? Musiałbym w takim razie istnieć w* ***dwóch osobach*** *jednocześnie. A jeśli to powtarza się przez całą wieczność, jak twierdzisz, wówczas jestem* ***setką*** *ludzi naraz! Tysiącem.* ***Milionem.*** *Milionem wersji miliona osób w milionie punktów w czasoprzestrzennym kontinuum.*

Tak.

Nie mogę tego pojąć. Mój umysł nie jest w stanie tego ogarnąć.

Właściwie poradziłeś sobie z tym bardzo dobrze. To niesłychanie zawiłe zagadnienie, a ty się z nim całkiem nieźle uporałeś.

Ale... ale... jeśli to prawda, wówczas „ja" – ta cząstka „mnie", która jest nieśmiertelna – muszę ewoluować na miliard różnych sposobów pod miliardem postaci w miliardzie punktów na Kosmicznym Kole w wiecznej chwili teraźniejszości.

I znów masz rację. To właśnie robię.

Nie, nie. Powiedziałem, że to ja muszę robić.

Racja. To właśnie powiedziałem.

Nie, nie, moje słowa...

Wiem, jakie były twoje słowa. Całe zamieszanie wynika stąd, że ty ciągle upierasz się przy rozgraniczaniu siebie i Mnie.

A jest tylko jeden z Nas?

Nigdy nie było nas więcej, nigdy. Dopiero teraz to spostrzegłeś?

Chcesz powiedzieć, że cały ten czas rozmawiałem sam ze sobą?

Coś w tym rodzaju.

*To znaczy, że **nie** jesteś Bogiem?*

Tego nie powiedziałem.

*Czyli **jesteś** Bogiem?*

Owszem.

*Lecz jeśli Ty jesteś Bogiem i Ty jesteś mną, a ja Tobą – wtedy... wtedy... **ja jestem** Bogiem!*

Jesteś Bogiem. Zgadza się. Nazwałeś rzecz po imieniu.

Lecz nie tylko jestem Bogiem – jestem też wszystkimi innymi ludźmi.

Tak.

Czy to oznacza, że nikt i nic nie istnieje oprócz mnie?

Czyż nie rzekłem: Ja i Mój Ojciec jesteśmy Jednym?

Owszem, ale...

I czy nie rzekłem też: Wszyscy jesteśmy Jednym?

*Tak. Ale nie wiedziałem, że należy to rozumieć **dosłownie**. Myślałem, że mówisz w przenośni. Sądziłem, że to bardziej formuła filozoficzna niż stwierdzenie **faktu**.*

To jest stwierdzenie faktu. Wszyscy stanowimy Jedno. To właśnie kryje się pod słowami: „Cokolwiek uczyniliście najmniejszemu spośród mych braci... mnieście uczynili".

Rozumiesz teraz?

Tak.

Wreszcie. Długo to trwało.

Ale – wybacz, że się upieram przy tym, ale... kiedy jestem z kimś, z żoną, z dziećmi, to czuję, że jestem kimś ***odrębnym*** *od nich, że oni nie są „mną".*

Świadomość jest wspaniałą rzeczą. Można ją podzielić na tysiąc części. Na milion. Milion razy milion.

„Rozpadłem" się na nieskończoną liczbę „kawałków" – po to, aby każdy z „kawałków" Mnie mógł spojrzeć za siebie i dostrzec Moją chwałę.

Dlaczego muszę przejść ten okres zapomnienia, zwątpienia? ***Wciąż*** *nie do końca wierzę! Wciąż pogrążony jestem w zapomnieniu!*

Nie bądź dla siebie zbyt surowy. To stanowi element Procesu. Nie ma w tym nic złego.

Więc dlaczego odsłaniasz przede mną to wszystko?

Ponieważ przestałeś czerpać z tego radość. Życie przestało być dla ciebie zabawą. Tak się uwikłałeś w mechanizm Procesu, że zapomniałeś, że to tylko proces.

Więc zawołałeś do Mnie. Poprosiłeś, abym przyszedł do ciebie; pomógł ci zrozumieć; objawił boską prawdę; odsłonił największą tajemnicę. To, co sam przed sobą ukrywałeś. Twoją Prawdziwą Istotę.

I uczyniłem to. Po raz kolejny przywrócono ci pamięć. Czy to będzie miało znaczenie? Czy zmieni od jutra twoje postępowanie? Czy sprawi, że spojrzysz na wszystko innymi oczami?

Czy teraz uleczysz rany obolałych, uśmierzysz obawy zalęknionych, nasycisz spragnionych i głodnych, oddasz chwałę spełnionym i wszędzie dojrzysz Moje oblicze?

Czy to najnowsze przypomnienie prawdy zmieni twoje życie i pozwoli ci odmienić życie innych?

Czy też znów popadniesz w zapomnienie; pogrążysz się w swoim „ja"; zamkniesz się na powrót w ciasnych ramach, które sobie przypisałeś, zanim doznałeś tego przebudzenia?

Jak będzie?

8

Życie toczy się wiecznie i nieprzerwanie, prawda?

Z całą pewnością.

Nie ma końca.

Nie ma.

Reinkarnacja ***jest*** *faktem.*

Jest. Możesz przyjąć dowolną śmiertelną postać – to znaczy fizyczne ciało, które „umiera" – ilekroć zechcesz.

My decydujemy, kiedy chcemy wrócić?

„Czy" i „kiedy" – tak.

Decydujemy też, kiedy odejść? Wybieramy, kiedy umieramy?

Nic nie przytrafia się duszy wbrew jej woli. To jest niemożliwe z samej definicji, ponieważ dusza jest twórcą każdego doświadczenia.

Dusza niczego nie potrzebuje. Dusza posiada wszystko. Wszelką mądrość, wszelką wiedzę, wszelką moc, wszelką chwałę. To ta cząstka Ciebie, która nigdy nie śpi, nigdy nie zapomina.

Czy dusza pragnie śmierci ciała? Nie. Pragnieniem duszy jest, abyś nigdy nie umierał. Lecz dusza opuszcza ciało – zmienia postać, porzucając większą część materialnej powłoki – gdy tylko zauważy, że dalsze przebywanie w tej formie niczemu nie służy.

Jeśli pragnieniem duszy jest, abyśmy nigdy nie umierali, to dlaczego umieramy?

Nie umieracie. Zmieniacie tylko postać.

Jeśli pragnieniem duszy jest, abyśmy nie zmieniali postaci, to dlaczego zmieniamy?

Nie tego pragnie dusza.

Jesteście „zmiennokształtni"!

Kiedy przebywanie w danej postaci nie przynosi już pożytku duszy, dusza zmienia formę – ochoczo, radośnie – i posuwa się dalej po Kosmicznym Kole.

Radośnie?

Ze śpiewem na ustach.

Nie jest jej żal umierać?

Dusza nie umiera – nigdy.

Chodzi mi o to, czy dusza nie żałuje, że jej obecna postać ma „umrzeć"?

Ciało również nie „umiera", ale przeistacza się wraz z duszą. Ale rozumiem, co masz na myśli, dlatego będę trzymał się ustalonego przez ciebie nazewnictwa.

Jeśli masz jasność co do tego, jaki kształt pragniesz nadać swojemu życiu pośmiertnemu albo wyznajesz wiarę głoszącą przyszłe zjednoczenie z Bogiem, wówczas dusza nie czuje żalu w związku z tym, co nazywacie śmiercią.

W takim przypadku śmierć jest chwilą cudowną. Dusza może teraz powrócić do swej pierwotnej postaci, do swego normalnego stanu. Towarzyszy temu poczucie niezwykłej lekkości, nieograniczonej swobody, bezkresności. I świadomość Jedności, błoga i zarazem wzniosła.

Nie sposób żałować takiego przeskoku.

Twierdzisz więc, że śmierć to pomyślne zdarzenie?

Dla duszy, która tego pragnie – tak, zawsze.

Jeśli dusza chce się wyrwać z ciała, to dlaczego go po prostu nie porzuci? Dlaczego wytrzymuje tyle czasu?

Nie powiedziałem, że dusza „chce się wyrwać z ciała". Mówiłem o radości towarzyszącej uwolnieniu się od niego. To co innego.

Można być szczęśliwym robiąc jedną rzecz i można być szczęśliwym robiąc drugą. To, że robienie tej drugiej rzeczy sprawia ci radość, nie oznacza, iż byłeś nieszczęśliwy robiąc pierwszą.

Pobyt w ciele nie jest dla duszy nieszczęściem. Wręcz przeciwnie, to źródło wielkiej przyjemności. Lecz to nie wyklucza tego, że dusza może równie mocno cieszyć się z opuszczenia ciała.

Najwyraźniej jest jeszcze wiele rzeczy, które muszę zrozumieć, jeśli chodzi o śmierć.

Tak. To dlatego, że nie lubicie rozmyślać o śmierci. Lecz jeśli w chwili gdy postrzegasz jakikolwiek przejaw życia, nie przejdzie ci jednocześnie przez myśl śmierć i utrata, to nie dostrzegłeś życia naprawdę, tylko się po nim prześlizgnąłeś.

Każda chwila kończy się, gdy tylko się zaczyna. Jeśli tego nie widzisz, nie pojmiesz, na czym polega jej niepowtarzalność, i nazwiesz ja zwyczajną.

Każda interakcja „zaczyna się kończyć" z chwilą, gdy „zaczyna się zaczynać". Tylko wtedy gdy naprawdę to dostrzeżesz i zrozumiesz do głębi, otworzy się przed tobą skarb każdej chwili – i samego życia. Życie nie może ciebie prawdziwie obdarzyć, jeśli nie zrozumiesz śmierci. Musisz pójść nawet dalej. **Musisz pokochać śmierć tak, jak kochasz życie.**

Czas spędzony z każdą osobą stałby się zaczarowany, gdybyś wiedział, że jesteś z nią po raz **ostatni.** Doświadczenie każdej chwili nabrałoby intensywności ponad wszelką miarę, gdybyś sądził, że to ostatnia taka chwila. Brak refleksji nad śmiercią prowadzi do braku refleksji nad życiem.

Nie dostrzegasz, czym jest naprawdę. Wymyka ci się chwila i wszystko, co kryje w sobie dla ciebie. Patrzysz obok, a nie na wskroś.

Kiedy przyglądasz się czemuś uważnie, kiedy głęboko się nad czymś zastanawiasz, widzisz to na wskroś. Wtedy złudzenie pryska. Dostrzegasz, jak jest naprawdę. Tylko wtedy możesz się z tego cieszyć.

Nawet złudzeniem można się radować. Gdyż wówczas wiesz, że to iluzja, a świadomość ta sprzyja dobrej zabawie! Gdy bierzesz to za rzeczywistość, rodzi się cierpienie.

Wszystko przestaje być bolesne, jeśli pojmiesz, że nie jest realne. Powtórzę jeszcze raz:

Wszystko przestaje być bolesne, jeśli pojmiesz, że nie jest realne.

To niczym film, przedstawienie na scenie twego umysłu. Sam tworzysz sytuacje i postaci. Sam piszesz scenariusz.

Nic nie sprawia bólu z chwilą, gdy rozumiesz, że nic nie jest realne.

To równie prawdziwe w odniesieniu do życia jak i do śmierci.

Kiedy pojmiesz, że i śmierć jest iluzją, wtedy możesz powiedzieć: „Śmierci, gdzie twoje żądło?".

Śmierć może być dla ciebie nawet powodem do radości. Możesz cieszyć się z tego, że ktoś umarł.

Czy to wydaje się dziwne? Czy te słowa brzmią dziwnie?

Tylko wtedy, gdy nie rozumiesz śmierci – ani życia.

Śmierć nie kończy, ale zaczyna. Śmierć otwiera drzwi, nie zamyka.

Kiedy wiesz, że życie jest wieczne, widzisz, że śmierć jest iluzją, która skupia twoją uwagę na ciele i przez to każe ci się z nim utożsamić. Ale ty nie jesteś swoim ciałem, a więc zniszczenie ciała nie powinno cię martwić.

Śmierć powinna cię nauczyć, że realne jest życie. A życie uczy, że nieuniknione jest przemijanie, nie śmierć.

Przemijanie jest jedyną prawdą.

Nic nie jest stałe. Wszystko się zmienia. W każdej chwili.

Gdyby było niezmienne, nie mogłoby istnieć. Gdyż nawet pojęcie trwałości, aby nabrało sensu, musi mieć odniesienie do nietrwałości. Toteż **nawet trwałość jest nietrwała.** Rozważ tę prawdę. Gdy to pojmiesz, pojmiesz Boga.

To jest Dharma i Budda. To Budda Dharma. Nauczyciel i jego nauka. Lekcja i mistrz. Oglądany i oglądający, zwinięci w jedno.

Nigdy nie istnieli **inaczej** niż Jedno. To ty ich rozwinąłeś, aby mogło rozwinąć się przed tobą twoje życie.

Lecz kiedy przyglądasz się rozwojowi swego życia, bacz, byś sam się nie rozłożył. Zachowaj spójność! Postrzegaj iluzję! Ciesz się nią! Lecz się nią nie **stawaj!**

Nie jesteś złudzeniem, lecz jego **twórcą!**

Wiec posłuż się iluzją śmierci! Posłuż się nią niczym kluczem, który jeszcze bardziej otworzy przed tobą życie.

Popatrz, jak więdnie kwiat, a odczujesz smutek. Lecz dojrzyj w nim część całego drzewa, które ulega przemianie i wkrótce wyda owoc, a wówczas zobaczysz prawdziwe piękno kwiatu. Kiedy zrozumiesz, że przekwitanie to znak, że drzewo gotowe jest wydać owoc, zrozumiesz życie.

Zastanów się nad tym, a zobaczysz, że życie jest swoją własną metaforą.

I pamiętaj zawsze: nie jesteś kwiatem ani nawet owocem. Jesteś drzewem. Twoje korzenie tkwią głęboko we Mnie. Jestem glebą, z której wyrosłeś, a twoje kwiaty i twój owoc trafią z powrotem do Mnie i użyźnią glebę. Tak oto życie poczyna życie i nie zna, co śmierć.

To takie piękne. To naprawdę piękne. Dziękuję Ci. Czy możemy teraz porozmawiać o czymś, co mnie niepokoi? Muszę zapytać o samobójstwo. Dlaczego akt odebrania sobie życia spotyka się z takim potępieniem społecznym?

Właśnie. Dlaczego?

To znaczy, że nie ma nic złego w tym, że ktoś się zabija?

Odpowiedzieć na to pytanie w sposób zadowalający będzie trudno, ponieważ zawiera ono dwa błędne pojęcia, opiera się na dwóch fałszywych założeniach.

Pierwszym z nich jest to, że istnieje podział na to, co „słuszne" i „naganne", drugim zaś – że zabicie w ogóle jest możliwe. Twoje pytanie więc upada z chwilą poddania go analizie.

„Słuszne" i „naganne" to przeciwległe bieguny w ludzkim systemie wartości, nie mające nic wspólnego z ostateczną rzeczywistością – co zresztą podkreślam raz po raz w trakcie tego dialogu. Co więcej, nie są to nawet konstrukty trwałe w obrębie waszego systemu, lecz raczej priorytety ulegające raz po raz przesunięciu.

To wy dokonujecie przetasowań, zmieniając swe zapatrywania na te wartości tak, aby wam odpowiadały (i słusznie, ponieważ jesteście istotami, które ewoluują), lecz na każdym etapie upieracie się, że tego nie uczyniliście i że to wasze **niezmienne** wartości stanowię podstawę waszego społeczeństwa. Tak więc fundamentem waszego społeczeństwa jest paradoks. Bez przerwy dokonujecie przewartościowań, przez cały czas głosząc jednak, że cenicie właśnie wartości stałe!

Zaradzić temu można nie przez wylewanie wody na piasek, próbując zrobić z niego cement, lecz przez wysławianie sypkości piasku. Radujcie się jego urokiem, póki jest zestalony w postaci waszego zamku, lecz nie mniej cieszcie się jego nowym kształtem, jaki nada mu fala przypływu.

Uszanuj lotne piaski, zastygające dla ciebie w nowe góry, na które możesz się wspiąć i na których możesz wznieść dalsze zamki. Wiedz jednak, że i góry te, i zamki upamiętniają zmianę, a nie trwałość.

Głoś chwałę tego, czym jesteś dziś, lecz nie potępiaj tego, czym byłeś wczoraj ani nie przekreślaj tego, czym możesz stać się jutro.

Zrozum, że gdy mówisz, że coś jest „słuszne", a co innego „naganne", coś jest „w porządku", a co innego „nie w porządku", dajesz tylko wyraz swym najnowszym preferencjom i wyobrażeniom.

Co się tyczy kwestii odebrania sobie życia, panuje obecnie na waszej planecie przekonanie, że to nie jest „w porządku".

Podobnie też wielu z was wciąż obstaje przy tym, że równie nie w porządku jest pomaganie komuś, kto pragnie się zabić.

W obu przypadkach mówicie, że to powinno być „zabronione". Doszliście do takiego wniosku zapewne dlatego, że zakończenie życia następuje tu stosunkowo szybko. Działania, które prowadzą do zakończenia życia po dłuższym czasie, nie są wbrew prawu, mimo że przynoszą taki sam skutek.

Tak więc jeśli ktoś odbiera sobie życie za pomocą broni palnej, jego polisa na życie przepada i rodzina nie dostaje odszkodowania. Jeśli do tego celu wykorzystuje papierosy, polisa jest honorowana i rodzina otrzymuje odszkodowanie.

Jeśli lekarz pomoże ci w dokonaniu samobójstwa, nazywa się to zabójstwem, jeśli to samo robi producent papierosów, nazywa się to biznesem.

Dla was wszystko zdaje się sprowadzać do czasu. Legalność samozniszczenia – jego „słuszność" bądź „naganność" – zależy w dużej mierze, **jak szybko** postępuje, jak również, kto tego dokonuje. Im wolniej przychodzi śmierć, tym bardziej wydaje się „w porządku". Im bardziej nagła, tym bardziej popada w „naganność".

Co ciekawe, stanowi to zupełną odwrotność wniosku, do jakiego doszłoby społeczeństwo prawdziwie humanitarne. W myśl szeroko pojmowanego „humanitaryzmu", im krótsze konanie, tym lepiej. Lecz wasze społeczeństwo prześladuje tych, którzy kierują się względami humanitarnymi, nagradza zaś tych, którymi kierują pobudki obłędne.

Obłędem jest przypuszczać, że Bóg domaga się, aby cierpienie nie miało końca, i że szybkie, łagodne położenie jemu kresu jest rzeczą „zła".

„Miłosiernych karać, niemiłosiernych nagradzać".

Tylko społeczność złożona z istot o ograniczonym pojmowaniu mogłaby przyjąć taką dewizę.

Zatruwacie więc swój organizm wdychając substancje rakotwórcze, zatruwacie organizm jedząc żywność skażoną środkami chemicznymi, co na dłuższą metę jest zabójcze, i zatruwacie organizm oddychając powietrzem, które nieustannie zanieczyszczacie. Na sto różnych sposobów niszczycie sobie zdrowie, **wiedząc, że to wszystko jest dla was szkodliwe.** Ale ponieważ substancje te nie zabijają od razu, **skracacie sobie życie całkowicie bezkarnie.**

Jeśli trujesz się czymś, co działa szybciej, mówi się, że złamałeś moralne prawo.

Lecz Ja powiadam ci: **Zabicie się od razu nie jest mniej moralne niż uśmiercanie się na raty.**

Czyli tego, kto odebrał sobie życie, nie spotyka kara Boska?

Ja nie karzę. Ja kocham.

Ale słyszy się często, że samobójcy, którzy próbują „uciec" w ten sposób przed przeciwnościami losu, „wyrwać" z dokuczliwego położenia, w życiu pośmiertnym muszą stawić czoło tym samym problemom, więc w efekcie przed niczym nie uciekli.

Doświadczenie życia pośmiertnego, jak to określacie, stanowi odbicie świadomości, jaką do niego wnosisz. Ale zawsze macie wolną wolę i możecie odmienić to, co przechodzicie, kiedy tylko chcecie.

Więc nasi bliscy, którzy zakończyli w ten sposób swe fizyczne życie, mają się dobrze?

Owszem. Mają się świetnie.

Jest na ten temat wspaniała książka pod tytułem „Stephen żyje", którą napisała Anne Puryear. Opowiada o jej nastoletnim synu, który popełnił samobójstwo. Wielu ludzi książka ta podniosła na duchu.

Anne jest znakomitym posłańcem. Tak jak jej syn.

Poleciłbyś tę książkę?

To ważna książka. Dotyka zagadnienia głębiej, niż my to czynimy tutaj. Może pomóc w zagojeniu bolesnych ran tym, którymi wstrząsnęło odejście w ten sposób ukochanej osoby.

To smutne, że nosimy w sobie takie rany, ale w dużej mierze wynika to, jak sądzę, z piętna, jakim nasze społeczeństwo naznaczyło samobójstwo.

Często nie dostrzegacie sprzeczności tkwiących w waszych moralnych ocenach. Jedną z najbardziej jaskrawych jest sprzeczność między robieniem rzeczy, które, jak świetnie wiecie, skracają wam życie, ale powoli, i robieniem rzeczy, które skracają wam życie, ale szybko.

W Twoim przedstawieniu to wydaje się takie oczywiste. Ale dlaczego sami nie dostrzegamy takich ewidentnych prawd?

Bo gdybyście je dostrzegli, musielibyście **coś z tym zrobić.** A to wam się nie uśmiecha. Dlatego nie macie innego wyboru jak patrzeć wprost na coś i tego nie zauważać.

Dlaczego wzbranialibyśmy się przed podjęciem działań?

Ponieważ uważacie, że aby zrobić coś w związku z tymi prawdami, musielibyście wyrzec się swoich przyjemności. A wyrzec się przyjemności nie macie ochoty.

Większość rzeczy, które powoli zadają wam śmierć, jest dla was zarazem źródłem przyjemności. A to, co sprawia wam przyjemność, przeważnie ma podłoże cielesne. To właśnie decyduje o tym, że stanowicie społeczeństwo prymitywne. **Wasze życie toczy się na ogół wokół przyjemności ciała.**

Oczywiście, wszystkie istoty pragnę rozkoszy. To nie jest wyznacznikiem prymitywności. W istocie taki jest naturalny porządek rzeczy. Społeczności – oraz ich członków – różni to, **w czym znajdują przyjemność.** Jeśli społeczeństwo skupione jest głównie na zapewnianiu przyjemności ciału, jego poziom działania jest inny niż społeczeństwa stawiającego na pierwszym miejscu przyjemności duchowe.

Nie oznacza to jednak, że wasi purytanie mieli racje i że wszelkie przyjemności cielesne należy odrzucać. Po prostu w społeczeństwie na wyższym szczeblu rozwoju rozkosze ciała nie stanowią większości zażywanych przyjemności. Nie sę głównym celem.

Im wyżej rozwinięte społeczeństwo lub istota, tym wznioślejsze jego przyjemności.

Chwileczkę! To zabrzmiało jak osąd. Myślałem, że Ty – jako Bóg – nie oceniasz.

Czy jest osądem stwierdzenie, że Mount Everest jest wyższy od Mount McKinley?

Czy jest oceną stwierdzenie, że ciocia Sarą jest starsza od swego siostrzeńca Tomka?

Czy to osądy, czy obserwacje?

Nie powiedziałem, że „lepiej" jest mieć wyższą świadomość. Bo tak nie jest. Tak jak nie jest „lepiej" być w czwartej klasie niż w pierwszej.

Ja po prostu dzielę się spostrzeżeniami na temat czwartej klasy.

A my, mieszkańcy tej planety, jeszcze nie przeszliśmy do czwartej klasy. Jesteśmy w pierwszej. Tak?

Moje dziecko, wy jeszcze nawet nie dorośliście do przedszkola. Jesteście w żłobku.

I jak nie dopatrzeć się w tym zniewagi? Dlaczego w moich uszach brzmi to tak, jakbyś ubliżał ludzkiej rasie?

Ponieważ bardzo zależy wam na udawaniu tego, czym nie jesteście – i udawaniu, że nie jesteście tym, czym jesteście.

Ludzie często się obrażają, kiedy ktoś po prostu nazywa rzecz po imieniu, gdy nie chcą uznać tego, co im się wytyka.

Lecz dopóki czegoś nie przyjmiesz, nie możesz się z tym rozstać. Nie możesz wyrzec się tego, do czego nigdy się nie przyznałeś.

Nie można zmienić tego, czego się do siebie nie dopuszcza.

Otóż to.

Oświecenie zaczyna się od akceptacji „tego, co jest", bez osądzania.

Znane to jest jako „wejście w Jestestwo". W Jestestwie znajduje się wolność.

Umacniasz to, przed czym się bronisz. Znika to, czemu patrzysz prosto w oczy. To znaczy traci swoją złudną postać. Widzisz, jakie Jest naprawdę. To, co Jest, daje się zmienić. Dlatego, aby zmienić Jestestwo, wejdź w nie. Nie opieraj się mu. Nie wypieraj się go.

Czego się wypierasz, to popierasz. Co popierasz, to tworzysz.

Wyparcie się to odtwarzanie, ponieważ sam akt wyparcia się czegoś przywołuje to.

Akceptacja zaś daje ci władzę. Nie możesz zapanować nad czymś, od czego się odżegnujesz, ponieważ głosisz, że tego nie ma. Dlatego też to, czego się wypierasz, przejmuje nad tobą władzę.

Większość ludzi nie chce pogodzić się z tym, że jako rasa nie dojrzeliście jeszcze do przedszkola. Nie chce przyjąć do wiadomości, że jesteście wciąż na etapie żłobka. I ta odmowa właśnie tam was przetrzymuje.

Tak wam zależy na udawaniu tego, czym nie jesteście (wysoko rozwiniętymi istotami), że nie jesteście sobą (istotami rozwijającymi się). Tak więc działacie przeciwko samym sobie. Dlatego wasza ewolucja przebiega tak wolno.

Szybszy bieg włącza się z chwilą rozpoznania i zaakceptowania tego, co jest.

A poznam, że pogodziłem się z tym, „co jest", kiedy przestanę się obrażać, gdy ktoś to nazwie po imieniu.

Właśnie. Czy ubliżam ci zauważając, że masz niebieskie oczy?

Więc raz jeszcze powiadam ci: Im wyżej rozwinięte społeczeństwo lub istota, tym wznioślejsze jego przyjemności.

Twój poziom ewolucji wyznaczany jest przez to, co zwiesz „przyjemnością".

Co rozumiesz przez „wznioślejsze"?

Twoja istota to wszechświat w miniaturze. Składasz się z energii, skupiającej się w siedmiu ośrodkach czy też czakrach twego ciała. Zapoznaj się z tymi czakrami i ich znaczeniem. Napisano na ten temat setki książek. Tę wiedzę przekazałem ludziom już wcześniej.

Niższe czakry zadowala, czy pobudza co innego niż wyższe czakry.

Im wyżej wznosisz energię życia w obrębie swej fizycznej istoty, tym wznioślejsza staje się twoja świadomość.

I znów to samo. To brzmi jak argument na rzecz celibatu. Nawoływanie do tłumienia seksualnej namiętności. Osoby „uduchowione" nie kierują się swoją podstawową, najniższą czakrą w stosunkach z innymi.

I tak jest.

Wydawało mi się, że zalecasz świętowanie erotyzmu, a nie jego zagłuszanie.

To prawda.

W takim razie pomóż mi rozwikłać tę sprzeczność.

Świat jest pełen sprzeczności, Mój synu. Ich brak nie jest wcale niechybną oznaką prawdy. Czasem właśnie w obrębie sprzeczności kryje się wyższa prawda.

Tu zaś mamy do czynienia z Boską Dychotomią.

Wobec tego pomóż mi zrozumieć tę dychotomię. Całe życie słyszałem, jaką chwalebną, „wzniosłą" rzeczą jest „wyniesienie energii kundalini" z czakry podstawy. Tym przeważnie uzasadniano życie wiodące do mistycznej bezpłciowej ekstazy.

Przepraszam za to, że odbiegamy od głównego wątku i zapuszczamy się na obszar zupełnie nie związany ze śmiercią –

Nie masz za co przepraszać. Rozmowa schodzi na różne tematy. A my zajmujemy się tu tym, co oznacza pełnię człowieczeństwa i na czym polega życie w tym wszechświecie. To nasz jedyny temat i mieści się w nim to, co poruszyłeś.

Poznanie śmierci równa się poznaniu życia – podkreślałem to już. A jeśli poszerzamy krąg naszych dociekań o sam akt, który daje początek życiu i zarazem głosi jego chwałę, niech tak będzie.

Raz jeszcze wyjaśnijmy sobie jedno. Nie jest wymogiem osiągnięcia „wysokiego stopnia" duchowości stłumienie wszelkiej seksualnej ekspresji i wzniesienia na wyższy poziom wszelkiej energii seksualnej. Gdyby rzeczywiście tak było, skąd brałyby się istoty do niego dążące? Ewolucja stanęłaby w miejscu.

To raczej oczywiste.

Owszem. I dlatego każdy, kto twierdzi, że święci nigdy nie uprawiają seksu i to właśnie jest oznaką ich świętości, nie rozumie samych założeń życia.

Postaram się to wyrazić najjaśniej, jak można. Jeśli szukasz miary, wedle której rozstrzygać, czy coś jest dobre dla rodzaju ludzkiego czy nie, zadaj sobie proste pytanie:

Co by się stało, gdyby każdy to robił?

To nieskomplikowany, lecz rzetelny sprawdzian. Gdyby każdy zrobił daną rzecz i końcowy wynik byłby korzystny dla ludzkiej rasy, wówczas jest to „oświecone". Lecz gdyby sprowadziło to na ludzkość nieszczęście, wtedy nie byłoby to warte naśladowania „wzniosłe" postępowanie. Zgadzasz się?

Oczywiście.

W takim razie zgodziłeś się właśnie, że żaden mistrz nie zaleci nigdy wstrzemięźliwości płciowej jako drogi wiodącej do doskonałości. Lecz to pogląd uznający abstynencję seksualną za drogę „godniejszą", a przejawianie seksualności za „popęd pośledniejszy" okrył wstydem tę dziedzinę doświadczenia i wywołał poczucie winy na jej tle oraz różnorakie zaburzenia.

Lecz gdyby przeciwko seksualnej wstrzemięźliwości przemawiało to, że hamuje ona rozród, można by przecież dowodzić, że po spełnieniu swego zadania seks traci rację bytu.

Powodem oddawania się miłości fizycznej nie jest uświadomienie sobie obowiązku pomnażania rasy ludzkiej. Ludzie obcują ze sobą intymnie, **bo taka jest ich natura.** To jest wpisane w geny. Ulegacie biologicznemu nakazowi.

*W rzeczy samej! To **genetyczny sygnał,** który wzywa do zachowania gatunku. Lecz gdy przetrwanie gatunku zostaje zapewnione, nie jest rzeczą chwalebną „puszczanie sygnału mimo uszu"?*

Źle odczytujesz ten sygnał. Nakazem biologicznym nie jest zagwarantowanie przetrwania gatunku, ale **doświadczanie Jedności,** która stanowi waszą prawdziwą naturę. Tworzenie nowego życia jest skutkiem osiągnięcia Jedności, nie powodem, dla którego do niej się dąży.

Gdyby prokreacja była jedynym celem seksualnej ekspresji, można byłoby jej zaniechać w ogóle. Można połączyć komórki w probówce.

Lecz podstawowe pragnienia duszy pozostałyby nie zaspokojone, ponieważ wykraczają one poza zwykłą prokreację, są nakierowane na tworzenie wciąż na nowo tego, Kim i Czym W Istocie Jesteś.

Biologicznym nakazem jest nie **tworzenie,** lecz **doznawanie** więcej życia – i doświadczanie go takim, jakim jest naprawdę: **przejawem Jedności.**

Dlatego ludzie nie przestają współżyć fizycznie, nawet jeśli płodzenie dzieci mają już dawno za sobą.

Oczywiście.

Ale niektórzy twierdzą, że ***powinno*** *się zaprzestać seksu, jeśli przestaje się poczynać dzieci, a te pary, które mimo to oddają się temu, ulegają niskim popędom.*

Zgadza się.

I że postępowanie takie nie jest „oświecone", nie przystoi wyższej naturze człowieka.

Wracamy w ten sposób do czakr, ośrodków energii.

Powiedziałem wcześniej, że „im wyżej wznosisz energię w obrębie swego fizycznego ciała, tym wznioślejsza staje się twoja świadomość".

Tak! A to sugeruje – żadnego seksu.

Nie, jeśli zrozumiesz, o co chodzi.

Raz jeszcze powtarzam: w miłości fizycznej nie ma nic niegodnego czy nieczystego. Musicie wybić sobie ten pogląd z głowy, wykorzenić go z waszej kultury.

Namiętne zbliżenie erotyczne w niczym nie uwłacza świętości, wolne jest od wszelkiej „występności". Popędy fizyczne nie są przejawem „zwierzęcości". **To Ja je wam zaszczepiłem.**

Kto inny by tak to urządził?

Lecz popędy fizyczne to tylko **jeden składnik** złożonego zespołu reakcji, jakimi na siebie oddziaływacie. Pamiętaj, jesteś istotą troistą, z siedmioma czakrami. Kiedy oddziaływacie na siebie wszystkimi częściami i wszystkimi czakrami naraz, wówczas dochodzi do szczytowego doświadczenia, którego poszukujecie – i do którego zostaliście powołani!

Żadna z tych energii nie jest niegodna. Lecz gdy wybierasz jedną kosztem pozostałych, zawężasz się, jesteś niepełny. **Nie spełniasz się!**

Teraz rozumiem. Naprawdę!

Ja nigdy nie zabraniałem seksu tym, którzy chcą się doskonalić. Z Mojej strony wyszło tylko zaproszenie.

Zaproszenie nie do tego, aby zaprzestać seksu, lecz aby przestać być i działać połowicznie.

We **wszystkim,** co robicie – kiedy kochacie się, jecie, spacerujecie po plaży, skaczecie przez skakankę, czytacie książkę – bądźcie całym sobą, całą istotą, jaką stanowicie.

Jeśli kieruje tobą fizyczne pożądanie, działasz wyłącznie opierając się na niższej czakrze, czakrze podstawy, i przepada to, co najcudowniejsze w tym doświadczeniu. Lecz kiedy okazujesz drugiej osobie miłość i zaprzęgasz do tego wszystkie siedem czakr, wówczas naprawdę szczytujesz. Jak można odmówić temu świętości?

Nie potrafię sobie wyobrazić, dlaczego doznanie takie nie miałoby być święte.

Tak więc zaproszenia do wzniesienia energii życia do najwyższej czakry nie należy rozumieć jako wezwania do jednoczesnego **odcięcia się od podstawy.**

Jeśli zasiliłeś energią swoją czakrę serca, a nawet czakrę koronną, nie oznacza to, że wyłączyłeś zarazem swoja niższą czakrę. Możesz wybrać doświadczenie seksualne z drugą osobą lub nie. Jeśli się od tego powstrzymasz, to nie dlatego, że stanowiłoby to naruszenie jakiejś kosmicznej zasady świętości. Ani nie staniesz się przez to bardziej „godny". A gdy wybierzesz zbliżenie seksualne, to nie „cofasz się" do poziomu niższej czakry – chyba że odciąłeś się jednocześnie od „wierzchołka".

Zapraszam was więc:

Wznoście swoją energię, siłę życiową, na najwyższy możliwy poziom, w każdej chwili, a dostąpicie wyżyn. Seks lub jego brak nie ma nic do tego. Chodzi o podnoszenie świadomości, obojętnie, **co** się w danej chwili robi.

To wszystko staje się dla mnie zrozumiałe. Chociaż nie wiem, ***jak*** *podnosić swoją świadomość. I nie umiem wznosić energii do wyższych czakr. Większość ludzi pewnie nie ma pojęcia, co to w ogóle są czakry.*

Kto szczerze pragnie poznać „fizjologię duchowości", łatwo może zaspokoić swą ciekawość. Przekazywałem tę wiedzę przez inne źródła.

Chodzi ci o innych autorów, inne książki?

Tak. Zajrzyj do książek Deepaka Chopry. Przemawia przez nie najczystsza prawda. Przenika on tajemnicę duchowości oraz jej **mechanizm.**

Są również inni posłańcy. Ich książki uczą nie tylko jak wznosić swą energię życiową w ciele, ale i jak ją **opuszczać.**

Dzięki ich lekturze przypomnisz sobie, jaka to radość uwolnić się od ciała. Wtedy zrozumiesz, że można się nie bać śmierci. Zrozumiesz, że jednakowo przyjemne jest bycie w ciele, jak i poza nim.

9

Życie przypomina trochę szkołę. Pamiętam, jak po wakacjach cieszyłem się na myśl o pójściu do szkoły – a na koniec roku szkolnego byłem szczęśliwy, że ją opuszczam.

Otóż to! Dokładnie! Trafiłeś w dziesiątkę. Tylko że życie nie jest szkołą.

Tak, wiem. Wyjaśniałeś to w księdze pierwszej. Przedtem sądziłem, że życie to „szkoła", do której uczęszczamy, aby „przyswoić sobie nauki". Dzięki Tobie zrozumiałem, w jakim byłem błędzie.

To dobrze. To właśnie staramy się tutaj osiągnąć – jasność. Teraz jest już jasne dla ciebie, jak to możliwe, że dusza raduje się po „śmierci" niekoniecznie żałując, że w ogóle „żyła".

Ale postawiłeś wcześniej ważne pytanie i chciałbym do niego nawiązać.

Mianowicie?

Powiedziałeś: „Jeśli dusza jest nieszczęśliwa w ciele, to dlaczego go nie opuści?"

Ach, tak.

Tak się składa, że je opuszcza. I nie tylko w chwili „śmierci". I nie dlatego, że jest nieszczęśliwa. Porzuca ciało, ponieważ pragnie się zregenerować, odmłodzić.

Często to robi?

Codziennie.

Dusza porzuca ciało ***codziennie?*** *Kiedy?*

Kiedy stęskni się za większym wymiarem swego doświadczenia. To ją pokrzepia.

I tak sobie odchodzi?

Dusza porzuca ciało ciągle. Przez całe życie. Po to wymyśliliśmy sen.

Dusza opuszcza ciało we śnie?

Zgadza się. Na tym właśnie polega sen.

Co pewien czas dusza pragnie się odmłodzić, zasilić, jeśli chcesz, aby mogła dalej brnąć przez życie w tej kapsule, którą nazywacie ciałem.

Myślisz, że łatwo jest duszy przebywać w twoim ciele? O, nie. **Proste,** tak, ale **łatwe** to nie jest! To radość, lecz zarazem najtrudniejsze zadanie, jakie dusza kiedykolwiek wykonywała!

Dusza, która zna niewyobrażalną dla ciebie lekkość i swobodę, tęskni za tym stanem istnienia, jak dziecko, które kocha szkołę, może rwać się do letnich wakacji. Podobnie też dorosły, który pragnie towarzystwa innych, może będąc w towarzystwie łaknąć samotności. Dusza rwie się do prawdziwego stanu bycia. Jest lekkością i swobodą. Jest też radością i spokojem, bezmiarem i bezbolesnością. To doskonała mądrość i doskonała miłość.

Jest tym wszystkim i więcej. Lecz przebywając w ciele niewiele z tego może zaznać. Więc zawarła sama z sobą umowę. Umówiła się, że pozostanie w ciele tyle czasu, ile potrzeba, aby stworzyć i doświadczyć siebie zgodnie z obecnym wyborem – ale tylko pod warunkiem, że będzie mogła **opuszczać** ciało, ilekroć zapragnie!

I robi tak co dzień, we śnie.

„Sen" polega na tym, że dusza zostawia ciało?

Tak.

A ja myślałem, że zasypiamy, ponieważ nasze ciało potrzebuje odpoczynku.

Mylisz się. Jest odwrotnie. To dusza pragnie odpoczynku, więc **sprawia,** że ciało „zasypia".

Dusza dosłownie rzuca ciało, kiedy ma dość jego ograniczeń, ciężaru i uwięzienia, jakie ze sobą niesie.

Opuszcza ciało, kiedy łaknie „zasilenia", kiedy znuży ją ta cała nieprawda, złudna rzeczywistość i urojone zagrożenia, kiedy na powrót pragnie zjednoczenia, pokrzepienia, wytchnienia i przebudzenia dla umysłu.

Gdy dusza po raz pierwszy łączy się z ciałem, jest jej niezwykle trudno. To bardzo męczące doświadczenie, zwłaszcza dla świeżo przybyłej duszy. Dlatego niemowlęta tak dużo śpią.

Kiedy początkowy szok minie, tolerancja nowego stanu rośnie. Wydłużają się okresy bycia z ciałem.

Jednocześnie umysł pogrąża się w zapomnieniu, zgodnie z przeznaczeniem. Nawet wypady duszy poza ciało, nie tak częste, ale nadal codzienne, nie zawsze przywracają umysłowi pamięć.

W takich chwilach dusza napawa się wolnością, ale umysł może być w rozterce. Toteż cała istota może zadać sobie pytanie: „Gdzie ja się podziewam? Co tutaj tworzę?" Takie dociekania mogą sprowadzić niepokój, trwogę, obrócić podróż w „koszmar".

Niekiedy zaś zachodzi coś przeciwnego. Dusza dociera do miejsca, gdzie następuje wielkie przypomnienie. Wtedy umysł doznaje przebudzenia. Napełnia ciebie radość i spokój, które odczuwasz jeszcze długo po powrocie do ciała.

Im więcej takich pokrzepiających doznań – im bardziej cała istota pamięta, co chce zdziałać będąc w ciele – tym krótsze okresy rozłąki duszy z ciałem, albowiem wie już ona, że pobyt w ciele ma swój cel, swój powód. Pragnie jak najlepiej wykorzystać czas, jaki jest jej dany.

Dlatego prawdziwy mędrzec potrzebuje mało snu.

Chcesz powiedzieć, że można poznać osobę oświeconą po tym, ile potrzebuje snu?

Można by tak rzec, prawie. Czasami bowiem dusza opuszcza ciało dla samej radości z tego płynącej. Nie chodzi jej o przebudzenie umysłu czy odmłodzenie ciała. Może mieć wyłącznie na względzie czystą ekstazę poznania Jedności. Dlatego nie zawsze będzie prawdą, że im bardziej ktoś obywa się bez snu, tym wyżej jest rozwinięty.

Lecz to nie przypadkowy zbieg okoliczności, że istoty bardziej świadome swoich poczynań w ciele – oraz tego, że **nie** są swoim ciałem, ale ze swoim ciałem – chętniej spędzają z nim coraz więcej czasu i stąd sprawiają **wrażenie,** jakby „potrzebowały mniej snu".

Niektóre istoty wybierają nawet równoczesne doświadczanie zapomnienia, jakie pociąga za sobą bycie w ciele, oraz jedności, która jest udziałem duszy. Potrafią one przestać utożsamiać się ze swoim ciałem, podczas gdy wciąż w nim przebywają. W ten sposób dostępują ekstatycznego poznania swojej rzeczywistej istoty bez utraty przytomności.

Jak im się to udaje? Jak ja mogę tego dokonać?

To kwestia świadomości, osiągnięcia stanu pełnej świadomości, o czym już mówiłem. Nie można tego sprawić, można jedynie być w pełni świadomym.

*Jak? **Jak?** Na pewno są jakieś narzędzia, które możesz polecić.*

Najlepszym środkiem na stworzenie tego doświadczenia jest codzienna medytacja. Z jej pomocą możesz wznieść swą energię życiową do najwyższej czakry... a nawet **opuścić ciało, kiedy „czuwasz".**

Podczas medytacji wprawiasz się w stan gotowości do dostąpienia pełnej świadomości, podczas gdy twoje ciało jest rozbudzone. To **prawdziwa czujność.** Nie trzeba medytować w pozycji siedzącej, aby tego doświadczyć. Medytacja to tylko środek, „narzędzie".

Musisz wiedzieć, że medytacja w pozycji siedzącej nie jest jedynym sposobem medytowania. Istnieje medytacja „w przerwie", medytacja „na chodząco", „w pracy", medytacja seksualna.

To **prawdziwa czujność.**

Kiedy będąc w tym stanie przerwiesz, cokolwiek robisz, staniesz w miejscu, gdziekolwiek zdążasz, kiedy po prostu zatrzymasz się na chwilę i tylko „będziesz" dokładnie tam, gdzie jesteś, staniesz się **naprawdę,** właśnie tam, gdzie jesteś. Przerwanie wszystkiego, nawet na krótką chwilę, może zdziałać cuda. Rozglądasz się dookoła, powoli, i zauważasz rzeczy, które pomijałeś, kiedy po prostu je mijałeś. Zapach ziemi po deszczu. Loczek nad lewym uchem ukochanej. Wzruszenie na widok bawiącego się dziecka.

Nie trzeba porzucać ciała, aby tego doznać. To prawdziwa czujność.

Gdy poruszasz się w takim stanie, wdychasz każdy kwiat, fruniesz z każdym ptakiem, czujesz każdą grudkę ziemi pod stopami. Znajdujesz piękno i mądrość. Bo mądrość znajduje się tam, gdzie powstaje piękno. A piękno powstaje wszędzie, z wszystkiego, co składa się na życie. Nie trzeba go szukać. Samo przyjdzie do ciebie.

I nie trzeba opuszczać ciała, aby tego doznać. To prawdziwa czujność.

Cokolwiek robisz w tym stanie, obracasz w medytację, a więc dar, ofiarowany przez ciebie duszy, a przez duszę Wszystkiemu, Co Jest. Zmywając naczynia, napawasz się ciepłem wody pieszczącej twe dłonie. Pracując przy komputerze, patrzysz, jak w odpowiedzi na twe polecenia przekazywane palcami na ekranie pojawiają się słowa, i zdumiewasz się potęgą ciała i umysłu, zaprzęgniętą do zadania wyznaczonego przez ciebie. Przygotowując obiad, odczuwasz miłość wszechświata, który przyniósł ci to pożywienie, a ty w zamian za to wkładasz w sporządzenie posiłku całą swą miłość. Nie ma znaczenia, jak skromny czy wystawny jest obiad. Można wielbić prostą zupę.

I nie trzeba opuszczać ciała, aby tego doznać. To prawdziwa czujność.

Kiedy doświadczasz w tym stanie wymiany energii seksualnej, poznajesz najwyższą prawdę o sobie. Serce kochanka staje się twoim domem. Ciało kochanka staje się twoim. Dusza nie czuje się już oddzielona od czegokolwiek.

Kiedy jesteś w gotowości, osiągasz czujność. Może to sprawić zwykły uśmiech. Przerwij wszystko na chwilę i uśmiechnij się do siebie. Bez powodu. Tylko dlatego, że to przyjemne. Tylko dlatego, że twoje serce poznało sekret. I dlatego, że dusza wie, co to za sekret. Uśmiechnij się na myśl o tym. Uśmiechaj się często. To wyleczy cię z twych dolegliwości.

Pytasz o narzędzia i podaję ci je.

Oddychaj. Oddychaj długo i głęboko. Oddychaj powoli i łagodnie. Wdychaj miłą, słodką nicość życia, tak pełną energii, tak pełną miłości. To samą miłość Boga wdychasz. Weź głęboki oddech, a poczujesz ją. Weź jeszcze głębszy oddech, a sprawi ona, że się rozpłaczesz.

Z radości.

Bo spotkałeś swojego Boga i Bóg poznał cię z twoją duszą.

Gdy tego doświadczysz, życie już nigdy nie będzie dla ciebie takie samo. Ludzie opowiadają o „wzniesieniu się na szczyt" lub o zapadnięciu w błogą ekstazę. Ich jestestwo zmienia się na zawsze.

Dziękuję Ci. Rozumiem. Chodzi o najprostsze rzeczy. Najprostsze działania i zarazem najczystsze.

Tak. Ale wiedz też, że niektórzy medytują latami i nigdy tego nie doznają. Liczy się to, na ile jesteś otwarty, na ile chętny. A także na ile potrafisz uwolnić się od wszelkich oczekiwań.

Czy powinno się medytować codziennie?

Jak w każdym innym przypadku, tak i tu nie ma żadnych nakazów i zakazów. Rzecz w tym, co wybierasz, a nie co powinieneś.

Niektóre dusze pragną przejść przez życie ze świadomością. Spostrzegają, że wielu ludzi chodzi jak we śnie. Idą przez życie nieświadomi, lecz dusze czuwające, przytomne, obierają inną drogę.

Pragną zaznać tyle pokoju i radości, bezmiaru i swobody, mądrości i miłości, ile przynosi Jedność, nie tylko wtedy, gdy porzucają ciało i ono „zasypia", ale także na jawie.

Wszystko sprowadza się do życia w świadomości. Potem przychodzi pełna świadomość.

A z czego ostatecznie zdajesz sobie sprawę? Uświadamiasz sobie w pełni swoją prawdziwą istotę.

Jednym ze sposobów na osiągnięcie tego jest codzienna medytacja. Lecz to wymaga poświęcenia, wytrwałości – postawienia sobie za cel bogactwa duchowego, a nie poklasku tego świata.

Pamiętaj też, że cisza kryje swoje skarby. Toteż najsłodszym z dźwięków jest brzmienie ciszy. To pieśń duszy.

Jeśli zaś dasz wiarę hałasom tego świata raczej niż ciszy swojej duszy, będziesz stracony.

Zatem codzienne medytowanie to ***jest*** *dobry pomysł?*

Dobry pomysł? Tak. Ale zważ na to, co właśnie rzekłem. Dusza śpiewa na wiele sposobów. Słodkiego brzmienia ciszy można wysłuchać wiele razy.

Dla niektórych cisza skrywa się w modlitwie. Inni śpiewają przy pracy. Niektórzy zgłębiają tajemnice w zaciszu odosobnienia, inni w bardziej gwarnych miejscach.

Gdy dochodzi się do duchowego mistrzostwa – czy nawet doświadcza raz na jakiś czas – odgłosy świata ulegają stłumieniu, hałaśliwe pokusy ulegają wyciszeniu, nawet jesteś nimi zewsząd otoczony. Całe życie staje się wówczas medytacją.

Całe życie jest medytacją, w czasie której kontemplujesz Boskość. W tym zawiera się prawdziwa czujność.

W takim ujęciu, cokolwiek życie zsyła, jest błogosławieństwem. Giną troski i cierpienia. Pozostaje tylko doświadczenie, które możesz dowolnie określić. Możesz widzieć we wszystkim doskonałość.

Niech więc twoje życie będzie ci medytacją, i wszystkie jego zdarzenia. Idź przez życie przytomny, a nie jak ktoś, kto jeszcze się nie ocknął. Bądź czujny, nie roztargniony. Nie popadaj w zwątpienie i lęk, nie obwiniaj się i nie dręcz, lecz bądź zawsze Moim gościem, napawaj się blaskiem Mej miłości i wiedz, że zawsze jesteś kochany. Ja i ty stanowimy Jedno. Zaproszenie jest na całą wieczność. Witaj w domu!

Albowiem twój dom mieści się w Moim sercu, a Mój w twoim. Moim życzeniem jest, abyś dostrzegał to za życia tak, jak niechybnie ujrzysz to po śmierci. Wtedy zrozumiesz, że śmierci nie ma, a to, co nazywasz życiem i śmiercią, to dwa składniki jednego nie kończącego się doświadczenia.

Jesteśmy wszystkim, co jest, co kiedykolwiek było i będzie, bez kresu.

Amen.

10

Kocham Cię, wiesz?

Tak. A czy ty wiesz, że Ja też ciebie kocham?

Zaczyna to do mnie docierać, naprawdę.

To dobrze.

11

Chciałbym teraz dowiedzieć się czegoś o duszy.

Bardzo proszę. Postaram się to przystępnie wyłożyć, w ramach twego ograniczonego obecnie pojmowania. Ale nie popadaj we frustrację, jeśli coś wyda ci się „bez sensu". Miej na uwadze to, że te informacje docierają do ciebie przez szczególnego rodzaju filtr – filtr, który ma za zadanie nie dopuścić, abyś zbyt wiele pamiętał.

Przypomnij mi, dlaczego tak to zostało zaprojektowane.

Byłoby po zabawie, gdybyś pamiętał wszystko. Przybyłeś tu z określonego powodu i Boski Cel zostałby udaremniony, gdybyś rozumiał, jak wszystko jest urządzone. Na tym poziomie świadomości pewne rzeczy zawsze pozostaną tajemnicą, i słusznie.

Toteż nie staraj się rozwikłać wszystkich zagadek. Przynajmniej nie za jednym razem. Daj wszechświatowi szansę. We właściwym czasie ukaże ci on wszystko.

Tymczasem ciesz się doświadczeniem stawania się.

Spiesz się powoli.

Właśnie.

Tak mawiał mój ojciec.

Twój ojciec był mądrym i cudownym człowiekiem.

Niewielu by się pod tym podpisało.

Niewielu go znało.

Moja matka dobrze go znała.

Tak, znała go.

I kochała go.

Tak, kochała go.

I wybaczyła mu.

Tak, wybaczyła mu.

Wszystkie zachowania, które ją raniły.

Tak. Rozumiała, kochała i wybaczyła. Dzięki temu mogła służyć za wzór, dać innym przykład.

Zgoda. Lecz... czy opowiesz mi o duszy?

A co byś chciał wiedzieć?

Zacznijmy od pytania podstawowego. Wprawdzie znam na nie odpowiedź, ale będzie ono punktem wyjścia do dalszych rozważań. Czy istnieje coś takiego jak dusza człowieka?

Oczywiście. Stanowi ona trzeci składnik waszej istoty. Jesteście bytami trójdzielnymi, złożonymi z ciała, umysłu i ducha.

Wiem, gdzie jest moje ciało; widzę je. I wiem chyba, gdzie znajduje się mój umysł– w części ciała, którą nazywam moją głową. Ale nie mam pojęcia, gdzie...

Chwileczkę. Zaczekaj. Mylisz się co do jednego. Twój umysł nie mieści się w twojej głowie.

Nie?

Nie. Twoja czaszka zawiera twój **mózg,** nie umysł.

To gdzie jest mój umysł?

W każdej komórce ciała.

Aaaa...

To, co nazywasz umysłem, w istocie jest energią. To... myśl. A myśl to energia, nie przedmiot.

Twój mózg jest przedmiotem. To fizyczny, biochemiczny mechanizm – największy, najbardziej skomplikowany, lecz nie jedyny – mechanizm znajdujący się w ludzkim ciele, za pomocą którego ciało przekłada, czy przetwarza, energię myśli na fizyczne impulsy. Twój mózg jest przetwornikiem. Jak całe twoje ciało. W każdej komórce znajdują się maleńkie przetworniki. Biochemicy często podkreślają, że poszczególne komórki – na przykład komórki krwi – zdają się posiadać swoją własną inteligencję. I posiadają naprawdę.

To nie dotyczy tylko komórek, ale i większych części ciała. Każdy facet na tej planecie zna pewien organ, który często wydaje się kierować swym własnym rozumem.

I każda kobieta wie, jak niedorzeczni stają się mężczyźni, gdy pozwolą temu organowi wpływać na swoje decyzje.

Niektóre kobiety wykorzystują to do sprawowania nad mężczyznami kontroli.

Nie da się zaprzeczyć. I niektórzy mężczyźni manipulują kobietami za pośrednictwem wyborów i decyzji płynących z tego miejsca.

Nie da się zaprzeczyć.

Chcesz wiedzieć, jak położyć kres tej szopce?

Bezwzględnie!

To właśnie miałem na myśli mówiąc wcześniej o podnoszeniu energii życia tak, aby objąć nią wszystkie siedem czakr.

Gdy twe wybory i decyzje płyną z szerszej podstawy niż opisany przez ciebie wąski obszar, nie sposób kobietom sprawować nad tobą kontroli, podobnie ty nigdy byś nie dążył do narzucenia im swej władzy.

To, że kobiety w ogóle uciekają się do takiego środka, wynika stąd, iż nie ma innego równie skutecznego, aby utrzymać mężczyzn w ryzach, a pozbawieni wszelkiej kontroli, mężczyźni stają się – no, cóż – nieujarzmieni.

Lecz gdyby panowie objawiali w większym stopniu swą wyższą naturę i gdyby kobiety bardziej odwoływały się do niej właśnie, tak zwana „walka płci" dobiegłaby końca. Tak jak i wszelkie inne walki na waszej planecie.

Jak zaznaczałem wcześniej, nie chodzi o to, aby i kobiety i mężczyźni wyrzekli się seksu, seks nie jest też rzeczą właściwą niższej naturze człowieka. Rzecz w tym, że energia seksualna sama w sobie, kiedy nie zostaje wzniesiona do wyższych czakr i złączona z pozostałymi rodzajami energii tworzącymi całą ludzką istotę, prowadzi do wyborów i skutków, które nie odzwierciedlają całej osoby. Są one często niezbyt chwalebne.

Cały Ty to sama chwała, lecz cokolwiek mniejszego niż Cały Ty jest mniej chwalebne. Więc jeśli chcesz mieć pewność, że wywołasz niezbyt chwalebny skutek, podejmij decyzję wyłącznie na podstawie czakry podstawy. A potem wypatruj wyników.

Są nader przewidywalne.

Hmmm. To chyba jest mi wiadome.

Oczywiście, że jest. Największym wyzwaniem dla ludzkiej rasy jest nie to, kiedy się dowiecie, ale kiedy **zadziałacie, opierając się na tym, co już wam wiadomo.**

Czyli umysł mieści się w każdej komórce...

Owszem. W mózgu jest po prostu więcej komórek niż w pozostałych częściach ciała, stąd wrażenie, jakby tam znajdował się umysł. Lecz to tylko główny przetwornik, nie jedyny.

Dobrze. To już dla mnie jasne. Ale gdzie kryje się dusza?

A jak sądzisz?

Za Trzecim Okiem?

Nie.

W klatce piersiowej, na prawo od serca, pod mostkiem?

Nie.

W takim razie poddaję się.

Jest wszędzie.

Jak to wszędzie?

Wszędzie.

Jak umysł.

Zaraz, zaraz. Kto powiedział, że umysł jest wszędzie?

Przecież sam powiedziałeś, że znajduje się w każdej komórce ciała.

Ale to nie znaczy „wszędzie". Między komórkami jest pusta przestrzeń. W gruncie rzeczy twoje ciało to w 99 procentach pusta przestrzeń.

Tam właśnie przebywa dusza?

Dusza jest wszędzie w tobie i wokół ciebie. Ona ciebie **zawiera.**

Zaraz, zaraz. Teraz Ty zaczekaj! Zawsze mnie uczono, że moje ciało zawiera w sobie duszę. A „twoje ciało jest świątynią ducha"? Co się z tym stało?

To poetyckie określenie.

Pomaga ludziom pojąć, że nie są samym ciałem, że są czymś więcej. I są. Dosłownie. **Dusza jest większa od ciała.** Nie ciało ją w sobie nosi, lecz ona ciało.

Trudno mi to sobie jakoś poukładać.

Czy słyszałeś kiedyś o „aurze"?

Tak. ***Tak.*** *Czy tym właśnie jest dusza?*

Nie ma w waszym jeżyku określenia bliższego jej niesłychanie złożonej rzeczywistości. To dusza utrzymuje was w całości – tak jak **Dusza Boga zawiera w sobie wszechświat i utrzymuje go w całości.**

O, rany. To dla mnie całkowite odwrócenie pojęć.

To dopiero początek, Mój synu.

Lecz jeśli dusza w pewnym sensie jest „powietrzem w nas i wokół nas" i jeśli nasze dusze są takie same, to gdzie kończy się jedna dusza, a zaczyna druga?

E-mm... nie mów mi, nie mów...

Widzisz? Już znasz odpowiedź!

*Nie ma takiego miejsca, w którym czyjaś dusza „się kończy", a moja „zaczyna"! Tak jak nie da się powiedzieć, gdzie przebiega granica między powietrzem w salonie a powietrzem w sypialni. To **jedno powietrze.** To **jedna dusza!***

Właśnie przejrzałeś sekret wszechświata.

*A jeśli **Ty** zawierasz w sobie **wszechświat,** jak my nasze ciała, wówczas nie ma takiego miejsca, w którym **Ty** „się kończysz", a **my** zaczynamy!*

(Ehem)

*Możesz sobie chrząkać do woli. Dla mnie to cudowne objawienie! To znaczy, zawsze to podejrzewałem – ale teraz dopiero **rozumiem.***

To świetnie, prawda?

Wcześniej trudno mi to było pojąć, ponieważ ciało stanowiło dla mnie oddzielny pojemnik, co pozwalało rozróżnić „to" ciało i „tamto" ciało, a ponieważ zawsze uważałem, że dusza przebywa wewnątrz ciała, rozróżniałem więc „tę" duszę i „tamtą" duszę.

Siłą rzeczy.

*Ale skoro dusza jest wszędzie wewnątrz **i na zewnątrz** ciała – w „aurze", jak to ująłeś – to gdzie „kończy się" jedna aura a „zaczyna" druga? Teraz, po raz pierwszy, napraw-*

dę potrafię sobie przedstawić ***od strony fizycznej,*** *jak to jest możliwe, że jedna dusza się* ***nie*** *„kończy", a druga „zaczyna". Więc jest prawdą w kategoriach* ***fizycznych,*** *że Wszyscy Jesteśmy Jednym!*

Brawo! Tylko tyle mogę powiedzieć. Brawo!

Zawsze sądziłem, że to prawda ***meta****fizyczna. Teraz widzę, że to prawda* ***fizyczna!*** *Jasny gwint, religia stała się nauką!*

Nie mów, że cię nie uprzedzałem.

Ale hola, jedną chwileczkę. Jeśli nie ma takiego miejsca, w którym jedna dusza się kończy, a druga zaczyna, to znaczy, że nie istnieje coś takiego jak dusza indywidualna?

I tak, i nie.

Odpowiedź godna Boga.

Dziękuję.

Tak między nami, spodziewałem się mniej wymijającej odpowiedzi.

Daj Mi trochę odsapnąć. Tak zasuwamy, że aż ręka cię boli od pisania.

Chcesz powiedzieć: szaleńczego bazgrania.

Tak. Proponuję, abyśmy złapali trochę oddechu. Wszyscy się odprężają. Wyjaśnię ci to.

Proszę bardzo. Jestem gotowy.

Pamiętasz, jak wiele razy wspominałem o tak zwanej Boskiej Dychotomii?

Pamiętam.

Właśnie mamy do czynienia z jedną. W gruncie rzeczy, z największą.

Ach tak.

Trzeba sobie przyswoić Boską Dychotomię i dogłębnie zrozumieć, aby żyć w tym naszym wszechświecie z wdziękiem.

Boska Dychotomia głosi, że dwie pozornie wykluczające się prawdy mogą ze sobą współistnieć.

Wam trudno się z tym pogodzić. Ludzie lubią porządek, a jeśli coś burzy im ład, automatycznie to odrzucają. Z tego powodu, gdy zaczynają się utwierdzać dwie rzeczywistości, pozornie ze sobą sprzeczne, ludzie natychmiast dochodzą do wniosku, że jedna z nich jest błędna, fałszywa, nieprawdziwa. Trzeba wielkiej dojrzałości, aby zrozumieć i pogodzić się z tym, że obie mogą w istocie być prawdziwe.

Lecz w świecie absolutu – w przeciwieństwie do świata relatywności, w którym żyjecie – jasno widać, że jedna prawda, będąca Wszystkim Co Jest, może nieraz wywołać efekt, który w kategoriach względnych wydaje się sprzecznością.

Na tym polega Boska Dychotomia, realny składnik ludzkiego doświadczenia. Jak wcześniej podkreśliłem, nie sposób żyć z wdziękiem, jeśli się tego nie zaakceptuje. Człowiek wówczas stale narzeka, złości się, miota, daremnie domaga się „sprawiedliwości" albo uporczywie próbuje pogodzić przeciwstawne siły, które nigdy nie miały być ze sobą pojednane, a które **właśnie z racji panującego między nimi napięcia** powodują zamierzony skutek.

Te napięcia w gruncie rzeczy utrzymują świat względności, na przykład napięcie między dobrem a złem. W ostatecznej rzeczywistości nie ma podziału na dobro i zło. W ostatecznym wymiarze wszystko jest miłością. Lecz w obrębie relatywizmu wyście wydzielili doświadczenie „zła", jak je nazwaliście, i całkiem zasadnie zresztą. Pragnęliście **doświadczyć** miłości, nie tylko „wiedzieć", że miłość jest Wszystkim, Co Jest, a nie można doświadczyć czegoś, jeśli nie ma nic innego **oprócz** tego. Zatem spolaryzowaliście swoją rzeczywistość (i robicie to do dziś), nadaliście jej przeciwstawne bieguny dobra i zła, aby dzięki jednemu móc doznać drugiego.

I oto mamy Boską Dychotomię – dwie pozornie sprzeczne prawdy występujące jednocześnie:

Istnieje dobro i zło.

Wszystko jest miłością.

Dziękuję, że tak mi to wyłożyłeś. Wprawdzie omawiałeś to wcześniej, ale dziękuję Ci za to, że pomogłeś mi zrozumieć Boską Dychotomię jeszcze lepiej.

Drobiazg.

A zatem, jak mówiłem, największą Boską Dychotomię stanowi ta, którą rozważamy obecnie.

Jest tylko Jeden Byt, toteż tylko Jedna Dusza.

I istnieje wiele dusz w obrębie Jednego Bytu.

Przedstawia się to następująco: Dowiedziałeś się właśnie, że nie ma rozgraniczeń między duszami. Dusza jest energią życia, która istnieje wewnątrz i wokół (jako aura) wszystkich fizycznych przedmiotów. Można by powiedzieć, że to ona „utrzymuje" wszystkie fizyczne przedmioty na miejscu. „Dusza Boga" mieści w sobie wszechświat, „dusza ludzka" mieści w sobie ciało człowieka.

Ciało nie jest zasobnikiem, „schronem" dla duszy; dusza jest zasobnikiem dla ciała.

Właśnie.

Lecz dusz nie da się rozgraniczyć – nie ma miejsca, w którym „jedna dusza" się kończy, a „druga" zaczyna. Tak więc w rzeczywistości to jedna dusza zawiera wszystkie ciała.

Słusznie.

Mimo to ta jedna dusza „daje się odczuć" jako zlepek indywidualnych dusz.

W istocie. Z założenia.

Czy mógłbyś wytłumaczyć, jak to się dzieje?

Tak.

O ile rzeczywistego rozdziału między duszami nie ma, to jest prawdą, że substancja tworząca Jedną Duszę przejawia się w fizycznym świecie w różnych stopniach zagęszczenia. To zależy od prędkości.

Od prędkości? Co ma do tego prędkość?

Wszelkie życie to wibracja. To, co zwiecie życiem (równie dobrze można nazwać to Bogiem), jest czystą energią. Energia ta nieustannie wibruje, bez przerwy. Porusza się **falami.** Fale wibrują z różną prędkością, co daje początek różnym stopniom gęstości czy światła. To z kolei wywołuje rozmaite „efekty" w świecie fizycznym – poszczególne zjawiska i przedmioty. Choć przedmioty są różne i oddzielne, w istocie tworzy je taka sama energia.

Posłużę się twoim przykładem powietrza w salonie i jadalni. To było trafne porównanie, które akurat przyszło ci do głowy. Przypływ natchnienia.

Wiadomo skąd.

Tak, to Ja ci je podsunąłem. Ale do rzeczy – powiedziałeś, że nie można wydzielić dokładnego obszaru między tymi pokojami, gdzie urywałoby się „powietrze salonu" i zaczynało „powietrze jadalni". I to prawda. Lecz jest obszar, gdzie „powietrze salonu" **traci na gęstości.** To znaczy, „rozrzedza się". Podobnie rzecz się ma z „powietrzem jadalni". Im dalej od jadalni, tym słabiej czuć obiadem!

Powietrze w całym domu jest takie samo. Nie ma „odrębnego powietrza" w jadalni. Ale powietrze w jadalni z pewnością **wydaje się** „inne". Przede wszystkim pachnie inaczej!

A że nabrało ono innych **właściwości,** wydaje się **innym powietrzem.** Lecz tak nie jest. To takie samo powietrze, pozornie tylko różne. W salonie czuć zapach paleniska w kominku, w jadalni pachnie obiadem. A w jednym pokoju może nawet być tak duszno, że będziesz chciał wpuścić **trochę powietrza.** Oczywiście, w pomieszczeniu tym nie brakuje powietrza. Tobie chodzi po prostu o zmianę jego właściwości.

Dlatego wpuszczasz trochę świeżego powietrza z zewnątrz. **Ale to też jest to samo powietrze.** Jest tylko jedno powietrze, przenikające **wszystko.**

To jest odlotowe. Trafia do mnie „bez pudła". Uwielbiam, jak objaśniasz mi wszechświat tak, że trafia do mnie „bez pudła".

Dziękuję, dziękuję. Staram się. Mogę mówić dalej?

Ależ proszę!

Jak powietrze w twoim domu, energia życia – „Dusza Boga" – przybiera różne właściwości, kiedy otacza rozmaite ciała fizyczne. W istocie nawet energia ta zespala się w określony sposób, aby **ukształtować** te ciała.

Kiedy cząstki energii stapiają się w materię, zbijają się, ugniatają „na miazgę". Zaczynają „wyglądać" jak pojedyncze „sztuki". To znaczy zaczynają sprawiać wrażenie „odrębnych", „różnych" od wszelkiej pozostałej energii. Lecz to ta sama energia, tyle że **inaczej się zachowuje.**

To inne zachowanie sprawia, że To, Co Jest Wszystkim, może objawić się jako To, Czego Jest Wiele.

Jak tłumaczyłem w księdze pierwszej, To, Co Jest nie mogło siebie doświadczyć Takim, Jakim Jest, dopóki nie nabrało **zdolności zróżnicowania się.** Zatem To, Co Jest Wszystkim, **podzieliło się** na To, Co Jest **Tym,** i To, Co Jest **Tamtym.** (Staram się to wszystko jak najbardziej uprościć.)

Te „zbitki energii", które zespoliły się w jednostki mieszczące w sobie ciała fizyczne, nazywacie „duszami".

Mowa tu o tych cząstkach Mnie, które składają się na was wszystkich. Tak więc mamy Boską Dychotomię:

Jest tylko Jedno z nas.

Jest nas wielu.

Niech mnie – to jest super.

Mnie to mówisz?

Ale idźmy dalej, dobrze?

Nie, przerwijmy, to mnie nudzi.

Ależ tak, *mów dalej!*

W porządku.

Zatem ta energia, jak mówiłem, niezmiernie się zagęszcza. Lecz w miarę oddalania się od punktu skupienia staje się ona coraz bardziej rozproszona. „Powietrze się rozrzedza". Aura zanika. Lecz energia nigdy do końca nie znika, bo nie może. Jest tworzywem wszystkiego. Wszystkim, Co Jest. Lecz może się stać bardzo, bardzo rozproszona, ulotna, niemal tak, jakby jej „nie było".

Ale za to w innym miejscu (czytaj: w innym punkcie siebie) znów się skupia, tworzy kolejną „zbitkę" tego, co zwiecie materią pozornie odrębną. Oba skupiska wydają się oddzielne, lecz tak naprawdę nie ma między nimi żadnego podziału.

Tak przedstawia się w prostym, elementarnym ujęciu wykładnia całego wszechświata.

Jestem pod wrażeniem. Ale czy to prawda? Skąd mogę wiedzieć, że sam tego po prostu nie zmyśliłem?

Wasi naukowcy zaczynają odkrywać, że budulec wszelkich form życia jest taki sam.

Przywieźli z Księżyca skały i znaleźli w nich to samo, co znajdują w drzewach. Rozkładają drzewo i widzą w nim to samo, co jest w tobie.

Powiadam ci: Jesteśmy wszyscy z jednego tworzywa.

Jesteśmy tą samą energią, zespoloną i zbitą na rożne sposoby, aby dać początek różnym postaciom i rodzajom materii. Materia nie powstaje tak sama z siebie.

Jezus rzekł: „Bez Ojca jestem niczym". Ojciec wszystkiego to czysta myśl. To energia życia. Wy nazywacie to Absolutną Miłością. To Bóg i Bogini, Alfa i Omega, Początek i Kres. Wszystko we Wszystkim, Pierwotne Źródło. Od niepamiętnych czasów próbujecie zgłębić jego tajemnicę, odwieczną prawdę.

Jest tylko Jeden z Nas, tak więc to TY.

12

Te słowa sprawiają, że przepełnia mnie nabożny podziw. Dziękuję Ci za to, że jesteś tu ze mną. Za to, że jesteś tu z nami wszystkimi. Albowiem miliony przeczytały już te dialogi i miliony jeszcze przeczytają. Twoja obecność w naszych sercach jest nieocenionym darem.

Moi kochani – zawsze byłem obecny w waszych sercach. Cieszę się, że wreszcie możecie **Mnie tam poczuć.**

Zawsze jestem z wami. Nigdy was nie zostawiłem. Jestem wami, a wy Mną, i nigdy się nie rozłączymy, przenigdy, bo to nie jest możliwe.

Lecz są dni, kiedy czuję się straszliwie samotny. Chwilami zdaje mi się, jakbym toczył ten bój w pojedynkę.

To dlatego, że Mnie porzuciłeś, Moje dziecko. Zagubiłeś swą świadomość Mnie. Lecz gdzie jest świadomość Mnie, tam nie ma mowy o samotności.

Jak zachować tę świadomość?

Obdarz nią innych. Nie nawracając, ale dając przykład. Bądź w ich życiu źródłem miłości, jaką jestem Ja. Gdyż to, czego użyczysz drugiemu, użyczasz sobie. Albowiem jest tylko Jeden z Nas.

Dzięki Ci. Tak, już udzieliłeś mi tej wskazówki wcześniej. Bądź źródłem. Czego sam chcesz zaznać, powiedziałeś, to ześlij na innych.

Tak. Oto wielki sekret. Uświęcona mądrość. **Czyń drugiemu tak, jakbyś chciał, aby tobie czyniono.**

Wszystkie wasze problemy, wszystkie wasze konflikty, wszystkie trudności, jakie macie z ustanowieniem na waszej planecie życia w pokoju i radości, wynikają stąd, że nie potraficie pojąć tego prostego zalecenia i wprowadzić go w czyn.

Rozumiem. Znów wyraziłeś to tak przejrzyście, że nie sposób tego nie pojąć. A teraz, gdy to „pojąłem", postaram się, aby tego nie „utracić".

Nie możesz „utracić" tego, co oddajesz. Zawsze o tym pamiętaj.

Dziękuję Ci. Czy mogę zadać jeszcze kilka pytań dotyczących duszy?

Przedtem chciałbym wygłosić ogólną uwagę odnośnie do życia, jakie prowadzisz, a właściwie **jak** je prowadzisz.

Słucham.

Stwierdziłeś właśnie, że chwilami zdaje ci się, jakbyś toczył ten bój w pojedynkę.

Zgadza się.

Jaki bój?

Tak tylko się mówi.

Nie. Sądzę, że to miarodajny wskaźnik tego, jak postrzegasz życie, nie ty jeden zresztą.

Uroiliście sobie, że to „bój" – że toczy się tutaj jakaś walka.

No, cóż, czasami tak to wygląda w moich oczach.

Ale tak w istocie nie jest i nie musi też wcale na to wyglądać.

Wybacz, ale ciężko mi w to uwierzyć.

Dlatego właśnie nigdy nie stało się twoją rzeczywistością. Albowiem nadajesz realność temu, w co wierzysz. Lecz powiadam ci: Wasze życie nie miało być walką i nie musi nią być, ani teraz, ani nigdy.

Dałem wam narzędzia do stworzenia najwspanialszej rzeczywistości. Lecz wy postanowiliście ich nie używać. Czy ściśle mówiąc, zrobiliście z nich **niewłaściwy użytek.**

Mam na myśli trzy narzędzia tworzenia. Wiele miejsca poświęciliśmy im w tych dialogach. Wiesz, o co mi chodzi?

O myśl, słowo i czyn.

Zapamiętałeś, to dobrze. Natchnąłem kiedyś Mildred Hinckley, nauczycielkę duchową, tymi słowami: „Narodziłaś się z twórczą mocą wszechświata na czubku swego języka".

Ma to doniosłe implikacje. Podobnie jak prawda wyrażona ustami innego z Moich posłańców:

„Stało ci się wedle twojej wiary".

Te dwie wypowiedzi nawiązują do myśli i słowa. Inny z Mych nauczycieli powiedział na temat czynu: „Początkiem jest Bóg. Kresem jest czyn. Czyn to Bóg tworzący – lub Bóg doświadczany".

Ty to rzekłeś w księdze pierwszej.

Księga pierwsza przekazana została za twoim pośrednictwem, Mój synu, tak jak wszystkie ważkie prawdy zostały zainspirowane przeze Mnie i wyszły przez ludzkie usta. Kto nie jest obojętny na Mój głos i nie lęka się publicznie występować jako Mój rzecznik, zasługuje na miano wspaniałego posłańca.

Nie wiem, czy zaliczyłbym siebie do tej kategorii.

Słowa, którymi cię natchnąłem i którymi nie wahałeś się podzielić z innymi, wpłynęły na miliony ludzi.

Miliony, Mój synu.

Przełożone zostały na 24 języki. Rozeszły się po świecie.

Na podstawie jakiego kryterium nadałbyś komuś miano wielkiego nauczyciela?

Wedle jego czynów, a nie słów.

Rozsądna odpowiedź.

A moje postępki w tym obecnym życiu nie świadczą o mnie dobrze, a na pewno nie przystoją wielkiemu nauczycielowi.

Właśnie przekreśliłeś połowę duchowych przywódców, którzy kiedykolwiek stąpali po tej planecie.

Słucham.

Podtrzymuję to, co wyraziłem ustami Judith Schucman w książce „A Course in Miracles". Uczysz tego, co sam musisz opanować.

Czy uważasz, że trzeba być chodzącą doskonałością, zanim przystąpi się do uczenia, jak ją osiągnąć?

I chociaż masz w swym dorobku trochę potknięć –

– całkiem sporo

– dowiodłeś też wielkiej odwagi przedstawiając światu tę rozmowę ze Mną.

Raczej wielkiej nieroztropności.

Dlaczego wciąż tak sobie uwłaczasz? Wy wszyscy to robicie! Co do jednego! Odmawiacie sami sobie wielkości tak, jak wypieracie się tego, że Ja istnieję w was.

Ja ***nigdy*** *się tego nie wypierałem!*

Co takiego?

No, przynajmniej nie ostatnimi czasy...

Powiadam ci, że nim zapieje kur, wyprzesz się Mnie po trzykroć.

Każda myśl, w której pomniejszasz swą własną Jaźń, jest zaprzeczeniem Mnie.

Każde słowo, którym uwłaczasz swej własnej Jaźni, jest zaprzeczeniem Mnie.

Każdy czyn, którym odgrywasz scenariusz braku, niewystarczalności, niedowartościowania, jest zaprzeczeniem. Nie w myśli, nie w słowie, lecz w uczynku.

Ja tak naprawdę...

Nie dopuść do tego, aby twoje życie stanowiło wyraz czegokolwiek innego niż najświetniejsza wersja najwspanialszego o sobie wyobrażenia.

Zatem jakie kiedykolwiek miałeś najwspanialsze wyobrażenie o sobie? Czy czasem nie takie, że kiedyś zostaniesz wielkim nauczycielem?

Cóż...

Nie takie?

Takie.

Więc niech **będzie** tak. I tak **już** jest. Dopóki znów się tego nie wyprzesz.

Nie wyprę się.

Nie?

Nie.

Udowodnij to.

Udowodnić?

Udowodnij.

W jaki sposób?

Wypowiedz teraz te słowa: „Jestem wielkim nauczycielem".

Aaaa...

No, dalej, mów.

Jestem... widzisz, jest problem. To wszystko zostanie wydrukowane. Mam świadomość, że cokolwiek tu zapiszę, pójdzie w świat. Przeczytają to w Peorii.

Peoria! Ha! Powiedz w **Pekinie.**

Zgoda, w Chinach też. W tym właśnie rzecz. Miesiąc po ukazaniu się księgi drugiej ludzie zaczęli pytać mnie – nagabywać – o księgę trzecia! Starałem się wyjaśnić, dlaczego trwa to tyle czasu. Próbowałem im uświadomić, jak to jest, gdy ***cały świat*** *patrzy na ciebie, wyczekuje z niecierpliwością. Z pierwszą i drugą częścią było inaczej. Oba dialogi prowadziliśmy w próżni. Nie wiedziałem, że powstaną z nich książki.*

O, wiedziałeś. W głębi serca wiedziałeś.

Miałem może nadzieję. Ale teraz ***wiem*** *i dlatego tak trudno przychodzi mi pisanie w tym notatniku.*

Bo zdajesz sobie sprawę, że wszyscy będę czytali te słowa.

Otóż to. A Ty domagasz się, żebym oświadczył przed tymi wszystkimi ludźmi, że jestem wielkim nauczycielem.

Wolałbyś złożyć tę deklarację po kryjomu? Czy w taki sposób się umacniasz?

Chciałem, żebyś ogłosił to **publicznie** właśnie dlatego, że jesteśmy obecnie w miejscu publicznym. O to w tym wszystkim chodziło, aby postawić to na forum publicznym.

Publiczne oświadczenie stanowi najwyższą formę wizjonerstwa.

Bądź najświetniejszą wersją najwspanialszego wyobrażenia o sobie. A pierwszym krokiem ku temu jest ogłoszenie tego.

Publicznie.

Aby coś urzeczywistnić, najpierw trzeba to wypowiedzieć.

A co ze skromnością? Poczuciem przyzwoitości? Czy wypada głosić wszem i wobec najwyższą ideę siebie?

Postępował tak każdy mistrz.

Tak, ale bez pychy.

Czy według ciebie jest „pychą" stwierdzenie: „Ja jestem życiem i drogą"?

A tak w ogóle zarzekałeś się, że nigdy się Mnie nie wyprzesz, a od dziesięciu minut nie robisz nic innego.

*Nie wypieram się **Ciebie**. Chodzi o najwspanialsze wyobrażenie mnie samego.*

Najwspanialsze wyobrażenie, jakie masz o sobie, to właśnie Ja! **Tym Jestem!**

Zaprzeczając swej najwyższej istocie, zaprzeczasz **Mnie.** I powiadam ci, nim nastanie świt, uczynisz to trzykrotnie.

Chyba że nie.

Chyba że nie. Słusznie. Tylko ty możesz o tym zadecydować. Tylko ty możesz dokonać wyboru.

Ale wracając do rzeczy, czy znasz jakiegoś wielkiego nauczyciela działającego **po kryjomu?** Budda, Jezus, Kryszna – wszyscy oni uczyli jawnie, otwarcie, prawda?

Owszem. Ale są tacy, którzy nie są powszechnie znani. Na przykład moja matka. Sam ją tak wcześniej określiłeś. Nie trzeba być głośną postacią, aby być wielkim nauczycielem.

Twoja matka była zwiastunem. Posłańcem. Przygotowała drogę. I **ciebie** przygotowała do drogi, **pokazując** ci ją. Lecz i ty jesteś nauczycielem.

Nie ustępujesz w niczym swej matce, a ona, jak widać, nie nauczyła cię, aby nigdy się nie wypierać samego siebie. Lecz tego właśnie **ty będziesz uczył innych.**

Tak mocno tego chcę! Chcę to robić, o tak!

Nie „chciej". Tego, co „chcesz", możesz nie dostać. Oświadczasz tylko w ten sposób, że ci brakuje. I tak to się skończy – na doświadczaniu **braku.**

W porządku. Zgoda! Nie „chcę". ***Wybieram.***

Tak lepiej. Dużo lepiej. A co wybierasz?

Wybieram uczenie innych, aby nigdy się siebie nie wypierali.

Dobrze. Co jeszcze wybierasz uczyć?

Wybieram uczyć innych, aby nigdy nie wyrzekali się Ciebie, Boże. Albowiem wyrzeczenie się Ciebie równa się własnemu wyrzeczeniu, a wyrzeczenie się samego siebie oznacza wyrzeczenie się Ciebie.

Świetnie. Ale czy wybierasz nauczać „jak popadnie", niby „przez przypadek"? Czy wybierasz nauczać w wielkim stylu, celowo?

Wybieram nauczać celowo. W wielkim stylu. Jak moja matka. Ona wpajała mi, abym nigdy nie wypierał się siebie. Co dzień. Jak nikt inny umiała mnie zachęcić. Nauczyła mnie pokładać wiarę w sobie, i w ***Tobie.*** *Jest moim najszczerszym postanowieniem uczyć tych wspaniałych mądrości, jakie przekazała mi mama. Jej* ***całe życie*** *było nauką dla innych, nie same słowa.* ***To właśnie czyni z kogoś wielkiego nauczyciela.***

Masz rację. Twoja matka była wielkim nauczycielem. I nie myliłeś się też w swym ogólnym stwierdzeniu. Nie trzeba być powszechnie znanym, aby być wielkim nauczycielem.

To był „sprawdzian". Chciałem zobaczyć, jak z tego wybrniesz.

Czy stanąłem na wysokości zadania?

Postąpiłeś tak jak wszyscy wielcy nauczyciele. Sięgnąłeś po swą własną mądrość. Po swą własną prawdę. Tam musisz udawać się za każdym razem, gdy głosisz światu swoje nauki.

Wiem. To wiem.

A jaka jest tam głęboko **twa własna prawda** o sobie?

Jestem...

... wielkim nauczycielem.

Wielkim nauczycielem odwiecznej prawdy.

No i proszę. Spokojnie i bez hałasu padły ważne słowa. W sercu znasz prawdę o sobie, teraz wypowiedziałeś po prostu prawdę swego serca.

Nie przechwalasz się i nikt nie odbierze tego jako samochwalstwa. Nie chełpisz się i nikt nie poczyta ci tego za chełpliwość. Nie bijesz się w piersi, otwierasz swoje serce, to ogromna różnica.

Każdy w sercu wie, Kim Jest. Znakomitą tancerką, prawnikiem, aktorem. Znakomitym pierwszym rozgrywającym, detektywem, sprzedawcą, rodzicem, architektem; znakomitym poetą czy przywódcą, budowniczym czy uzdrowicielem. I każdy co do jednego jest **wspaniałą osobą.**

Każdy w sercu wie, Kim Jest. Gdy otworzy swoje serce, pójdzie za jego głosem, objawi z serca płynącą prawdę, przyda swemu światu blasku.

Jesteś wielkim nauczycielem. Jak przypuszczasz, skąd pochodzi ten dar?

Od Ciebie.

Czyli kiedy ogłaszasz, Kim Jesteś, dajesz tylko świadectwo Mnie. Zawsze powołuj się na Mnie jako swe Źródło i nikt nie będzie miał ci za złe słów o twej wielkości.

Zawsze nakłaniałeś mnie, abym w ***sobie samym*** *upatrywał Źródła.*

Bo jesteś Źródłem – wszystkiego, **Czym Jestem Ja.** Wybitny przewodnik duchowy, najdroższy ci w tym życiu, rzekł: „Ja jestem życiem i drogą".

Powiedział też: „Wszystko to sprawia przeze Mnie Ojciec. Bez Ojca Mego jestem niczym".

I jeszcze: „Ja i Ojciec Mój jesteśmy Jednym".

Rozumiesz?

Jest tylko Jeden z nas.

Dokładnie.

A to sprowadza nas z powrotem do tematu duszy. Mogę zadać następnych kilka pytań?

Wal.

Już się robi. Ile istnieje dusz?

Jedna.

W najszerszym wymiarze, tak. Ale jak wiele jest indywidualnych „upostaciowań" Jedni, Co Jest Wszystkim?

Podoba Mi się to słowo. Jedna Energia, która jest Całą Energią, przybiera liczne indywidualne postaci. Tak, to jest udane.

Cieszę się. Więc ile stworzyłeś indywidualnych upostaciowań?

Nie potrafię odpowiedzieć w kategoriach dla ciebie zrozumiałych.

Wypróbuj mnie. Czy ta liczba jest stała? Zmienna? Nieskończona? Czy od czasu „pierwszego rzutu" stworzyłeś jakieś „młode dusze"?

Tak, ta liczba jest stała. Tak, ta liczba jest zmienna. Tak, to nieskończona liczba. Tak, stworzyłem młode dusze, i nie, nie stworzyłem.

Nie rozumiem.

To było do przewidzenia.

Dopomóż mi.

Czy powiedziałeś: „Tak mi dopomóż, Bóg"?

Bardzo sprytne. Niech tak będzie. Zrozumiem to, nawet gdybym miał to przypłacić życiem, tak mi dopomóż, Bóg.

Pomogę. Wyczuwam twoją determinację, więc pomogę ci zrozumieć – ale ostrzegam, że z perspektywy skończonej to, co nieskończone, wydaje się niepojęte. Ale spróbować nie zaszkodzi.

Super!

Tak jest, nie inaczej. Najpierw ustalmy jedno: twoje pytania zakładają rzeczywistość czasu. W rzeczywistości zaś czasu nie ma. Jest tylko jedna chwila, a mianowicie wieczne Teraz.

Cokolwiek się działo, dzieje się Teraz, i cokolwiek będzie się działo, dzieje się w tej chwili. Nic nie zdarzyło się „przedtem", bo nie ma żadnego przedtem. Nic nie zdarzy się „potem", bo nie ma żadnego potem. Jest tylko Chwila Teraźniejsza, zawsze.

W tej Chwili Teraźniejszej Ja zmieniam się nieustannie. Toteż liczba sposobów, w jakich się „upostaciowuję" (podoba Mi się to słowo) **jest zawsze różna i zawsze taka sama.** Zważywszy na to, że jest tylko Teraz, liczba dusz jest zawsze stała. Ale biorąc pod uwagę, że dla was Teraz obejmuje i teraz, i **wtedy,** liczba ta wciąż się zmienia. Poruszaliśmy to już przy okazji rozważań o reinkarnacji, niższych formach życia i „powracaniu" dusz.

Ponieważ Ja ciągle się zmieniam, liczba dusz jest nieskończona. Lecz w dowolnym określonym „punkcie czasu" wydaje się skończona.

Tak, istnieją dusze „młode", w tym sensie, że po osiągnięciu pełni świadomości i zjednoczenia z ostateczną rzeczywistością dobrowolnie wszystkiego „zapominają" i „zaczynają od początku" – postanowiły przenieść się na inne miejsce na Kosmicznym Kole, a niektóre z nich zdecydowały się znów być „młodymi" duszami. Lecz wszystkie one wchodzą w skład „pierwszego rzutu", ponieważ wszystkie powstają (powstały, powstaną) w tej Jedynej Chwili Teraźniejszej.

Zatem ich liczba jest skończona i nieskończona, zmienna i niezmienna, w zależności od tego, jak na to popatrzysz.

Ze względu na tę właściwość ostatecznej rzeczywistości mówi się o Mnie Nieporuszony, Co Wszystko Wprawia w Ruch. Jestem Tym, Co Zawsze się Rusza i Co nie Poruszyło się Nigdy, Zmienia się Zawsze i nie Zmieniło się Nigdy.

W porządku, kapuję. Jeśli o Ciebie idzie, nie ma rzeczy absolutnych.

Oprócz tego, że wszystko jest absolutne.

Chyba że nie jest.

Otóż to. **Dokładnie.** Naprawdę „kapujesz"! Gratulacje.

No cóż, nie będę ukrywał, że chyba zawsze to rozumiałem.

Tak.

Z wyjątkiem chwil, kiedy było inaczej.

Słusznie.

Chyba że nie.

Właśnie.

Znowu robimy z tego kosmiczną szopkę.

Pewne rzeczy trzeba brać na poważnie.

Chyba że nie.

Chyba że nie.

Zatem, co się tyczy dusz...

To brzmi jak niezły tytuł...

Może kiedyś go wykorzystamy.

Żarty sobie stroisz? Już to zrobiliśmy.

Chyba że nie zrobiliśmy.

To prawda.

Chyba że nią nie jest.

Widzisz? Wreszcie zaskoczyłeś. Pamiętasz, jak jest naprawdę i bawisz się tym! „Rozjaśniasz się". To właśnie nazywa się „oświeceniem".

Jasne.

Bardzo. To znaczy, że ci ciemno!

Oto „życie pośród sprzeczności", jak to się nazywa. Wiele razy o tym wspominałeś. Ale co się tyczy dusz, na czym polega różnica między starą duszą a młodą?

Skupisko energii (czyli innymi słowy cząstka Mnie) może siebie uznać za „młode" lub „stare", w zależności od tego, co wybierze po osiągnięciu pełni świadomości.

Wracając na Kosmiczne Koło, pewne dusze postanawiają być starymi, a inne „młodymi".

Bez doświadczenia duszy jako „młodej" nie mogłoby zaistnieć doświadczenie „starej". Dlatego niektóre dusze „na ochotnika" zostają „młodymi", a pozostałe „starymi", tak aby Jedyna Dusza, która jest Wszystkim, Co Naprawdę Jest, mogła poznać siebie całkowicie.

Podobnie pewne dusze zgodziły się przyjąć miano „złych", a inne „dobrych", dokładnie z tego samego powodu. Dlatego żadnej z dusz nigdy nie spotyka kara. Albowiem jakże Jedyna Dusza miałaby karać Cząstkę Siebie za to, że stanowi ona wycinek Całości?

Wszystko to pięknie wytłumaczone jest w książeczce dla dzieci „Mała duszyczka i słońce", która wykłada to w tak prosty sposób, zrozumiały dla dzieci.

Potrafisz tak wymownie przedstawiać, tak jasno wyrażać strasznie zawiłe pojęcia, że nawet dziecko może to pojąć.

Dziękuję.

Mam dla Ciebie kolejne pytanie dotyczące dusz. Czy istnieją tak zwane „bratnie dusze"?

Istnieją, ale nie w znaczeniu, jakie nadajecie temu pojęciu.

Na czym polega różnica?

Nadaliście romantyczną otoczkę temu pojęciu, tak że „bratnia dusza" znaczy tyle co „twoja druga połowa". W rzeczywistości dusza ludzka – ta część Mnie, która się „upostaciowuje" – mocno przerasta wasze wyobrażenia.

Innymi słowy, to, co nazywamy duszą, jest większe, niż sądzimy.

Dużo większe. Nie jest odpowiednikiem powietrza w jednym pokoju, lecz w całym domu. A dom składa się z wielu pomieszczeń. „Dusza" nie ogranicza się do pojedynczej tożsamości. Nie jest „powietrzem" w jadalni. Podobnie nie „dzieli się" na pół, na dwóch osobników zwanych przez was bratnimi duszami. Nie jest nawet zestawieniem „powietrza" jadalni i salonu. To „powietrze" **całego budynku.**

A liczne są budowle w Moim królestwie. I choć to samo powietrze wionie wokół i wewnątrz każdego domu, atmosfera jednego z nich może wydać się bliższa.

Zrozum więc – istnieje tylko Jedna Dusza. Lecz to, co nazywacie upostaciowaną duszą jest ogromne, przenikające i ogarniające setki form fizycznych.

Jednocześnie?

I tak, i nie. Pewne formy fizyczne objęte przez twoją duszę w twoim rozumieniu „żyją teraz". Inne wykształcone przez nie formy są obecnie, jakbyś to określił, „martwe". Jeszcze inne zaś przebywają w tak zwanej „przyszłości". Oczywiście, wszystko to dzieje się naraz, a wasz wynalazek zwany czasem spełnia rolę narzędzia przynoszącego poczucie spełnionego doświadczenia.

Czyli te setki ciał fizycznych „objętych" przez moją duszę – nawiasem mówiąc, użyłeś ciekawego na to określenia – stanowią moje „bramie dusze"?

To jest bardziej zgodne z faktycznym stanem rzeczy, tak.

I niektóre z moich bratnich dusz żyły przede mną?

Tak. W twoich kategoriach, tak.

Zaraz! Chyba na coś „wpadłem"! Czy te części mnie, które żyły „wcześniej", odpowiadają moim „przeszłym żywotom"?

Brawo! Chwytasz to w lot! Zgadza się. Niektóre z nich to twoje „inne wcielenia", w których żyłeś „przedtem". Inne nie. Jeszcze inne „członki" twej duszy z kolei obejmują ciała, które będę żywe w „przyszłości". A jeszcze inne wcielone są w różne formy żyjące na tej planecie teraz.

Kiedy natkniesz się na jedną z nich, od razu możesz odczuć pokrewieństwo z nią. Czasem nawet przyjdzie ci na myśl, że musieliście się znać w „przeszłym życiu". I będziesz miał rację. Spędziliście razem „przeszłe życie". Albo **w tej samej postaci fizycznej,** albo jako dwie postaci w tym samym kontinuum czasoprzestrzennym.

To fantastyczne! To wszystko tłumaczy!

Owszem.

Oprócz jednego.

Mianowicie?

Jak rozumieć to, że ja po prostu ***wiem,*** *iż spotkałem się z kimś w „poprzednim wcieleniu" – po prostu* ***wiem,*** *czuję to w* ***kościach*** *– lecz kiedy wspominam o tym tej osobie, ona nic takiego w ogóle nie odczuwa. Jak to wyjaśnić?*

To wynika z pomieszania „przeszłości" z „przyszłością".

Czyli?

Spędziłeś z nią wspólnie inne życie – tylko że nie **przeszłe.**

W takim razie „przyszłe"?

Właśnie. Wszystko odbywa się w Wiecznej Chwili Teraźniejszości, ty zaś masz świadomość tego, co w pewnym sensie **jeszcze się nie zdarzyło.**

To dlaczego oni nie „pamiętają" tej przyszłości?

Wibracje takie są nader subtelne, niektórzy są bardziej na nie podatni. Poza tym występują różnice indywidualne. Możesz być bardziej „wrażliwy" na „przeszłe" lub „przyszłe" doświadczenie z jedną osobą aniżeli z inną.

Zazwyczaj oznacza to, że łączy was czas spędzony w tym **samym** ciele jako część waszej ogromnej duszy, podczas gdy jest wrażenie, że „już się kiedyś spotkaliście", ale nie tak silne, być może dzieliliście wspólny „czas", ale nie ciało. Mogliście być (lub dopiero będziecie) mężem i żoną, bratem i siostrą, rodzicem i dzieckiem czy parą kochanków.

To mocne więzi i nic dziwnego, że dają o sobie znać, gdy „spotkacie się ponownie" po raz „pierwszy" w „tym" życiu.

Jeśli to, co mówisz, jest prawdą, rzucałoby to światło na pewne zjawisko, którego do tej pory nijak nie potrafiłem rozwikłać. Chodzi o przypadki osób twierdzących w „tym" życiu, że pamiętają, jak byli Joanną d'Arc. Czy Mozartem. Czy jeszcze innym sławnym człowiekiem z „przeszłości". Zawsze sądziłem, że dowodzi to błędności doktryny reinkarnacji. Jak bowiem kilku ludzi może twierdzić, że byli przedtem jedną i tą samą osobą? Ale teraz widzę, że to możliwe! Kilka istot rozumnych objętych obecnie przez jedną wspólną duszę „pamięta" tę część duszy, która była (jest ***teraz****) Joanną d'Arc.*

Wielkie nieba, w ten sposób znikają wszelkie ograniczenia i wszystko staje się możliwe. Odtąd będę wiedział, że jeśli uznam cokolwiek za „niemożliwe", dam jedynie świadectwo swej nieznajomości ogromu rzeczy.

Słuszne słowa. Warto je zapamiętać.

A skoro możemy mieć więcej niż jedną „bratnią duszę", tłumaczy to, dlaczego doznajemy tak intensywnego poczucia „powinowactwa dusz" z kilkoma osobami w ciągu życia – a nawet ***z kilkoma osobami jednocześnie!***

W rzeczy samej.

Czyli ***można*** *kochać więcej niż jedną osobę naraz?*

Oczywiście.

Ale ja mam na myśli namiętne uczucie, jakie zazwyczaj rezerwujemy dla jednej wybranej osoby lub przynajmniej dla jednej osoby ***w danym czasie!***

Dlaczego miałbyś „rezerwować" miłość? Po co miałbyś trzymać ją „w rezerwie"?

Ponieważ to nie w porządku kochać „w taki sposób" więcej niż jedną osobę. To zdrada.

Kto ci to powiedział?

Wszyscy. *Wszyscy tak mówią. Moi rodzice tak mnie nauczyli. Moja religia. Mówi tak moje społeczeństwo. Wszyscy tak mówią!*

Oto obciążające dziedzictwo przekazywane z ojca na syna.

Twoje doświadczenie przekonuje cię o jednym – że nie ma radośniejszej rzeczy niż kochanie **kogoś całym sercem.** Mimo to rodzice, wychowawcy, księża wpajają wam co innego – że wolno „w ten sposób" kochać tylko jedną osobę. I nie chodzi tu tylko o seks. Jeśli pod jakimś względem jakaś osoba będzie dla ciebie kimś tak specjalnym jak druga, często masz poczucie, jakbyś sprzeniewierzył się tej drugiej.

Właśnie! Otóż to! Tak to jest urządzone!

W takim razie nie wyrażacie prawdziwej miłości tylko jej imitację.

Do jakiego stopnia można wyrażać prawdziwą miłość w ramach ludzkiego doświadczenia? Jakie ograniczenia mamy – czy wręcz musimy, jak twierdzą niektórzy – nałożyć na jej przejawianie? Gdyby znieść wszelkie bariery dla społecznej i seksualnej energii, do czego by to doprowadziło? Czy całkowite społeczne i seksualne wyzwolenie równa się wyrzeczeniu wszelkiej odpowiedzialności czy też jej wyniesieniu na sam szczyt?

Każda próba tłumienia naturalnych przejawów miłości stanowi zaprzeczenie doświadczenia wolności, a przez to i samej duszy. Gdyż dusza to wolność uosobiona. Bóg jest wolnością, z definicji, albowiem Bóg to bezmiar, to bezkres. A dusza to Bóg w miniaturze. Dlatego buntuje się przeciwko narzucaniu jej ograniczeń i umiera wciąż na nowo, gdy wtłacza się ją w ciasne ramy z zewnątrz.

W tym znaczeniu narodziny są jak śmierć, a śmierć jak narodziny. Albowiem przychodząc na ten świat dusza przyjmuje jarzmo ciała, a gdy z niego odchodzi, zrzuca cielesne okowy. To samo dzieje się podczas snu.

Z powrotem na wolność dusza się wyrywa – i raduje się wyrażaniem i doświadczaniem swej prawdziwej natury.

Lecz czy może przejawiać swą prawdziwą naturę będąc w ciele?

O to pytasz – i trafiasz zarazem w samo sedno celu i powodu istnienia życia. Gdyż jeśli życie w ciele to nic innego jak uwięzienie w ciasnych ramach, jaki z niego pożytek, czemu służy?

Tak. Przypuszczam, że o to mi chodzi. Pytam tu w imieniu wszystkich istot, które odczuły brzemię ludzkiego doświadczenia. I mam na myśli ograniczenia nie wyłącznie natury fizycznej –

– wiem –

– ale także uczuciowe i psychologiczne.

Rozumiem. Ale wszystko to sprowadza się do jednego szerszego zagadnienia.

W porządku. Ale pozwól mi dokończyć. Całe życie doskwierało mi to, że nie wolno mi było kochać każdego dokładnie w taki sposób, jaki chciałem.

Kiedy byłem mały, nie można było wdawać się w rozmowę z nieznajomymi, nieodpowiednio się zachowywać. Pamiętam, jak szedłem kiedyś z ojcem i spotkaliśmy biedaka, który żebrał na ulicy o parę groszy. Mnie od razu zrobiło się żal człowieka i sięgnąłem do kieszeni po drobne. Ojciec powstrzymał mnie i przeprowadził za rękę obok niego. „Hołota", powiedział, „po prostu hołota". Tak mój ojciec nazywał tych, którzy nie potrafili sprostać jego kryteriom wartościowania ludzi.

Z późniejszego okresu przypominam sobie, jak mojego starszego brata, który nie mieszkał już z nami, nie wpuszczono do domu w Wigilię z powodu wcześniejszej kłótni z ojcem. Kochałem mego brata i chciałem, aby spędził ten wieczór z nami, lecz ojciec zawrócił go na ganku. Matka była przybita (to był jej syn z poprzedniego małżeństwa), a ja zupełnie zbity z tropu. Dlaczego mieliśmy nie kochać, nie chcieć pod naszym dachem w wigilijny wieczór mego brata z powodu kłótni?

Jaki spór mógł być tak poważny, że popsuł ten jedyny w roku wieczór, kiedy to nawet wojny zawieszano na 24 godziny? Odpowiedzi na te pytania domagało się moje siedmioletnie serduszko.

Gdy podrosłem, spostrzegłem, że nie tylko złość hamuje miłość, ale również strach. Dlatego nie wolno nam rozmawiać z nieznajomymi – nie tylko jako bezbronnym dzieciom. Jako dorosłym też. Nauczyłem się, iż nie wypada otwarcie i ochoczo nawiązywać znajomości i że trzeba przestrzegać pewnej etykiety wobec osób, które dopiero co nam przedstawiono – i jedno, i drugie wydawało mi się bez sensu. Ja chciałem od razu ***wiedzieć*** *wszystko o nowo poznanej osobie i podobnie chciałem, aby wiedziała wszystko o* ***mnie!*** *Ale nie. Reguły nakazywały czekać.*

A kiedy już w dorosłym życiu doszła do tego jeszcze erotyka, dowiedziałem się, że panują tu jeszcze surowsze obostrzenia. ***I wciąż to dla mnie niepojęte!***

Czuję, że po prostu chcę kochać i być kochany – i chcę wyrażać moją miłość w sposób, jaki uznam za stosowny. Lecz społeczeństwo narzuca mi swoje rygory – tak sztywne, ***że nawet jeśli druga osoba, która jest w to zaangażowana,*** *wyrazi zgodę, a społeczeństwo powie „nie", kochankowie w odczuciu społecznym „zbłądzili" i są zgubieni.*

Skąd się to wzięło? Co to wszystko oznacza?

Cóż, sam powiedziałeś. Strach. To wszystko sprawia strach.

Zgoda, ale czy te obawy nie są uzasadnione? Czy te zakazy i ograniczenia nie są słuszne, zważywszy na postępki naszej rasy? Na przykład facet poznał młodszą „babkę", zapałał do niej miłością (lub „żądzą") i rzucił żonę. I oto żona zostaje z dzieciakami „na karku", bez zawodowych kwalifikacji, w wieku 39 albo 43 lat – lub, co gorsza, 64, porzucona przez 68-letniego „dziadygę", który zakochał się w dziewczynie młodszej od jego wnuczki.

Czy przypuszczasz, że opisany przez ciebie mężczyzna przestał kochać swą 64-letnią żonę?

Cóż, na to wskazuje jego zachowanie.

Nie. To nie od żony ucieka, lecz od jarzma, w jakie czuje się wtłoczony.

Bzdura. Tu chodzi o zwykłą żądzę. Stary baran próbuje przeżyć drugą młodość, chce związać się z młodszą kobietą, nie może poskromić dziecinnych zachcianek i dotrzymać obietnicy złożonej partnerce, która wytrzymała z nim tyle lat mordęgi.

Oczywiście. Trafiłeś w dziesiątką. Ale to w niczym nie zmienia tego, co powiedziałem. Właściwie w żadnym przypadku nie zdarza się, aby mężczyzna przestał kochać żonę. Bunt wywołują w nim ograniczenia, jakie nakłada mu żona albo kochanka, która grozi, że zerwie z nim, jeśli nie rozstanie się z żoną.

Chodzi Mi o to, że dusza **zawsze** będzie przeciwstawiać się zakazom i nakazom. Wszelkiego rodzaju. To właśnie jest podłożem **każdej** rewolucji, jaka wybucha w świecie – nie tylko tej domowej, która każe mężowi odejść od żony, i odwrotnie (co zresztą również się zdarza).

Nie nawołujesz tu chyba do całkowitego zniesienia wszelkiego rodzaju norm postępowania! To wywołałoby anarchię, chaos społeczny. Nie pochwalasz chyba „romansów na boku" – albo, nie daj Boże, ***otwartego małżeństwa?***

Ja nie pochwalam ani nie ganię **niczego.** Nie jestem ani „za", ani „przeciw" w jakiejkolwiek sprawie.

To ludzkość usiłuje zrobić ze Mnie Boga, który nakazuje i zabrania, a Ja taki nie jestem.

Zauważam tylko, jak jest. Przyglądam się, jak **wy** budujecie wasze **własne** systemy wartości, dobra i zła, za i przeciw. Patrzę, czy wasze obecne idee służę wam, zważywszy na to, dokąd zmierzacie i czego pragniecie jako gatunek oraz jako jednostki.

Jeśli chodzi o „małżeństwo otwarte", nie jestem ani „za", ani „przeciw" niemu. Czy je popierasz czy negujesz, zależy od twego postanowienia, co chcesz osiągnąć w małżeństwie i przez małżeństwo. Twój wybór decyduje o tym, Kim Jesteś, w odniesieniu do doświadczenia zwanego przez was „małżeństwem". Albowiem, jak już mówiłem: Każdy czyn to samookreślenie.

Podejmując decyzję, upewnij się, że stanowi odpowiedź na właściwe pytanie. W związku z „otwartym małżeństwem" pytanie nie brzmi: „Czy zawrzemy układ małżeński, który dopuszcza swobodne pozamałżeńskie kontakty seksualne?" Pytanie, „Kim Jestem – Kim Jesteśmy My – w odniesieniu do doświadczenia zwanego małżeństwem?"

Odpowiedź na nie znaleźć można w odpowiedzi na najważniejsze pytanie życia: Kim Jestem – **kropka** – w odniesieniu do wszystkiego, w stosunku do wszystkiego; Kim Jestem i Kim Postanawiam Być?

Jak podkreślałem raz po raz w trakcie tego dialogu, odpowiedź na to pytanie zawiera odpowiedź na **każde** pytanie.

Boże, to frustrujące. Odpowiedź na to pytanie jest tak szeroka i tak ogólna, że niczego nie rozstrzyga.

Czyżby? W takim razie jak ty odpowiesz na to pytanie?

Zgodnie z tym, o czym tu rozprawiamy – w myśl tego, co chcesz tu przekazać – jestem „miłością". Oto Kim Jestem W Istocie.

Znakomicie. Nauka nie poszła w las! Słusznie. Jesteś miłością. Miłość to wszystko, co istnieje. Więc ty jesteś miłością, Ja jestem miłością; nie ma nic, co **nie** jest miłością.

A strach?

Strach jest tym, czym nie jesteś. To tylko pozorna rzeczywistość. Strach jest przeciwieństwem miłości, które powołaliście do istnienia, aby móc na drodze doświadczenia poznać swą prawdziwą istotę.

W waszym świecie względności prawdą jest to: W braku tego, czym nie jesteście, to, czym jesteście... być **nie** może.

Tak, przerabialiśmy to już w naszym dialogu. Ale wygląda to tak, jakbyś unikał ustosunkowania się wprost do mojego zarzutu. Chodziło mi o to, że odpowiedź na pytanie, Kim Jesteśmy (czyli miłością) jest tak szeroka, iż przestaje być odpowiedzią – nie rozstrzyga niczego. Ty twierdzisz, że to stanowi odpowiedź na ***każde*** *pytanie, ja twierdzę, że na* ***żadne*** *– a tym bardziej na tak konkretne pytanie jak: „Czy powinno się zawierać 'otwarte' małżeństwo?"*

Jeśli tak to odbierasz, to dlatego, że nie wiesz, co to miłość.

A kto wie? Ludzkość próbuje to ustalić od zarania czasu.

Który nie istnieje.

Który nie istnieje, zgoda. To taki zwrot.

Zobaczę, czy uda Mi się, z pomocą „zwrotów" waszego języka, wyjaśnić, czym jest miłość.

Byłoby świetnie.

Pierwsze słowo, z jakim się kojarzy miłość, to nieograniczona. Miłość jest nieograniczona.

Cóż, taki był nasz punkt wyjścia. Kręcimy się w kółko.

Koła są dobre. Nie czepiaj się ich. Zataczaj koła, krąż wokół pytania. Krążenie, nawracanie, powtarzanie jest wskazane.

Czasami tracę cierpliwość.

Czasami? Jesteś zabawny.

Dobrze, dobrze, mów dalej.

Miłość jest nieograniczona. Bez początku i kresu. Bez przedtem i potem. Miłość zawsze była, zawsze jest i zawsze będzie.

Zatem miłość jest też zawsze. To rzeczywistość, która jest zawsze.

Teraz posłużę się słowem, jakiego użyłem wcześniej – wolność. Albowiem jeśli miłość jest nieograniczona i zawsze, wówczas miłość jest... wolna. Miłość jest całkowicie wolna.

Jeśli chodzi o rzeczywistość ludzkiego doświadczenia, to zauważa się powszechne dążenie do kochania i bycia kochanym. Tęsknotę za miłością, która jest nieograniczona. I za wolnością, aby móc swobodnie ją wyrażać.

W każdym doświadczeniu będziesz poszukiwał wolności, nieograniczoności i wieczności. Nie zawsze to otrzymasz, ale zawsze będziesz tego wypatrywał. Będziesz tego wypatrywał, ponieważ tym właśnie jest miłość. W głębi duszy to **wiesz,** bo **jesteś** miłością, a przez wyrażanie miłości pragniesz poznać swą prawdziwą istotę i doświadczyć jej.

Jesteś życiem wyrażającym życie, miłością wyrażającą miłość, Bogiem wyrażającym Boga.

Wszystkie te słowa są wobec tego równoznaczne. Przyjmij je za jedno:

Bóg
Życie
Miłość
Nieograniczone
Wieczne
Wolne

Jeśli coś nie jest **jednym** z nich, nie jest **żadnym** z nich. Ty zaś jesteś tym wszystkim i prędzej czy później zapragniesz **doświadczyć** siebie jako **wszystkich tych rzeczy.**

Co to znaczy „prędzej czy później"?

Zależy, kiedy uporasz się ze swym strachem. Jak powiedziałem, strach to tylko pozorna rzeczywistość. To, czym nie jesteś.

Zapragniesz doświadczyć Tego, Czym Jesteś, kiedy sprzykrzy ci się doświadczanie tego, czym nie jesteś.

A kto chciałby doświadczać strachu?

Nikt, ale tak was nauczono.

Dziecko nie odczuwa lęku. Myśli, że może wszystko. Ani też nie doświadcza ograniczeń. Myśli, że może kochać każdego. Ani też nie doznaje braku życia. Myśli, że będzie żyć wiecznie – podobnie osoby zachowujące się jak dzieci nie spodziewają się żadnych zagrożeń. Ani też dziecko nie zna niegodziwości – dopóki nie dowie się o niej od dorosłych.

Tak więc dzieci hasają golusieńkie i ściskają każdego, nie przejmując się tym w ogóle. Gdyby tak dorośli mogli się na to zdobyć.

No, cóż, dzieciom dodaje uroku niewinność. Dla dorosłych powrót do stanu takiej niewinności jest niemożliwy, ponieważ kiedy „się obnażą", w grę wchodzi seks.

Tak, oczywiście. I broń, Boże, przed niewinnym, swobodnym doświadczaniem seksu.

Właściwie Bóg tego ***zabronił.*** *Adamowi i Ewie nic do szczęścia nie brakowało, gdy hasali golusieńcy po Rajskim Ogrodzie, dopóki Ewa nie spożyła owocu z zakazanego drzewa – Wiadomości Dobra i Zła.*

Wtedy to skazałeś nas na obecne bytowanie, gdyż wszyscy obciążeni jesteśmy grzechem pierworodnym.

Nic takiego nie zrobiłem.

Wiem, ale musiałem przytrzeć nosa formalnej religii.

Na przyszłość postaraj się powstrzymać.

Słusznie. Religijni formaliści raczej nie mają poczucia humoru.

I znowu to.

Przepraszam.

Jak **mówiłem...** rodzaj ludzki dąży do zaznania miłości, która jest nieograniczona, wieczna i wolna. Próbą uwiecznienia miłości jest wasza instytucja małżeństwa. W ramach niej zgadzacie się zostać ze sobą na całe życie. Ale nie sprzyja ona miłości, która jest „nieograniczona" i „wolna".

Dlaczego? Jeśli żenimy się z wolnego wyboru, czy nie jest to przejawem wolności? A deklaracja, że z nikim innym prócz małżonka nie będzie się obcowało intymnie, to nie ograniczenie, lecz wybór. A wybór to nic innego jak ***użytek, jaki robimy z wolności.***

Tak długo jak pozostaje wyborem, owszem.

Musi *pozostać. Taką złożyliśmy* ***obietnicę.***

Tak – i w tym właśnie sęk.

Pomóż mi zrozumieć.

Posłuchaj, może przyjść czas, że zechcesz doświadczyć czegoś naprawdę szczególnego w związku z drugą osobą. I nie chodzi o to, czy jest ona kimś wyjątkowym, ale niepowtarzalny **sposób,** w jaki zamierzasz okazać miłość, jaką żywisz do wszystkich ludzi – i do samego życia – jest możliwy tylko z tą właśnie osobą.

W istocie sposób, w jaki wyrażasz swą miłość do każdej z osób, które kochasz, jest wyjątkowy. Nikogo nie kochasz tak samo. Ponieważ jesteś istotą twórczą, cokolwiek tworzysz, jest niepowtarzalne. Twoje myśli, słowa, czyny powielać się po prostu nie mogą. Nie potrafisz powielać, potrafisz tworzyć.

Wiesz, dlaczego nie ma dwóch takich samych płatków śniegu? Ponieważ to jest **niemożliwe.** „Tworzenie" to nie „powielanie", a Stwórca może jedynie tworzyć.

Dlatego nie ma dwóch takich samych płatków śniegu, ludzi, myśli, związków – **żadnych** dwóch takich samych rzeczy.

Wszechświat – i wszystko, co się w nim znajduje – jest jedyne i **niepodobne do niczego innego.**

Oto po raz kolejny Boska Dychotomia. Wszystko jest niepowtarzalne, mimo to wszystko jest Jednym.

Właśnie. Każdy palec u twej ręki jest inny, ale to ta sama ręka. Powietrze w twoim domu nie jest różne od powietrza gdzie indziej, lecz powietrze w poszczególnych pokojach **nie** jest takie same, czuje się wyraźną różnicę.

Podobnie jest z ludźmi. Wszyscy są Jednym, lecz nie ma dwóch takich samych ludzi. Nie można więc kochać dwóch osób w taki sam sposób, nawet gdyby się chciało – ale tego nigdy byś nie próbował, ponieważ **miłość to jedyna i niepowtarzalna reakcja na to, co jedyne i niepowtarzalne.**

Toteż kiedy okazujesz swą miłość jednej osobie, robisz to w sposób wyjątkowy, niemożliwy do powielenia wobec drugiej. Twoje myśli, słowa i czyny – twoje reakcje – są jedyne w swym rodzaju... tak jak osoba, do której są skierowane.

Jeśli zapragnąłeś okazać miłość w ten szczególny sposób wyłącznie jednej osobie, wybierz to, ogłoś. Lecz niech twoje oświadczenie będzie nieustannie ponawianą deklaracją **wolności,** a nie wiążącym **zobowiązaniem.** Prawdziwa miłość zawsze jest wolna, nie do pogodzenia z obowiązkiem.

Jeśli zaś swą decyzję postrzegasz jako **świętą obietnicę,** której nie wolno złamać, może przyjść czas, że doświadczysz tej obietnicy jako zobowiązania – i będzie ci ona ciążyć. Lecz jeśli widzieć w niej będziesz nie jednorazowe przyrzeczenie, lecz wolny wybór, dokonywany wciąż na nowo, nigdy nie będzie dla ciebie uciążliwa.

Pamiętaj: Jedna tylko jest **święta obietnica** – abyś **głosił swoją prawdę i nią żył.** Wszystkie inne stanowią zaprzepaszczenie wolności, a to nie ma nic wspólnego ze świętością. Albowiem wolność jest twoją prawdziwą istotą. Gdy zaprzepaszczasz wolność, zaprzepaszczasz swą Jaźń. A to nie sakrament, to bluźnierstwo.

13

Mocne słowa! Twierdzisz więc, że nigdy nie powinniśmy składać obietnic – że nie powinniśmy niczego nikomu przyrzekać?

Patrząc na to, jakie życie wiedzie większość z was, w każdej obietnicy skrywa się kłamstwo. Skąd bowiem możecie dziś wiedzieć, jakie będą wasze uczucia i co będziecie chcieli zrobić w dowolnej chwili w przyszłości? Tego wiedzieć nie możecie, gdyż prowadzicie życie reaktywne. Tylko wtedy gdy staniecie się istotami prawdziwie kreatywnymi, możecie składać obietnice wolne od kłamstwa.

Istoty twórcze wiedzą, co będą czuły wobec danej rzeczy w dowolnej chwili w przyszłości, ponieważ istoty twórcze **stwarzają** swoje uczucia, kształtują je, a nie po prostu przeżywają.

Dopóki nie potrafisz **stworzyć** swej przyszłości, dopóty nie możesz jej **przewidzieć.** Dopóki nie potrafisz **przewidzieć** swej przyszłości, dopóty nie możesz prawdziwie nic obiecać.

Ale nawet ten, kto zarówno tworzy, jak i przewiduje swą przyszłość, ma władzę – i prawo – aby ją zmienić. Zmiana jest niezbywalnym prawem wszelkich stworzeń. Nawet więcej niż „prawem", ponieważ „prawo" jest **nadane.** „Zmiana" jest tym, co Jest.

Zmiana jest.

Ty jesteś zmianą.

Nie można ci tego **nadać.** Ty **jesteś** tym.

Zatem skoro jesteś „zmianą" – skoro zmiana to w tobie **jedyna stała rzecz** – nie możesz obiecać, że **zawsze będziesz taki sam,** bo skłamiesz.

Chcesz powiedzieć, że we wszechświecie nie ma nic stałego? Że w całym stworzeniu nic nie pozostaje niezmienne?

Proces zwany życiem polega na stwarzaniu na nowo. Wszystko, co składa się na życie, ciągle stwarza się na nowo w każdej chwili teraźniejszości. Wyklucza to identyczność, jeśli coś jest identyczne, to wcale się nie zmieniło. Lecz chociaż identyczność jest niemożliwa, podobieństwo nie. Podobieństwo uzyskuje się dzięki procesowi przemiany przynoszącemu wynik zbieżny z poprzednim.

Gdy twórczość osiąga wysoki stopień podobieństwa, mówicie, że to identyczność. I z waszego niedoskonałego punktu widzenia tak to się przedstawia.

Dlatego w ludzkiej percepcji wszechświat wydaje się w dużej mierze stały. To znaczy rzeczy wyglądają na jednakowe, tak jak czyny i **reakcje.** Postrzegacie tu spójność.

To dobrze, ponieważ dzięki temu zyskujecie system odniesienia, w ramach którego możecie doświadczać istnienia w świecie fizykalnym i je rozważać.

Ale Ja powiadam ci: W perspektywie całości życia – zarówno fizykalnego jak niefizykalnego – pozory stałości znikają. Rzeczy doświadczane są takimi, jakimi są **naprawdę:** stale ulegającymi przemianie.

Wynika stąd, że zmiany czasami są tak subtelne, tak drobne, iż z naszego punktu widzenia rzeczy ***wydają się*** *takie* *same – niekiedy dokładnie takie same – podczas gdy w istocie nie są.*

W istocie.

Nie ma czegoś takiego jak „identyczne bliźniaki".

Otóż to. Świetnie to ująłeś.

Mimo to ***potrafimy*** *stworzyć się na nowo w postaci dostatecznie zbliżonej, aby powstał* ***efekt*** *stałości.*

Tak.

I możemy tego dokonywać w obrębie naszych związków, jeśli chodzi o nasze postępowanie i o to, za kogo się uważamy.

Owszem – chociaż większości przychodzi to niezwykle trudno.

Ponieważ stałość stanowi pogwałcenie naturalnego prawa i trzeba wielkiego mistrza, aby stworzyć nawet pozory identyczności.

Mistrz przezwycięża naturalną skłonność do zmiany po to, aby uchodzić za takiego samego. W rzeczywistości nie może on występować w takiej samej postaci. Potrafi jednak wystąpić w postaci na tyle **zbliżonej,** aby powstało wrażenie identyczności.

Ale ludzie, którym daleko do mistrzostwa, ciągle są tacy sami. Znam osoby, które są tak przewidywalne, że można postawić na nie swoje życie.

Ale **celowe** takie działanie wymaga wiele wysiłku.

Mistrz to ten, kto osiąga wysoki stopień podobieństwa („spójności") w sposób **zamierzony.** Ucznia poznać po tym, że spójność, jaką przejawia, niekoniecznie jest zamierzona.

Ktoś, kto zawsze reaguje tak samo w określonych okolicznościach, często mówi: „Nie mogłem nic na to poradzić".

Tego mistrz nie powie nigdy.

Nawet gdy czyjaś reakcja przynosi wynik godny podziwu – coś, za co otrzymują pochwałę – słyszy się często w odpowiedzi: „To nic takiego. Działałem odruchowo. Każdy by tak postąpił".

Tak również nie zachowałby się mistrz.

Mistrz to ten, kto – całkiem dosłownie – **wie, co robi.**

Wie także **dlaczego.**

Dla ludzi, którzy nie wznieśli się na ten poziom, zagadką jest często i jedno, i drugie.

Dlatego tak trudno jest dotrzymać obietnicy?

Między innymi, jak mówiłem, dopóki nie potrafisz przewidzieć swojej przyszłości, dopóty nie możesz niczego prawdziwie przyrzekać.

Drugim powodem, dla którego trudno ludziom dotrzymać danego słowa jest to, że popadają przez to w konflikt ze swą autentycznością.

Co masz na myśli?

Chodzi mi o to, że ich prawda podlega ewolucji i różni się od tego, co jak przysięgali, na zawsze pozostanie ich prawdą. Prawda ta może dotyczyć różnych zjawisk. Powstaje więc głęboki konflikt. Czemu mam być wierny – mojej prawdzie czy mojej przysiędze?

Twoja rada?

Dawałem wam ją już wcześniej:

Zdradzenie samego siebie po to, aby nie zdradzić drugiego, to mimo wszystko zdrada. To zdrada najwyższego rzędu.

Ale to spowodowałoby powszechne łamanie obietnic! Przestałoby się w ogóle liczyć słowo dane w ***jakiejkolwiek*** *sprawie. Nie można byłoby na nikim polegać!*

Zatem liczyłeś na innych – że dotrzymają danego **słowa,** tak? Nic dziwnego, że wciąż byłeś taki nieszczęśliwy.

Kto mówi, że byłem nieszczęśliwy?

Chcesz powiedzieć, że tak przedstawia się i zachowuje ktoś, kto jest **szczęśliwy?**

W porządku, zgoda. Bywałem nieszczęśliwy. Nieraz.

Wiele razy. Nawet kiedy miałeś wszelkie podstawy ku temu, aby być szczęśliwy, ty się unieszczęśliwiałeś. Zamartwiałeś się tym, czy uda ci się **zachować** szczęście.

A martwiłeś się dlatego, że „zachowanie szczęścia" zależało w dużej mierze od dotrzymania obietnic przez innych.

Chcesz powiedzieć, że nie mam prawa oczekiwać albo chociaż mieć nadziei na to, że inni dotrzymają swego słowa?

Dlaczego chciałbyś mieć takie prawo?

Jeśli ktoś nie chce wywiązać się z obietnicy, to dlatego, że nie chce – albo uważa, że nie może, co na jedno wychodzi.

A jeśli ktoś nie chce lub uważa, że z jakiegoś powodu nie może dotrzymać słowa, dlaczego chciałbyś, aby to zrobił?

Czy naprawdę zależy ci na tym, aby ktoś dotrzymał umowy, której nie chce dotrzymać? Czy naprawdę sądzisz, że powinno się zmuszać ludzi do robienia czegoś, czego, ich zdaniem zrobić nie mogą?

Dlaczego chciałbyś zmuszać kogoś, aby robił coś wbrew swojej woli?

Może taki powód wystarczy: ponieważ puszczenie im tego płazem uderzyłoby we mnie – lub moją rodzinę.

Czyli aby uniknąć uderzenia, wolisz sam uderzyć.

Nie rozumiem, w jaki sposób może ktoś ucierpieć, gdy prosi się go po prostu o dotrzymanie słowa?

Niemniej **on sam** musi widzieć w tym uszczerbek dla siebie, bo inaczej z chęcią wywiązałby się z obietnicy.

*Więc to **ja** powinienem doznać uszczerbku lub moje dzieci i rodzina, zamiast narażać na „cierpienie" kogoś, kto dał swoje słowo, przez żądanie, aby go dotrzymał?*

Czy naprawdę uważasz, że jeśli wymusisz na kimś, aby wywiązał się z obietnicy, nie doznasz uszczerbku?

Powiadam ci: Więcej szkody wyrządzają drugim osoby zadręczające się skrycie (to znaczy postępujecie tak, jak w swym mniemaniu „muszą" postępować), aniżeli ci, którzy swobodnie oddają się temu, co chcą robić.

Kiedy dajesz komuś wolną rękę, dusisz zagrożenie w zarodku, nie podsycasz go.

Owszem, może wyglądać tak, że zwolnienie kogoś z obietnicy czy zobowiązania na krótką metę przynosi ci szkodę, ale nigdy nie zaszkodzi ci w dłuższej perspektywie, albowiem kiedy dajesz komuś wolność, dajesz wolność również sobie. I w ten sposób uwalniasz się od cierpień, ataków na własną godność i poczucie własnej wartości, które nieuchronnie muszą nastąpić, gdy zmuszasz kogoś do dotrzymania obietnicy, której dotrzymać nie chce.

Czy ma to również odniesienie do biznesu? Czy można w taki sposób prowadzić interesy?

To jedyny **rozsądny** sposób na ich prowadzenie.

Problem z całym waszym społeczeństwem polega na tym, że opiera się ono na sile „mocy prawa" oraz, zbyt często niestety, na „sile pięści", czyli jak to nazywacie, „siłach zbrojnych".

Nie opanowaliście jeszcze sztuki perswazji.

Ale jak można wpłynąć na drugą stronę, aby dotrzymała warunków umowy, jeśli nie drogą sądową, „mocą prawa"?

Zważywszy na etykę, obowiązującą obecnie w waszym społeczeństwie, może nie być innego sposobu. Lecz gdy etyka społeczna się zmieni, sposób, w jaki teraz zapobiegacie odstępowaniu od umowy, wyda się prymitywny.

Mógłbyś to wytłumaczyć?

Obecnie wasza gwarancja, że umowa będzie przestrzegana, jest siłą. Lecz ze zmianą etyki społecznej, kiedy uwzględnicie to, że wszyscy stanowicie Jedno, nigdy nie uciekniecie się do przemocy, ponieważ to zaszkodziłoby wam samym. Nie bije się lewej ręki prawa.

Nawet jeśli lewa ręka dusi cię za gardło?

Do czegoś takiego również by nie doszło. Skończyłoby się samookaleczanie, odgryzanie sobie nosa na złość cioci. Łamanie umów. Rzecz jasna, same umowy wyglądałyby zupełnie inaczej.

Przekazywanie wartości przestałoby się odbywać tylko i wyłącznie pod warunkiem otrzymania czegoś nie mniej wartościowego w zamian – jak to ma miejsce obecnie. Dzielenie się z innymi przestałoby się odbywać tylko i wyłącznie dla godziwego zysku.

Dawałbyś i dzielił się odruchowo, dlatego zawierano by i łamano znacznie mniej umów, ponieważ umowa dotyczy **wymiany** dóbr i usług, twoje życie zaś polegałoby na dawaniu dóbr i świadczeniu usług, **niezależnie** od tego, czy wymiana dojdzie, czy nie dojdzie do skutku.

Lecz to właśnie w takim jednostronnym dawaniu musicie upatrywać zbawienia dla siebie, bo w ten sposób odkryjecie to, czego doświadczył Bóg: to, co dajesz drugiemu, dajesz samemu sobie. Co od ciebie wychodzi, trafia z powrotem do ciebie.

Wszystko, co płynie od Ciebie, do Ciebie powraca.

Z nawiązką. Nie trzeba się więc martwić tym, co dostanie się w zamian. Trzeba tylko myśleć o tym, co dać z siebie. W życiu chodzi o najwyższej jakości dawanie, a nie dostawanie.

Ten zwrot pociągnie za sobą gruntowne przewartościowanie pojęcia „sukcesu". Obecnie miarą „sukcesu" w waszej kulturze jest to, ile „dostajesz", ile zgromadzisz zaszczytów, pieniędzy, władzy i majątku. W Nowej Kulturze twój „sukces" będzie mierzyć się tym, ile dzięki tobie zdołają zgromadzić **inni.**

Ironia polega na tym, że im więcej dzięki tobie zgromadzą inni, tym więcej nabędziesz ty sam, bez żadnego wysiłku. Bez „kontraktów", „targów", „negocjacji", procesów, sądów czy innych form nacisku służących do wyegzekwowania od was, abyście dawali sobie nawzajem to, co „obiecaliście".

W gospodarce przyszłości nie będzie się działać dla własnego zysku, lecz dla własnego rozwoju, który będzie stanowić twój zysk. Lecz przypadnie ci też w udziale „zysk" liczony w kategoriach materialnych w miarę, jak będziesz stawał się coraz okazalszą, świetniejszą wersją siebie, Jakim Jesteś W Istocie.

Posługiwanie się siłą w celu uzyskania od kogoś czegoś, co „obiecał", wyda się wtedy wam rzeczą niesłychanie prymitywną. Jeśli ktoś nie dotrzyma słowa, pozwolicie mu pójść swoją drogą, dokonywać własnych wyborów i kształtować swoje doświadczenie siebie. I nie będzie ci brakowało tego, czego od nich nie otrzymałeś, gdyż będziesz wiedzieć, że „jest tego więcej tam, skąd to się wzięło" – i że to nie on jest tego źródłem, lecz **ty.**

Rozumiem. Ale chyba trochę odbiegliśmy od tematu. Punktem wyjścia do tej dyskusji było moje pytanie o miłość – czy ludzie kiedykolwiek pozwolą sobie na wyrażanie jej bez ograniczeń. Z tego wyniknęła kwestia małżeństwa otwartego. Potem nagle odbiegliśmy od tematu.

Niezupełnie. Wszystko, o czym teraz była mowa, jest jak najbardziej na miejscu. I ładnie wiąże się z twym pytaniem o społeczeństwo oświecone czy też wyżej rozwinięte. Ponieważ w oświeconym społeczeństwie nie występuje ani „małżeństwo", ani „biznes", ani żaden inny sztuczny twór wymyślony dla scalenia społeczeństwa.

Tak, racja, zaraz do tego przejdziemy. Chcę jednak doprowadzić tę dyskusję do końca. Kilka twoich spostrzeżeń mnie zaintrygowało. Jak ja to widzę, chodzi o to, że istoty ludzkie nie mogą dotrzymywać obietnic, zatem nie powinny ich składać. To podważa właściwie samą instytucję małżeństwa.

Podoba Mi się słowo „instytucja" w tym kontekście. Tak doświadcza tego większość ludzi żyjących w małżeństwie.

Albo jeszcze lepiej „zakład" karny lub dla umysłowo chorych czy przynajmniej naukowy!

Właśnie. Dokładnie. To właśnie jest doświadczeniem ogółu ludzi.

Żarty żartami, ale chyba nie ogółu ludzi. Miliony ludzi kochają instytucję małżeństwa i chcą ją zachować.

Obstaję przy tym, co powiedziałem. Dla większości ludzi małżeństwo to ciężka przeprawa, nie odpowiada im to, jak ono na nich wpływa.

Dowodzi tego rosnąca liczba rozwodów na świecie.

Czyli twierdzisz, że małżeństwo należy odstawić do lamusa?

Nie mam preferencji, jeśli o to chodzi, tylko –

– wiem, wiem, dzielisz się spostrzeżeniami.

Brawo! Usiłujesz zrobić ze Mnie Boga, który ma swoje upodobania, a tak nie jest. Cieszę się, że próbujesz z tym skończyć.

Cóż, w ten sposób załatwiliśmy nie tylko małżeństwo, ale i religię!

To prawda, że religie straciłyby rację bytu, gdyby ludzkość zrozumiała, że Bóg nie ma upodobań, ponieważ religia uchodzi za wierne **odbicie** Boskich preferencji.

A jeśli nie masz swoich upodobań, to religia musi byś kłamstwem.

Kłamstwo to za ostre słowo. Nazwałbym ją fikcją. Waszym wymysłem.

Tak jak wymyśliliśmy sobie, że Bóg woli, kiedy zawieramy związek małżeński?

Zgadza się. Nie preferuję małżeństwa. Zauważam jednak, że wy tak.

Dlaczego? *Dlaczego wolimy się żenić czy wychodzić za mąż, skoro wiemy, że to takie trudne wyzwanie?*

Ponieważ nie potrafiliście w inny sposób zagwarantować swojemu doświadczeniu miłości stałości czy „wieczności".

Tylko w ten sposób kobieta mogła zapewnić sobie opiekę i przetrwanie; tylko w ten sposób mężczyzna mógł zapewnić sobie seks „na żądanie" i stałe towarzystwo.

Stworzono więc normę społeczną. Zawarto umowę. Ja dam ci to, a ty mi tamto. Przypominało to transakcję handlową. Ponieważ obu stronom zależało na tym, aby umowa miała „moc wiążącą", postanowiono, że jest to „święty związek" zawarty przed Bogiem – i kto go zerwie, poniesie karę.

Później, gdy to nie spełniło swego zadania, z pomocą praw ustanowionych przez ludzi próbowano wymóc na obu stronach, aby przestrzegały umowy.

Ale nawet to nie pomogło.

Ani tak zwane prawa Boskie, ani prawa stanowione nie powstrzymują ludzi przed łamaniem ślubów małżeńskich.

Jak to możliwe?

Ponieważ śluby małżeńskie w takiej postaci, jaką im nadaliście, są sprzeczne z jedynym prawem, jakie się liczy.

Mianowicie?

Prawem naturalnym.

Ale w naturze rzeczy, życia, leży wyrażanie Jedności. Czy nie taki wniosek płynie z tych wszystkich rozważań? A małżeństwo jest najpiękniejszym tego ludzkim przejawem. Sam wiesz – „Co Bóg złączył, niech żaden człowiek nie rozłącza", i tak dalej.

Małżeństwo w waszym wydaniu nie należy do szczególnie powabnych rzeczy. Stanowi bowiem pogwałcenie dwóch z trzech podstawowych prawd ludzkiej natury.

Możemy to powtórzyć? Chyba wreszcie zaczyna mi się to układać w spójną całość.

Dobra. No to jazda.

Jesteście miłością, Tym Jesteście W Istocie.

Miłość jest nieograniczona, wieczna i wolna.

Zatem tacy właśnie jesteście. To stanowi waszą naturę. Jesteście nieograniczeni, wieczni i wolni, z natury.

Co się zaś tyczy wszelkich sztucznych społecznych, moralnych, religijnych, filozoficznych, ekonomicznych czy politycznych ram godzących w waszą naturę, to naruszają one samą Jaźń – a przeciw temu zawsze będziecie się buntować.

Co dało początek twej ojczyźnie? Czy nie było to hasło „Wolność lub śmierć"?

Ale wy zaprzedaliście tę wolność w swym kraju, tak jak zaprzedaliście wolność w swoim życiu. W zamian za tę samą rzecz. Bezpieczeństwo.

Tak się obawiacie **żyć** – tak się obawiacie **samego życia** – że wyrzekliście się **swej prawdziwej istoty** na rzecz bezpieczeństwa. Instytucja zwana przez was małżeństwem to wasza próba zapewnienia sobie bezpieczeństwa, tak jak instytucja zwana przez was rządem – to jedno i to samo w dwóch postaciach, sztuczny twór społeczny, który ma na celu **narzucanie określonych zachowań.**

Wielkie nieba, nigdy tak o tym nie myślałem. Zawsze uważałem małżeństwo za najwyższy dowód miłości.

W twym własnym wyobrażeniu, owszem, ale nie w takiej formie, jaką mu nadaliście. W takiej formie, jaką mu nadaliście, stanowi najwyższy dowód **lęku.**

Gdyby małżeństwo pozwalało wam kochać w sposób nieograniczony, wieczny i swobodny, **wówczas** stanowiłoby najwyższy dowód miłości.

Jednak zważywszy na to, jak się rzeczy mają, bierzecie ślub po to, aby zniżyć swoją miłość do poziomu **obietnicy** czy **gwarancji.**

Małżeństwo ma być rękojmią, że tak, „jak jest", będzie zawsze. Gdyby nie zależało wam na takiej gwarancji, małżeństwo nie byłoby wam potrzebne. A do czego służy wam ta rękojmia? Po pierwsze, do zapewnienia sobie poczucia bezpieczeństwa (zamiast oprzeć je na tym, co płynie z waszego wnętrza), a po drugie, gdy to bezpieczeństwo nie jest zapewniane stale i na bieżąco, wykorzystujecie ja jako narzędzie kary. Albowiem odstąpienie od przysięgi małżeńskiej może stanowić podstawę postępowania sądowego.

Toteż małżeństwo okazało się nader przydatne, mimo że z niewłaściwych względów.

Przez małżeństwo usiłujecie też zastrzec sobie, że uczucia, jakie żywicie do siebie nawzajem, nigdy nie zostaną przeniesione na osoby trzecie. Albo przynajmniej **wyrażone** w taki sam sposób.

Czyli przez seks.

Czyli przez seks.

Wreszcie, małżeństwo w takiej postaci, jaką mu nadaliście, stanowi deklarację: „Ten związek jest szczególny. Przedkładam go ponad wszystkie pozostałe".

Co w tym złego?

Nic. To nie jest kwestia „dobra" lub „zła". Chodzi o to, co wam służy. Co od nowa tworzy was na kolejny wyższy obraz i podobieństwo Waszej Prawdziwej Istoty.

Jeśli jesteś istotą, która oświadcza: „Ten jeden związek – ten właśnie, a nie inny – jest mi droższy od pozostałych", wtedy wasza forma małżeństwa doskonale spełnia swoje zadanie. Ciekawe jednak, że prawie nikt, kto jest uznany za duchowego mistrza, nie jest lub nie był żonaty lub zamężny.

No, tak, bo duchowi mistrzowie żyją w celibacie. Nie uprawiają seksu.

Nie. To dlatego, że mistrzowie nie mogą z czystym sumieniem złożyć oświadczenia, którego wymaga od nich wasza obecna postać małżeństwa: że jedna osoba jest im droższa od pozostałych.

Takie oświadczenie mistrzowi nie przystoi, **nie przystoi również Bogu**.

Prawda jest taka, że wasze małżeńskie śluby każą wam wypowiadać słowa przysięgi nie mającej z Bogiem nic wspólnego. Lecz jak na ironię uznajecie ją zarazem za najświętszą z obietnic, a Bóg takiej obietnicy nie złożyłby nigdy.

Po to, aby usprawiedliwić swoje obawy, wymyśliliście Boga, **który postępuje dokładnie tak jak wy.** To dlatego powołujecie się na „obietnicę" Boga, daną „wybranemu ludowi", oraz na umowy między Bogiem a tymi, których On kocha w sposób szczególny.

Nie możecie pogodzić się z tym, że Bóg nie kocha nikogo bardziej od pozostałych. Tworzycie więc fikcję o Bogu, który darzy miłością pewnych ludzi z pewnych względów. I nadajecie im miano Religii. Dla mnie są one bluźnierstwem. Albowiem fałszem jest każda myśl, że przedkładam kogoś nad innych – a obrządek, który nakazuje **tobie** złożyć takie samo oświadczenie, nie sakramentem jest, lecz świętokradztwem.

O, Boże, przestań. ***Przestań!*** *Zabijasz we mnie wszelkie dobre myśli na temat małżeństwa! To nie może płynąć od Boga. Bóg nigdy by tak się nie wypowiadał o religii i małżeństwie!*

Religia i małżeństwo **w takiej postaci, jaką im nadaliście** – o tym jest tutaj mowa. Wydaje ci się to zbyt ostre? Powiadam ci: Wypaczyliście Słowo Boga, aby usprawiedliwić swoje lęki i uzasadnić obłęd, jaki panuje w waszych wzajemnych stosunkach.

Przypiszecie Bogu każde słowa, byle tylko móc dalej ograniczać siebie nawzajem, ranić, a nawet **zabijać** w imię Moje.

O, tak, od stuleci głosicie Moje imię, wymachujecie Moim sztandarem i zasłaniacie krzyżem na bitewnych polach, wszystko to na dowód, że Ja przedkładam jeden lud nad inne i domagam się, abyście **dali tego świadectwo zabijając.**

Lecz Ja oświadczam: Moja miłość jest bezkresna i bezwarunkowa.

Lecz tej jednej rzeczy nie możecie przyjąć do wiadomości, tej jednej prawdy nie możecie ścierpieć, albowiem jej wszechogarniający charakter burzy nie tylko instytucję małżeństwa (w waszym wydaniu), ale także każdą z waszych religii oraz instytucji rządu.

Wy bowiem utworzyliście kulturę opartą na idei wyłączności, osadzoną w kulturowym micie Boga, który wyklucza.

Lecz Boża kultura zasadza się na idei włączania. Miłość Boża ogarnia każdego. Do Królestwa Bożego zaproszeni są **wszyscy.**

I tę prawdę **wy** zwiecie bluźnierstwem.

Musicie. Ponieważ jeśli to prawda, to przekreśla wszystko, co stworzyliście. Wszelkie ludzkie zwyczaje i wszelkie ludzkie wytwory obarczone są skazą w takiej mierze, w jakiej zaprzeczają temu, co nieograniczone, wieczne i wolne.

Jeśli nie ma rzeczy „dobrych" czy „złych", czy można w ogóle mówić o „obarczeniu skazą"?

Coś jest wadliwe o tyle, o ile nie spełnia zadania, do jakiego zostało przeznaczone. Jeśli drzwi się nie otwierają i nie zamykają, nie powiemy, że są „złe". Po prostu mają usterkę, bo nie służą swemu celowi.

Wadliwe jest wszystko, co ustanawiacie w społeczeństwie, a co nie spełnia swojego zadania w waszym dziele stawania się ludźmi. To bubel.

Gwoli przypomnienia, stawanie się człowiekiem na czym polega?

Na wybieraniu i ogłaszaniu, tworzeniu i wyrażaniu, doświadczaniu i spełnianiu Waszej Prawdziwej Istoty.

Na tworzeniu siebie na nowo w każdej chwili, w coraz wspanialszej wersji najświetniejszej wizji, w jakiej kiedykolwiek ujrzałeś Swoją Prawdziwą Istotę.

Taki jest cel stawania się człowiekiem i całego życia.

Na czym, w takim razie, stoimy? Rozbiliśmy w puch religię, obaliliśmy małżeństwo, pogrążyliśmy rząd. Co nam pozostaje?

Przede wszystkim niczego nie rozbiliśmy, nie pogrążyliśmy ani nie obaliliśmy. Jeśli jakiś twór nie działa, nie przynosi takich efektów, jakich się spodziewaliście, nazwanie rzeczy po imieniu nie oznacza jego rozbicia, obalenia czy pogrążenia.

Pamiętaj o różnicy między osądem a obserwacją.

Cóż, nie będę się z Tobą tu spierał, ale wiele z tego, co tu padło, brzmiało jak osąd.

Tkwimy obaj w pułapce słów. Jest ich w gruncie rzeczy niewiele, dlatego musimy posługiwać się wciąż tymi samymi słowami, nawet jeśli nie oddają tego samego znaczenia czy tej samej myśli.

Mówisz, że „kochasz" bananowy koktajl, ale z pewnością masz na myśli coś innego niż, kiedy mówisz, że kochasz kogoś. Masz więc bardzo mało słów na wyrażenie tego, co czujesz.

Porozumiewając się z tobą w ten sposób – za pośrednictwem słów – przystałem na ograniczenia, jakie to ze sobą niesie. I przyznaję, że ponieważ podobnym językiem posługujecie się **wy, kiedy ferujecie wyroki,** można by dojść do wniosku, że **Ja również** dokonuję osądu, kiedy go używam.

Lecz zapewniam cię, że tak nie jest. Od początku tego dialogu staram się po prostu wytłumaczyć wam, jak dotrzeć tam, dokąd jak twierdzicie, chcecie się dostać – i opisać jak najdobitniej, co wam przeszkadza, co was wstrzymuje.

Jeśli chodzi o religię, powiadacie, że waszym celem jest prawdziwie znać Boga i Go kochać. Ja zaś zauważam tylko, że wasze religie wam w tym nie pomagają.

Wasze religie zrobiły z Boga Wielką Niewiadomą, zaszczepiły wam nie miłość Bożą, lecz bojaźń.

Religia nie wpływa też w większym stopniu na wasze postępowanie. Nadal się zabijacie, potępiacie, odmawiacie innym racji. I w gruncie rzeczy to **wasze religie** zachęcają was do tego.

Zatem co do religii, Ja tylko stwierdzam, że wasze cele rozmijają się z tym, dokąd was ona prowadzi.

Powiadacie, że **małżeństwo** ma was ponieść do krainy wiecznej błogości albo przynajmniej zapewnić w rozsądnych granicach spokój, bezpieczeństwo i szczęście. Lecz tak jak w przypadku religii, wasz wynalazek zwany małżeństwem sprawdza się na początku, jako nowe doświadczenie. I tak jak z religią, im dłużej w nim pozostajecie, tym bardziej wiedzie ciebie tam, dokąd nie chcesz iść.

Blisko połowa ludzi zawierających związek małżeński zrywa go i rozwodzi się, a i wśród tych, którzy się nie rozwodzą, wielu jest głęboko nieszczęśliwych. Wasza „wyśniona unia" przynosi gorycz, żal, złość. Czasem wręcz tragedię – i nie są to przypadki odosobnione.

Powiadacie, że **rząd** ma dbać o pokój, wolność i stabilność. Ja zauważam, że tak jak go obmyśliliście, nie wywiązuje się ze swych zadań. Wręcz przeciwnie, prowadzi was raczej do wojny, postępującej **utraty** wolności i zaburzeń oraz przemocy.

Nie zdołaliście rozwiązać podstawowego problemu, jakim jest zwykłe nakarmienie ludzi i zadbanie o ich zdrowie, nie mówiąc już o takim wyzwaniu jak stworzenie im równych możliwości.

Setki ludzi umiera co dzień z głodu na planecie, gdzie tysiące wyrzuca co dzień dość jedzenia, aby wykarmić narody.

Nie potraficie uporać się z prostym zadaniem przekazania wygłodniałym resztek po obżartuchach, a co dopiero mówić o rozstrzygnięciu kwestii bardziej sprawiedliwego rozdziału dóbr i zasobów.

To **nie osądy.** To rzeczy dające się zaobserwować w waszym społeczeństwie.

*Dlaczego? Dlaczego **tak** się dzieje? Dlaczego tak nikły postęp poczyniliśmy w zarządzaniu swoimi sprawami przez ostatnie lata?*

Lata? Prędzej **wieki.**

Dobrze, przez ostatnie wieki.

Wiąże się to z Pierwotnym Mitem waszej kultury, z którego siłą rzeczy wywodzą się wszelkie pozostałe. Dopóki nie zmienią się one, nie zmieni się nic. Gdyż mity waszej kultury kształtują waszą etykę, a etyka wasze postępowanie. Lecz problem w tym, że wasz kulturowy mit kłóci się z waszym podstawowym instynktem.

Co masz na myśli?

Pierwotny Mit waszej kultury głosi, że istoty ludzkie są z natury złe. O tym mówi mit o grzechu pierworodnym. Zło nie tylko jest właściwe człowiekowi, ale również **wrodzone.**

Z tego mitu wywodzi się siłą rzeczy drugi – o przetrwaniu „najlepiej przystosowanych".

Mit ten dzieli ludzi na silnych i słabych; aby przeżyć, musisz okazać się silny. Zrobisz, co w twojej mocy, aby pomóc bliźnim, ale gdy w grę wejdzie twoje własne przetrwanie, przede wszystkim będziesz miał na względzie swoją osobę. Pozwolisz nawet, aby ginęli inni. Co więcej, posuniesz się jeszcze dalej. Jeśli uznasz, że aby zapewnić przetrwanie sobie i swoim bliskim, musisz zabić, zgładzisz „słabych", przez co zaliczysz siebie do „najlepiej przystosowanych".

Niektórzy powiadają, że to wasz **podstawowy instynkt,** tak zwany „instynkt samozachowawczy". Ten właśnie mit w dużym stopniu ukształtował waszą etykę i zachowania społeczne.

Lecz waszym „podstawowym instynktem" **nie** jest przetrwanie, lecz raczej jedność, miłość, godziwość. Cechuje on wszystkie istoty rozumne. Zapisany jest w waszej pamięci komórkowej. Stanowi waszą **wrodzoną naturę.** Tak upada pierwotny mit waszej kultury. **Nie** jesteście z natury źli, **nie** przychodzicie na świat skażeni „grzechem pierworodnym".

Gdyby waszym podstawowym instynktem był „instynkt samozachowawczy", gdybyście byli z natury „źli", nie ratowalibyście **instynktownie** dziecka przed upadkiem, dorosłego przed utonięciem, w ogóle nikogo przed niczym. Lecz kiedy działacie instynktownie i do głosu dochodzi wasza podstawowa natura, tak właśnie postępujecie, **nawet z narażeniem własnego życia.**

Zatem „samozachowanie" nie może być waszym „podstawowym" instynktem, tak jak z pewnością nie jesteście z natury „źli". Wasze odruchy, wasza natura stanowią odzwierciedlenie waszej prawdziwej istoty, którą jest jedność, miłość i godziwość.

Ze względu na społeczne konsekwencje tego poglądu warto podkreślić różnice między „godziwością" a „równością". Dążenie do **równości,** wyrównywanie, nie jest podstawowym instynktem rozumnych istot, wręcz odwrotnie.

Podstawowym instynktem wszelkich form żyjących jest wyrażanie swej wyjątkowości, nie jednakowości. Budowanie społeczeństwa, w którym dwie istoty byłyby sobie naprawdę równe, jest nie tylko niemożliwe, ale i niewskazane. Mechanizmy mające na celu zaprowadzenie ekonomicznej, politycznej i społecznej „jednakowości" nie sprzyjają, a przeciwdziałają najświetniejszej idei i najszczytniejszemu celowi – które polegają na zapewnieniu każdej istocie możliwości i warunków do urzeczywistniania jej największego pragnienia i stworzenia siebie naprawdę na nowo.

Do tego potrzeba równych **szans,** nie równości **faktycznej.** W tym właśnie zawiera się **godziwość.** Równość **faktyczna,** będąca wynikiem działania zewnętrznych sił i praw, nie tylko nie prowadzi do godziwości, ale ją **wyklucza.** Przekreśla możliwość prawdziwego stworzenia siebie na nowo, co stanowi najwyższy cel wszystkich oświeconych istot.

A gdzie mogłyby zaistnieć równe szanse dla każdego? W takim układzie, w którym podstawowe potrzeby każdej jednostki związane z przeżyciem byłyby zaspokajane, co uwolniłoby ją od konieczności zabiegania o własne przetrwanie i umożliwiło swobodne oddawanie się własnemu rozwojowi i tworzeniu. Innymi słowy, w układzie, który naśladowałby pierwotny układ zwany życiem, gdzie **przetrwanie jest zapewnione.**

Ponieważ w społeczeństwie **oświeconym** problem przetrwania nie występuje, nigdy nie dopuszczonoby tam do tego, aby którykolwiek z jego członków cierpiał niedostatek czegokolwiek, gdyby wystarczało tego dla wszystkich. Tam własna korzyść i dobro ogółu są ze sobą tożsame.

Takiego poziomu pojmowania nie mogłoby osiągnąć żadne społeczeństwo oparte na micie „wrodzonego zła" czy „przetrwania najlepiej przystosowanych".

Tak, rozumiem to. Zagadnienie „mitu kulturowego" chciałbym jeszcze gruntownie rozważyć, jak również zachowanie i etykę cywilizacji wyżej rozwiniętych. Teraz jednak pozwolę sobie powrócić do pytania, od którego wyszliśmy.

Rozmowa z Tobą schodzi na tak interesujące tematy, że czasem gubię pierwotny wątek. Lecz tym razem nie. Omawialiśmy kwestię małżeństwa. Omawialiśmy miłość i wymagania, jakie ze sobą pociąga.

Miłość nie stawia żadnych wymagań. Dlatego właśnie jest miłością.

Jeśli twoja miłość do drugiego niesie ze sobą wymagania, to wówczas wcale nie jest miłością, lecz jej imitacją.

To staram się tutaj tobie przekazać, na różne sposoby.

Na przykład w ramach małżeństwa ślubujecie sobie nawzajem pewne rzeczy, czego miłość nigdy by się nie domagała. Ale wy się ich domagacie, ponieważ nie wiecie, co to miłość. Dlatego każecie sobie nawzajem przysiąc to, **o co miłość nigdy by nie prosiła.**

A jednak ***jesteś*** *przeciwny małżeństwu!*

Nie jestem „przeciwny" niczemu. Opisuję tylko to, co dostrzegam.

Wy zaś możecie **zmienić** ten obraz. Możecie przekształcić instytucję społeczną zwaną „małżeństwem" tak, aby nie żądała od was tego, o co Miłość nie prosiłaby nigdy, ale raczej ogłaszała to, **co jedynie miłość mogłaby ogłosić.**

Innymi słowy, zmieńcie małżeńską przysięgę.

Więcej. Zmieńcie **oczekiwania,** jakie leżą u podstaw tej przysięgi. To nie przyjdzie łatwo, ponieważ te oczekiwania stanowią wasze kulturowe dziedzictwo. Ono zaś wynika z mitów waszej kultury.

Widzę, że dręczy Cię ta kwestia kulturowych mitów.

Staram się tylko odpowiednio was ukierunkować. Widzę, dokąd chcecie zajść jako społeczeństwo, i próbuję dobrać słowa i określenia, które mogą was naprowadzić na tę drogę.

Czy mogę posłużyć się przykładem?

Proszę.

Panuje w waszej kulturze mit na temat miłości, który mówi, że polega ona bardziej na dawaniu niż otrzymywaniu. Stało się to wręcz ugruntowanym kulturowo nakazem. Mimo to doprowadza was do obłędu i wyrządza większe szkody, niż jesteście w stanie sobie wyobrazić.

Popycha ludzi do zawierania niefortunnych małżeństw i trwania w nich, zaburza wszelkiego rodzaju związki, mimo to nikt – ani rodzice, u których szukacie rady, ani duchowni, do których zwracacie się po inspirację, ani psychiatrzy i psychologowie, od których spodziewanie się uzyskania jasności, ani nawet pisarze i artyści, którzy mają wam intelektualnie przewodzić – nie ośmielą się podważyć tego rozpowszechnionego mitu.

Tak więc pisze się piosenki, opowiada historie, kręci filmy, udziela porad, zanosi modlitwy i wychowuje w duchu, który uwiecznia Mit. **Nie pozostaje wam nic innego jak sprostać mu.**

A wy nie możecie.

Lecz problem tkwi nie w was, lecz w Micie.

Miłość nie polega na dawaniu raczej niż otrzymywaniu?

Nie.

Naprawdę?

Nie polega. I nigdy nie polegała.

Ale sam przed chwilą stwierdziłeś, że „miłość nie stawia wymagań". Powiedziałeś, że ***dlatego właśnie jest miłością.***

I tak jest.

Cóż, na mój rozum, to niemal równoznaczne z „dawaniem raczej niż otrzymywaniem"!

W takim razie powinieneś raz jeszcze przeczytać rozdział 8 księgi pierwszej. Wszystko, o czym tu wspominam, tam jest dokładnie wyjaśnione. Poszczególne części należy czytać po kolei i rozpatrywać jako całość.

Wiem. Ale przez wzgląd na tych, którzy sięgnęli po te słowa bez uprzedniego zapoznania się z księgą pierwszą, czy mógłbyś wyjaśnić, co masz na myśli? Szczerze mówiąc, nawet przyda mi się powtórka, a sądziłem, że to rozumiem!

No, dobrze. Niech ci będzie.

Cokolwiek robisz, robisz dla siebie.

Jest to prawda, ponieważ ty i wszyscy pozostali stanowicie Jedno.

Zatem cokolwiek czynisz drugiemu, czynisz sobie. Czego odmówisz drugiemu, sobie samemu odmówisz. Co jest dobre dla drugiego, dobre jest dla ciebie. Co jest złe dla drugiego, złe jest dla ciebie.

Tak przedstawia się podstawowa prawda. Lecz tę prawdę zarazem najczęściej ignorujecie.

Kiedy pozostajesz z kimś w związku, ten związek ma tylko jeden cel. Służy do postanawiania i ogłaszania, tworzenia i wyrażania, doświadczania i spełniania twego najwyższego wyobrażenia o tym, Kim Jesteś W Istocie.

Jeśli W Istocie Jesteś osobą życzliwą i troskliwą, ciepłą i szczodrą, kochającą i współczującą – wówczas kiedy jesteś taki wobec innych, zapewniasz sobie, swojej Jaźni najwspanialsze doświadczenie, z myślą o którym przyjąłeś ciało.

Po to właśnie przyjąłeś ciało. Ponieważ tylko w obrębie fizykalnego świata względności mogłeś siebie takim poznać. W świecie absolutu, z którego się wywodzisz, niemożliwe jest to doświadczenie poznania.

Wszystko to wyłożyłem znacznie bardziej szczegółowo w księdze pierwszej.

Jeśli zaś W Istocie Jesteś kimś, kto nie kocha siebie, swojej Jaźni, i pozwala, aby Ją szargano, krzywdzono, niszczono, wówczas będziesz ponawiał zachowania, które przynoszą takie doświadczenie.

Lecz jeżeli naprawdę jesteś osobą życzliwą i troskliwą, ciepłą i szczodrą, kochającą i współczującą, zaliczysz siebie samego, swoją Jaźń do grona tych, wobec których taki jesteś.

W gruncie rzeczy od siebie **zaczniesz. Postawisz siebie na pierwszym miejscu.**

Wszystko zależy od tego, czym starasz się być. Jeśli, dajmy na to, pragniesz być Jednym z innymi (to znaczy dążysz do tego, aby **doświadczyć** koncepcji, o której już wiesz, że jest prawdą), będziesz zachowywał się w określony sposób – taki, który pozwoli ci zaznać Jedności i ją objawić. A gdy w następstwie tego będziesz robił pewne rzeczy, nie odczujesz, że robisz coś dla **kogoś innego,** lecz raczej **dla siebie samego.**

Podobnie, jeśli pragniesz być miłością, będziesz czynił rzeczy nacechowane miłością. **Z** innymi, nie **dla** innych.

Zauważ różnicę. Wychwyć niuans. Będziesz oddawał się miłującym czynom **z innymi, dla siebie** – tak abyś mógł urzeczywistnić najwyższą ideę swojej Jaźni i prawdziwej istoty.

W tym sensie niemożliwe staje się zrobienie **czegokolwiek** dla drugiego, ponieważ każdy akt woli będzie pokazem, występem. Ty sam tworzysz swoją rolę i ją odgrywasz. Tylko że nie **udajesz.** Utożsamiasz się bez reszty z graną przez siebie postacią.

Jesteś istotą ludzką. Lecz ty ustalasz, jaki jesteś.

Szekspir napisał: „Cały świat jest sceną, aktorami ludzie".

A także: „Być albo nie być, oto jest pytanie".

I powiedział **też:** „Sobie wiernym bądź, a stanie się, jak po nocy dzień, iż drugiemu się nie sprzeniewierzysz".

Kiedy jesteś wierny swej Jaźni, kiedy jej **nie zdradzasz,** wtedy to, co wygląda jak „dawanie", będzie w rzeczywistości „otrzymywaniem".

Nie można tak naprawdę „dawać" innym z tego prostego powodu, że nie ma „innych". Jeśli wszyscy jesteśmy Jednym, to nie ma nikogo innego niż Ty.

Można odnieść wrażenie, że to „semantyczna sztuczka", przestawianie słów, aby zmienić ich znaczenie.

To nie sztuczka, to **czary!** I nie chodzi o przestawianie słów, aby zmienić ich znaczenie, lecz o przestawienie percepcji, aby zmienić doświadczenie.

To, jak czegoś doświadczasz, uwarunkowane jest twoim postrzeganiem, a postrzeganie wynika z pojmowania. A twoje pojmowanie kształtowane jest przez wasze mity. Czyli **przez to, co wam wmówiono.**

Lecz Ja powiadam ci: Panujące w waszej kulturze mity się nie sprawdziły. Nie doprowadziły was tam, dokąd, jak twierdzicie, zmierzacie.

Jedno z dwojga: Albo okłamujecie samych siebie co do celu, jaki chcecie osiągnąć, albo nie widzicie, że się do niego nie zbliżacie. Ani jako jednostki, ani jako naród, ani jako rasa.

Czy są inne rasy, które są tego bliskie?

O, tak, bez dwóch zdań.

Już dość się naczekałem. Opowiedz mi o nich.

Już niedługo. Ale najpierw powiem ci, jak możecie przekształcić wasz wynalazek zwany,, małżeństwem" tak, aby bardziej służył waszemu celowi.

Nie pozbywajcie się go, nie przekreślajcie – **zmieńcie.**

Bardzo bym chciał wiedzieć, jak. Chciałbym wiedzieć, czy w ogóle możliwa jest forma, w jakiej ludziom będzie wolno wyrażać prawdziwą miłość. Powrócę więc do pytania wyjściowego: Jakie ograniczenia mamy – czy zdaniem niektórych, musimy – nakładać je na wyrażanie miłości?

Żadne. Żadnych ograniczeń. **I to właśnie powinny uwzględniać wasze śluby małżeńskie.**

To zadziwiające, ponieważ dokładnie to zawierały moje i Nancy śluby!

Wiem.

Kiedy Nancy i ja postanowiliśmy się pobrać, w przypływie natchnienia ułożyłem zupełnie nowy tekst przysięgi małżeńskiej.

Wiem.

Nancy mnie poparła. Zgodziła się, że złożenie tradycyjnych ślubów nie wchodzi w rachubę.

Wiem.

Usiedliśmy więc i opracowaliśmy ***nowe*** *śluby, które „sprzeciwiały się kulturowemu nakazowi", jakbyś to ujął.*

Zgadza się. Byłem z was dumny.

Kiedy pisaliśmy, kiedy przelewaliśmy słowa na papier do odczytania przez pastora, naprawdę uważam, że oboje byliśmy natchnieni.

Oczywiście.

Chcesz powiedzieć?

Myślisz, że przychodzę do ciebie tylko wtedy, kiedy piszesz książki?

Jasny gwint.

A jasny, jasny.

Może byś tak przytoczył te słowa tutaj?

Co proszę?

Śmiało. Masz przecież ten tekst. Wstaw go tutaj.

Nie było naszym zamiarem dzielić się nim z całym światem.

Kiedy przystępowałeś do tego dialogu, nie przypuszczałeś, że choć odrobina jego pójdzie w świat. Śmiało. Wstaw go tutaj.

Nie chcę, żeby ludzie pomyśleli, że się chwalę, że to „Przysięga Małżeńska Najlepsza z Możliwych!"

Nagle przejmujesz się tym, co powiedzą ludzie?

Och, przestań. Wiesz dobrze, o co mi chodzi.

Słuchaj, nikt nie mówi, że to „Przysięga Małżeńska Najlepsza z Możliwych".

Pewnie masz rację.

Po prostu nikt na tej planecie nie wymyślił dotąd lepszej.

Hej!

Żartowałem tylko. Trzeba trochę rozładować atmosferę.
Dalej, wstaw te śluby. Odpowiedzialność biorę na siebie. Ludziom na pewno przypadną do serca. Dadzą im wyobrażenie, o czym tutaj mówimy. A może zachęcisz

innych, aby złożyli takie śluby. Właściwie to nie tyle „śluby", ile obopólne oświadczenia o małżeństwie.

No, dobrze. Oto co Nancy i ja powiedzieliśmy sobie zawierając związek małżeński... pod wpływem „natchnienia", jakiego doznaliśmy:

Kapłanka:

Neale i Nancy przybyli tu dziś wieczór nie po to, aby złożyć uroczystą obietnicę czy połączyć się uświęconym węzłem.

Neale i Nancy przybyli tu dziś, aby ogłosić wszem i wobec swą miłość do siebie nawzajem; obwieścić swoją prawdę; oznajmić o swoim postanowieniu wspólnego życia i wzrastania – pełnym głosem i w waszej obecności, powodowani pragnieniem, abyśmy my wszyscy odczuli bardzo rzeczywiste i intymne podłoże ich postanowienia, i przez to jeszcze bardziej je umocnili.

Przybyli tu ponadto w nadziei, że ten obrządek połączenia pomoże nam **wszystkim** zbliżyć się do siebie. Jeśli jesteście tu obecni wraz z małżonką czy małżonkiem, niech ta ceremonia będzie dla was odświeżeniem – odnowieniem waszego miłosnego związku.

Zadajmy sobie na początek pytanie: Dlaczego brać ślub?

Neale i Nancy sami odpowiedzieli sobie na to pytanie i przekazali mi odpowiedź. Teraz zapytam ich o to raz jeszcze, aby ugruntowało się ich rozumienie i okrzepło oddanie prawdzie, którą dzielą ze sobą.

(Kapłanka podnosi ze stołu dwie czerwone róże...)

Oto Obrządek Róż, podczas którego Nancy i Neale dzielą się swym rozumieniem i upamiętniają to zdarzenie.

Nancy i Neale, oznajmiliście mi, że jesteście głęboko

przekonani, iż powodem zawarcia tego małżeństwa nie jest bezpieczeństwo...

... że jedyne i prawdziwe bezpieczeństwo znaleźć można nie w posiadaniu czy byciu posiadanym, we własności czy byciu własnością...

... nie w żądaniu czy oczekiwaniu, ani nawet w nadziei na to, że ten drugi zapewni ci wszystko, czego twoim zdaniem potrzebujesz w życiu...

... ale w świadomości, że wszystko, czego ci potrzeba... całą miłość, całą mądrość, całą przenikliwość, całą moc, całą wiedzę, całe pojmowanie, całe współczucie i całą siłę... znajdziesz **wewnątrz** siebie...

... i że nie poślubiacie tego drugiego z nadzieją **otrzymania** tych rzeczy, ale z nadzieją **rozdania** tych darów, aby miał on ich jeszcze większą obfitość.

Czy takie jest wasze głębokie przeświadczenie dziś wieczór?

(Odpowiadają, że jest.)

Ponadto, Neale i Nancy, oświadczyliście mi, że nie wstępujecie w ten związek małżeński z zamiarem ograniczania i kontrolowania siebie nawzajem, powstrzymywania przed szczerym wyrażaniem i godnym świętowaniem tego, co w was najwyższe i najlepsze – w tym miłości do Boga, umiłowania życia, umiłowania ludzi, umiłowania twórczości, umiłowania pracy i każdego innego aspektu waszej istoty, który prawdziwie was oddaje i sprawia wam radość. Czy takie jest wasze głębokie postanowienie dziś wieczór?

(Odpowiadają, że jest.)

Wreszcie, Neale i Nancy, powiedzieliście mi, że chcecie być ze sobą nie dlatego, że się do tego **zobowiązaliście,** ale abyście sobie nawzajem zapewniali **możliwości...**

... możliwości rozwoju, wyrażania swej Jaźni, wznoszenia waszego życia na wyżyny swego potencjału, uleczenia fałszywego czy niskiego mniemania o sobie i przez bliskie obcowanie waszych dusz, ponownego zjednoczenia się z Bogiem...

... że to jest prawdziwe święte obcowanie... wspólna podróż przez życie z ukochaną osobą jako równoprawnym partnerem, dzielenie się na równi władzą i obowiązkami, dźwiganie na równi brzemienia i pławienie się na równi w chwale.

Czy ta wizja nadal wam przyświeca?

(Odpowiadają, że tak.)

Wręczam wam teraz te czerwone róże jako znak waszego indywidualnego rozumienia tych ziemskich spraw; że oboje wiecie i zgadzacie się co do tego, jak będzie wyglądało wasze życie cielesne, w obrębie tworu zwanego małżeństwem. Podajcie sobie teraz te róże na znak, że w miłości dzielicie ze sobą tę wiedzę i rozumienie.

Teraz weźcie, proszę, po jednej białej róży. Stanowi ona symbol waszego wyższego pojmowania, waszej duchowej natury i duchowej prawdy. Oznacza czystość waszej Prawdziwej i Najwyższej Jaźni oraz czystość Bożej miłości, która nigdy nie przestaje wam świecić.

(Wręcza Nancy różę z obrączką Neale'a na łodydze, a Neale'owi różę z obrączką Nancy.)

Co będzie symbolem upamiętniającym złożone i otrzymane dziś obietnice?

(Oboje zdejmują obrączki z łodyg i przekazują kapłance, która trzyma je w ręku wypowiadając następujące słowa...)

Okrąg jest symbolem Słońca, Ziemi, wszechświata. Symbolizuje świętość, doskonałość, pokój. Stanowi również symbol wieczności duchowej prawdy, miłości, życia... tego, co nie ma początku i końca. A w tej chwili wspólnym wyborem Neale'a i Nancy jest, aby okrąg symbolizował również jedność, lecz nie posiadanie; połączenie, lecz nie ograniczenie;

otoczenie, lecz nie osaczenie. Albowiem miłości nie da się posiąść ani też ograniczyć. I duszy nigdy nie da się osaczyć.

Weźcie teraz, Neale i Nancy, te obrączki, którymi pragniecie siebie obdarować.

(Przyjmują od siebie obrączki.)

Proszę Neale'a, aby powtarzał za mną:

Ja, Neale... proszę ciebie, Nancy... abyś została mą towarzyszką, kochanką, przyjaciółką i żoną... Wyrażam mój zamiar darzenia ciebie najgłębszą przyjaźnią i miłością... nie tylko w chwilach radości... ale i w chwilach smutku... nie tylko wtedy, kiedy jasno pamiętasz, Kim Jesteś... ale i kiedy zapominasz... nie tylko wtedy, kiedy okazujesz miłość... ale i wtedy, kiedy nie okazujesz jej... Ponadto oświadczam... Bogu oraz zebranym tutaj... iż zawsze będę starał się dostrzegać obecne w tobie Światło Boskości... i zawsze będę starał się dzielić... Światłem Boskości obecnym we mnie... nawet i **szczególnie...** w najczarniejszej godzinie.

Jest moim zamiarem pozostać z tobą na zawsze... w świętym obcowaniu dusz... abyśmy wspólnie mogli tworzyć Boże dzieło... obdarowując tym, co w nas dobre... wszystkich, o których w naszym życiu się ocieramy.

(Kapłanka zwraca się do Nancy.)

Nancy, czy zgadzasz się uczynić zadość prośbie Neale'a i zostać jego żoną?

(Odpowiada, że tak.)

Nancy, powtarzaj teraz za mną:

Ja, Nancy... proszę ciebie, Neale'a... *(Składa taką samą obietnicę.)*

Kapłanka zwraca się do Neale'a.

Neale, czy zgadzasz się uczynić zadość prośbie Nancy i zostać jej mężem?

(Odpowiada, że tak.)

Zatem weźcie te obrączki, które sobie nawzajem założycie, i powtarzajcie za mną: Tą obrączką... zaślubiam ciebie... i biorę od ciebie obrączkę... *(wymieniają obrączki)*... którą nakładam sobie... *(nakładają obrączki)*... jako widoczny dla wszystkich znak... mej miłości do ciebie.

(Na zakończenie kapłanka mówi:)

Jesteśmy w pełni świadomi tego, że tylko oblubieńcy mogą udzielić sobie sakramentu małżeństwa i tylko oni mogą je uświęcić. Ani mój Kościół, ani żadna władza powierzona mi przez państwo, nie upoważniają mnie do ogłoszenia tego, co jedynie dwa serca mogą ogłosić i co dusza jedynie może urzeczywistnić.

Tak więc, jako że **ty,** Nancy, oraz **ty,** Neale, obwieściliście prawdę zapisaną już w waszych sercach i daliście jej świadectwo w obecności zebranych tu waszych przyjaciół oraz Jedynego Żywego Ducha – wypada mi z radością oznajmić, że tym samym uznaliście się za... poślubionych sobie.

Połączmy się w modlitwie.

Duchu Miłości i Życia: oto z całego świata te dwie dusze odnalazły siebie nawzajem. Ich losy będą odtąd splecione w jeden wzór, będą nierozdzielne i w niebezpieczeństwie, i w szczęściu.

Neale i Nancy, niech wasz dom będzie szczęśliwą przystanią dla wszystkich, którzy wstąpią pod jego dach; przybytkiem, w którym starzy i młodzi znajdą nawzajem pociechę w swoim towarzystwie; miejscem, w którym rozbrzmiewać będzie muzyka i radość, miejscem modlitwy i miłości.

Oby piękno i obfitość waszej miłości wzbogacały tych, którzy was otaczają na co dzień; oby wasza praca przyniosła wam radość, a posługę światu, i obyście zaznali długich i pogodnych dni na Ziemi.

Amen.

Jestem taki wzruszony. Poczytuję to sobie za zaszczyt i błogosławieństwo, że znalazłem kogoś, z kim mogłem wypowiedzieć te słowa, szczerze i z przekonaniem. Drogi Boże, dziękuję Ci za to, że zesłałeś mi Nancy.

Ty też jesteś dla niej darem Bożym, wiesz?

Mam nadzieję.

Wierz Mi.

Chciałbyś poznać moje skryte pragnienie?

Zamieniam się w słuch.

*Pragnę, aby wszyscy ludzie mogli złożyć takie Oświadczenia o Małżeństwie. Pragnę, aby je wycięli lub przepisali, i użyli w trakcie **swojej** ceremonii małżeńskiej. Liczba rozwodów spadłaby na łeb, na szyję.*

Niektórym ciężko byłoby wymówić te słowa, a wielu trudno byłoby dochować im wierności.

*Mam nadzieję, że **nam** się uda wytrwać! To znaczy, sęk w tym, że gdy zamieścimy tu te słowa, będziemy musieli wedle nich żyć.*

A nie mieliście zamiaru żyć wedle nich?

Oczywiście, że mieliśmy. Ale jesteśmy ludźmi, jak wszyscy inni. Lecz gdy nam się nie powiedzie, jeśli coś przytrafi się naszemu związkowi czy, nie daj Boże, zechcemy go zakończyć, wszyscy będą rozczarowani.

Bzdura. Zrozumieją, że pozostajecie wierni samym sobie; że dokonaliście nowego wyboru. Zważ na moje słowa z księgi pierwszej: Nie należy mylić długości związku z jakością. Nie jesteś chodzącą ikoną, Nancy też, i nikt nie powinien was wynosić na ołtarze – ty sam również nie powinieneś tam siebie stawiać. Bądź ludzki. Bądź ludzki w pełnym tego słowa znaczeniu. Jeśli później uznacie z Nancy, że chcecie nadać waszemu związkowi inną postać, macie do tego prawo. **Na tym polega przesianie tego dialogu.**

I to właśnie głosiły nasze oświadczenia!

Dokładnie. Cieszę się, że tak to widzisz.

Podobają mi się te oświadczenia. Dobrze, że je tu wstawiliśmy. To wspaniały nowy sposób na rozpoczęcie wspólnego ze sobą życia. Koniec z żądaniem od kobiety, aby „miłowała, szanowała i była posłuszna". To przejaw próżności i pychy ze strony mężczyzn.

Masz rację, oczywiście.

*Jeszcze większym przejawem próżności i pychy było twierdzenie, że taka męska dominacja została **ustanowiona przez Boga**.*

I znów masz rację. Nigdy nie ustanawiałem niczego podobnego.

*Wreszcie mamy słowa ceremonii zaślubin naprawdę płynące od Boga. Słowa, które nie czynią osobistej własności **z ni-***

kogo. *Słowa, które mówią prawdę o miłości. Słowa, które nie nakładają więzów, lecz obiecują wyłącznie wolność! Słowa, którym wierne pozostać może każde serce.*

Znajdą się tacy, którzy wytkną ci, że „każdy może dochować ślubów, które nie stawiają żadnych wymagań". Co ty na to?

Odpowiem im: „Znacznie trudniej jest uwolnić kogoś niż kontrolować. Gdy sprawujesz nad kimś władzę, stawiasz ***na swoim.*** *Gdy zwracasz komuś wolność, spełniasz* **jego** *pragnienie".*

Mądra odpowiedź.

Przyszedł mi do głowy świetny pomysł! Powinniśmy wydać książeczkę z tekstem nowej ceremonii małżeńskiej, ludzie mogliby korzystać z niej w dniu swoich zaślubin.

Książeczka ta zawierałaby również kluczowe spostrzeżenia na temat miłości i związków zebrane z trzech części tego dialogu, jak również specjalne modlitwy i medytacje poświęcone małżeństwu – któremu, jak się okazuje, nie jesteś przeciwny!

Tak się cieszę, ponieważ przez chwilę wyglądało na to, jakbyś był wrogiem małżeństwa.

Jak mógłbym być przeciwnikiem małżeństwa? My **wszyscy** jesteśmy sobie zaślubieni, związani **ze sobą nawzajem** – teraz i na wieki wieków. Jesteśmy Jednym. Łączy nas najwspanialsza ceremonia małżeńska. Nie ma doniosłejszego ślubu niż ten: Będę zawsze cię miłował i dawał wolną rękę we wszystkim. Moja miłość w niczym ciebie nie ograniczaa. Albowiem nieskrępowane stawanie się, Kim Decydujesz się Być, twe największe pragnienie i Mój największy dar.

Czy bierzesz Mnie teraz za swego prawowitego partnera w dziele tworzenia, zaślubionego zgodnie z najwyższymi prawami wszechświata?

Biorę.

A czy Ty bierzesz ***mnie*** *za swego partnera w dziele tworzenia?*

Biorę i zawsze brałem. Teraz i przez całą wieczność stanowimy Jedno. Amen.

14

Te słowa sprawiają, że przepełnia mnie nabożny podziw. Dziękuję Ci za to, że jesteś tu ze mną. Za to, że jesteś tu z nami wszystkimi. Albowiem miliony przeczytały już te dialogi i miliony jeszcze przeczytają. Twoja obecność w naszych sercach jest nieocenionym darem.

Moi kochani, zawsze byłem obecny w waszych sercach. Cieszę się, że wreszcie możecie **Mnie tam poczuć.**

Zawsze jestem z wami. Nigdy was nie zostawiłem. Jestem wami, a wy Mną, i nigdy się nie rozłączymy, przenigdy, bo to nie jest **możliwe.**

Chwileczkę! To mi wygląda na déjà vu. *Czy te słowa nie padły już wcześniej?*

Oczywiście, że tak. Przeczytaj początek rozdziału 12. Tylko teraz mają one o wiele głębsze znaczenie.

Czy nie byłoby fajnie, gdyby déjà vu *było rzeczywiste, gdybyśmy naprawdę doświadczali nieraz czegoś „raz jeszcze", aby lepiej to zrozumieć?*

Jak ty uważasz?

Myślę, że czasami dokładnie to się dzieje.

Chyba że jest inaczej.

Chyba że jest inaczej.

Brawo. Robisz takie postępy, chwytasz takie rzeczy w lot, że aż to niesamowite.

Prawda? *Ale nurtuje mnie pewien poważny problem, który chciałbym z Tobą omówić.*

Tak, wiem. Mów.

Kiedy dusza łączy się z ciałem?

A jak sądzisz?

Kiedy zechce.

Zgadza się.

Ale ludzie oczekują rozstrzygającej odpowiedzi. Chcą wiedzieć, kiedy powstaje życie. W takiej postaci, jaką znają.

Rozumiem.

Co jest znakiem dla duszy? Wyłonienie się ciała, fizyczne narodziny? Czy też samo poczęcie, fizyczne połączenie cząsteczek życia?

Życie nie ma początku, ponieważ nie ma końca. Życie tylko się rozrasta, tworzy nowe formy.

To pewnie tak jak ta lawa w podgrzewanych lampach, modnych w latach sześćdziesiątych. Lawa spoczywała na dnie w postaci dużych miękkich kulek, pod wpływem ciepła podnosiła się, dzieląc się na nowe, wykształcając nowe kulki w miarę podnoszenia się, na górze zaś te kulki zlewały się w jeszcze większe i spływały w dół, i wszystko zaczynało się od nowa. W środku nigdy nie było „nowych" kulek. To ***ta sama substancja*** *przekształcała się w coś co „wyglądało jak"* ***nowy i inny twór.*** *Odmianom nie było końca, w urzeczeniu można było przyglądać się przebiegowi całego procesu.*

To celne porównanie. Podobnie jest z duszami. Jedyna Dusza – stanowiąca Wszystko, Co Jest – wykształca mniejsze swoje postaci. Wszystkie one obecne były od początku. Nie przybywa „nowych" postaci, są tylko cząstki Wszystkiego, Co Zawsze Było, przekształcającego się w coś, co „wygląda na" nowe i inne twory.

Jest taka świetna piosenka Joan Osborne, w której pyta ona: „A gdyby Bóg był jednym z nas? Takim niedołęgą jak jeden z nas?"

To ciekawa piosenka. Mocno zbulwersowała ludzi. Nie mogli pogodzić się z myślą, że nie jestem od nich lepszy.

Taka reakcja to swoisty komentarz, nie tyle na temat Boga, co ludzkiej rasy. Jeśli oburza nas porównanie Boga do jednego z nas, jak to świadczy o nas samych?

No właśnie, jak?

Lecz Ty przecież jesteś „jednym z nas". To właśnie tutaj głosisz. Więc Joan miała rację.

Nie ma co do tego wątpliwości.

Ale wracając do mojego pytania, czy możesz rzucić nieco światła na początek życia? Na którym etapie dusza wnika w ciało?

Dusza nie wnika w ciało. Ciało spowija dusza. Pamiętasz, co mówiłem wcześniej? Ciało nie zawiera w sobie duszy. Jest na odwrót.

Wszystko jest żywe, zawsze. Nic nie jest „martwe". Takiego stanu nie ma.

To, Co Jest Zawsze Żywe, przybiera nową postać, postać fizyczną. Forma ta naładowana jest energią życia, zawsze.

Życie – jeśli określić energię, którą Jestem, życiem – zawsze jest tam obecne. Nigdy nie jest nieobecne. Życie się nigdy nie **kończy,** jak można więc mówić o etapie, na którym się zaczyna?

No, pomóż mi. Wiesz, o co mi chodzi.

Wiem. Chcesz Mnie sprowokować do wypowiedzi na temat aborcji.

Tak, chcę! Przyznaję się. Przecież rozmawiam tu z Bogiem i mam okazję zadać to ważkie pytanie? Kiedy zaczyna się życie?

A odpowiedź jest nie mniej doniosła, tyle że tobie umyka.

Spróbuj jeszcze raz.

Nie zaczyna się **nigdy.** Życie nie „zaczyna się" nigdy, ponieważ życie nigdy się **nie kończy.** Ty zaś chcesz koniecznie wdać się w dyskusje o biologicznych niuansach, aby móc ustanowić „regułę" opartą na „Boskim prawie", regułę nakazującą ludziom postępować w określony sposób – a następnie karać ich za odstępstwa od niej.

Co w tym złego? Dzięki temu moglibyśmy bezkarnie zabijać lekarzy na parkingach przed szpitalami.

Tak, rozumiem. Posługiwaliście się Mną i tym, co ogłosiliście jako **Moje prawa,** w celu usprawiedliwienia wszelkiego rodzaju poczynań.

Och, dlaczego nie chcesz przyznać, że przerwanie ciąży jest morderstwem?

Nikogo nie można zabić ani niczego.

Owszem. Ale można położyć kres „upostaciowaniu". My nazywamy to ***zabójstwem.***

Nie da się przerwać procesu, w ramach którego część Mnie upostaciowuje się w pewien sposób, bez przyzwolenia tej części Mnie.

Co takiego? Co mówisz?

Mówię, że nic nie dzieje się wbrew woli Boga. Życie i wszystko, co zachodzi, stanowi przejaw Bożej woli – czytaj: **twojej** woli.

Jak podkreślałem wielokrotnie, twoja wola jest Moją wolą. To dlatego, że jest tylko Jeden z Nas.

Życie to wyraz woli Boga, **wyraz doskonały.** Gdyby coś działo się wbrew woli Boga, nie mogłoby się zdarzyć. Z samej definicji tego, Czym Bóg Jest, wynika, że do takiego czegoś nie mogłoby w ogóle dojść. Wierzysz w to, że jedna dusza może w jakiś sposób **decydować** o drugiej? Wierzysz, że wy sami, jako jednostki, możecie oddziaływać na siebie nawzajem w sposób dla drugiej strony nie do przyjęcia? Taki pogląd miałby rację bytu wtedy, gdybyście byli od siebie odrębni.

Wierzysz, że jesteś w stanie wpływać na życie w sposób dla Boga nie do przyjęcia? Taki pogląd miałby rację bytu wtedy, gdybyś był ode Mnie odrębny.

Oba poglądy są błędne.

Jest przejawem niezmiernej pychy mniemanie, że możesz wpływać na wszechświat w sposób, na który wszechświat się nie zgadza.

Macie do czynienia z potężnymi siłami, a są wśród was tacy, co uważają, że jesteście ponad najpotężniejszą siłą. Lecz nie jesteście. Ani też jej w niczym nie ustępujecie.

Sami stanowicie najpotężniejszą siłę. Ni mniej, ni więcej. Więc niech moc będzie z wami!

Sugerujesz, że nie da się kogoś uśmiercić bez jego przyzwolenia? Mam rozumieć, że każdy, kto kiedykolwiek został zabity, na jakimś wyższym poziomie wyraził na to ***zgodę?***

Przykładasz do tego ziemską miarę, rozumujesz w ziemskich kategoriach, dlatego tak trudno jest ci doszukać się w tym sensu.

Nic nie mogę ***poradzić*** *na to, że rozumuję w „ziemskich kategoriach". Przecież jestem* ***tutaj,*** *na Ziemi!*

Powiadam ci: Jesteś „na tym świecie, ale nie z tego świata".

Zatem moja ziemska rzeczywistość nie jest rzeczywista?

Czy naprawdę sądziłeś, że jest?

Sam nie wiem.

Nigdy nie przeszło ci przez myśl: „Dzieją się tu większe rzeczy"?

No pewnie, że przeszło.

Cóż, **dzieje się właśnie to. A Ja tobie to wykładam.**

Dobrze, rozumiem. Czyli mogę sobie teraz wyjść na ulicę i zastrzelić kogoś, ponieważ i tak nie mógłbym tego zrobić, gdyby się wcześniej nie zgodził!

W gruncie rzeczy tak postępują ludzie. To ciekawe, że tak trudno wam się z tym pogodzić, a mimo to traktujecie siebie nawzajem tak, jakby to była prawda.

Lub, co gorsza, zabijacie ludzi wbrew ich woli, jakby to było bez znaczenia!

Ależ to ma znaczenie! Tylko że to, czego pragniemy, jest dla nas ***ważniejsze.*** *Nie rozumiesz? W chwili kiedy odbieramy komuś życie, nie twierdzimy, że to drobnostka. To byłaby nonszalancja. Po prostu to, na czym* ***nam*** *zależy, liczy się* ***bardziej.***

Ach, tak. Łatwiej zaakceptować ci, że można kogoś zabić **wbrew** jego woli. To nic nie szkodzi. Natomiast postąpienie tak, ponieważ **taka jest** ich wola, już jest naganne.

Ja tego nie powiedziałem. To nie jest rozumowanie właściwe ludziom.

Czyżby? Zaraz ci pokażę, do jakiego stopnia jesteście zakłamani, a przynajmniej niektórzy z was. Mówicie, że można pozbawić kogoś życia pod warunkiem, że ma się dostateczny **powód** ku temu, aby życzyć sobie ich śmierci, na przykład podczas wojny lub w ramach egzekucji – czy zabijając lekarza na parkingu przed kliniką aborcyjną. Lecz jeśli druga osoba uzna, że **ona** ma dostateczny powód ku temu, aby pragnąć **swojej** śmierci, nie wolno wam pomóc jej umrzeć. Stalibyście się „wspólnikami samobójcy", a to jest karygodne!

Drwisz sobie ze mnie.

Nie, to **wy** drwicie sobie ze **Mnie.** Powiadacie, że Ja patrzę łaskawym okiem na to, jak zabijacie kogoś wbrew jego woli, natomiast marszczę groźnie brwi, kiedy odbieracie komuś życie **zgodnie** z jego wolą.

To czysty obłęd.

A wy nie tylko nie dostrzegacie w tym obłędu, ale twierdzicie wręcz, że obłąkani są ci, którzy nazywają rzecz po imieniu. Wy macie „równo pod sufitem", a tamci to zwykli wichrzyciele.

I na podstawie takiej pokrętnej logiki budujecie swoją **teologię** i swoje **życie.**

Nigdy tak na to nie patrzyłem.

Nadszedł czas, aby nabrać nowego spojrzenia. To chwila waszego odrodzenia, jednostek i społeczeństwa. Musicie na nowo stworzyć swój świat, zanim zdążycie go zniszczyć waszymi obłąkańczymi wymysłami.

Posłuchaj Mnie.

Wszyscy jesteśmy Jednym.

Jest tylko Jeden z Nas.

Nie istniejecie oddzielnie ode Mnie i nie istniejecie oddzielnie od siebie nawzajem.

Cokolwiek robimy, robimy zgodnie. Nasza rzeczywistość jest naszym wspólnym dziełem. Jeśli przerywasz ciążę, to My przerywamy ciążę. Twoja wola jest Moją.

Żaden indywidualny aspekt Boskości nie posiada władzy nad pozostałymi aspektami. Nie jest możliwe, aby jedna dusza oddziaływała na drugą wbrew woli tej ostatniej. Nie ma ofiar i oprawców.

Nie pojmujesz tego z racji swego ograniczonego punktu widzenia, ale Ja zapewniam cię, że tak jest.

Jest tylko jeden powód, aby być czymkolwiek, robić cokolwiek czy mieć cokolwiek – dla wyrażenia wprost swojej tożsamości. Jeśli wasza tożsamość – indywidualna, zbiorowa – jest zgodna z waszym pragnieniem, z waszym postanowieniem, wówczas nie trzeba nic zmieniać. Jeśli zaś wierzysz, że czeka ciebie wspanialsze doświadczenie – jeszcze wyższy od obecnego wyraz Boskości – wstąp w tę prawdę.

Jako że My wszyscy współtworzymy, warto pokazać innym z Nas drogę, którą chcą podążyć niektórzy z Nas. Możesz być „drogowskazem", objawiając życie zgodne z własnym upodobaniem i zapraszając innych do pójścia w twoje ślady. Możesz obwieścić nawet: „Ja jestem drogą i życiem. Pójdźcie za mną". Ale uważaj. Za takie deklaracje rozpinano na krzyżu.

Dziękuję. Posłucham przestrogi. Nie będę się wychylał.

Całkiem nieźle ci to wychodzi.

Trudno uniknąć rozgłosu, gdy oświadcza się, że rozmawia się z Bogiem.

O czym przekonali się niektórzy.

Kolejny powód, aby trzymać buzię na kłódkę.

Na to już odrobinę za późno.

To nie moja wina.

Rozumiem, co masz na myśli.

W porządku. Wybaczam Ci to.

Wybaczasz?

Tak.

Dlaczego?

Ponieważ rozumiem Twoje pobudki. Rozumiem powody, dla których przyszedłeś do mnie i rozpocząłeś ten dialog. A kiedy rozumiem, dlaczego coś się robi, potrafię wybaczyć wszelkie wynikłe stąd komplikacje.

Hmm. Ciekawe. Obyś widział w Bogu równie wspaniałomyślną istotę, co w samym sobie.

Trafiony.

Masz do Mnie szczególny stosunek. Z jednej strony uważasz, że nie mógłbyś być tak wspaniałomyślny jak Ja. Ale pod pewnymi względami uważasz siebie za bardziej wielkodusznego ode Mnie.

Czyż to nie jest interesujące?

Fascynujące.

To dlatego, że myślisz o Nas rozłącznie. Pozbyłbyś się tych wyobrażeń, gdybyś widział w Nas Jedno.

Na tym polega różnica między waszą kulturą – w powijakach właściwie – a wysoce rozwiniętymi społecznościami we wszechświecie. W zaawansowanych kulturach wszystkie rozumne istoty jasno pojmują, że nie ma podziału między nimi a tym, co zwiecie „Bogiem".

Pojmują też jasno, że nic nie dzieli ich samych od innych. Wiedzą, że ich udziałem jest indywidualne doświadczenie całości.

Świetnie. W końcu poruszyłeś temat innych cywilizacji we wszechświecie. Nie mogłem się doczekać.

Myślę, że nadszedł czas przyjrzeć im się bliżej.

Lecz zanim to zrobimy, muszę jeszcze raz, ostatni, nawiązać do kwestii aborcji. Nie chcesz chyba powiedzieć, że ponieważ nic nie może przydarzyć się duszy wbrew jej woli, można zabijać ludzi, prawda? Nie pochwalasz aborcji, prawda? Ani nie podsuwasz nam sprytnego „wykrętu"?

Nie popieram aborcji, ale też nie potępiam jej bardziej, niż pochwalam, czy potępiam wojnę.

Mieszkańcy każdego kraju sądzą, że pochwalam wojnę, którą oni prowadzą, potępiam zaś wojnę, jaką toczy ich przeciwnik. Każdy naród wierzy, że Bóg jest „po ich stronie". Podobnie rzecz się ma z każdą sprawą, o jaką się walczy. W gruncie rzeczy to samo odczuwa każdy **człowiek** – lub przynajmniej **ma nadzieję,** ilekroć dokonuje wyboru, czy podejmuje decyzję.

A czy wiesz, dlaczego **wszelkie** stworzenia uważają, że Bóg jest po ich stronie? **Ponieważ tak jest.** I one intuicyjnie to wiedzą.

To „Twoja wola jest Moją wolą", w nieco innym wydaniu. Jeszcze inaczej to ujmując, dałem wam wszystkim **wolną wolę.**

Jeśli nie można swobodnie stanowić swojej woli bez narażania się na karę, wówczas mamy do czynienia z jej parodią, a nie z prawdziwie wolną wolą.

Co się tyczy przerywania ciąży czy wojny, czy kupna tego samochodu, czy poślubienia tej osoby, pójścia z kimś do łóżka czy nie, „spełnienia swego obowiązku" lub „niespełnienia swego obowiązku", nie ma rzeczy słusznej czy nagannej, a Ja nie przedkładam jednego nad drugie.

Wszyscy uczestniczycie w procesie samookreślania się. Każdy czyn was określa.

Jeśli odpowiada ci to, jakim siebie stworzyłeś, jeśli to ci służy, będziesz dalej tak postępował. Jeśli nie, przestaniesz. To właśnie jest ewolucja.

Przebiega powoli, ponieważ w miarę rozwoju zmieniacie swoje poglądy na to, co naprawdę jest dla was dobre, zmieniacie swoje pojęcia „przyjemności".

Przypomnij sobie me wcześniejsze słowa. Można poznać, jak wysoko rozwinięte jest społeczeństwo czy jednostka po tym, w czym znajduje przyjemność. Mógłbym jedynie dodać, że również po tym, co ogłasza jako dla siebie dobre.

Jeśli dobre jest dla ciebie pójście na wojnę i zabijanie innych, zrobisz tak. Jeśli dobre jest dla ciebie przerwanie ciąży, zrobisz tak. Jedyna rzecz, jaka zmienia się w miarę twej ewolucji, to twoje wyobrażenie o tym, co jest dla ciebie dobre. A to zaś kształtowane jest przez to, co jak sądzisz, starasz się osiągnąć.

Jeśli chcesz dotrzeć do Seattle, nie po drodze ci do San Jose. Jazda do San Jose nie jest „naganna moralnie" – po prostu nie służy twojemu celowi.

Sprawą **najwyższej wagi** jest więc rozstrzygnięcie, co starasz się osiągnąć. Nie tylko w swoim życiu w ogóle, ale w poszczególnych jego **chwilach.** Ponieważ właśnie w poszczególnych chwilach tworzy się życie.

Szeroko omawialiśmy to na początku naszego świętego dialogu, który z czasem stał się księgą pierwszą. Powtarzam to tutaj, ponieważ trzeba było ci odświeżyć pamięć, inaczej nie pytałbyś Mnie w ten sposób o aborcję.

Kiedy masz zamiar poddać się aborcji, zapalić papierosa, usmażyć i spożyć zwierzę, czy zajechać komuś drogę – obojętnie, czy sprawa jest błaha, czy ważna, należy rozważyć tylko jedno: Czy to oddaje moją prawdziwą istotę? Czy taki pragnę być teraz?

Zrozum jedno: **Nie ma spraw nieistotnych.** Wszystko ma swoje następstwa – mianowicie to, kim i jaki jesteś.

W każdej chwili jesteś w trakcie samookreślenia siebie.

Tak brzmi odpowiedź na twoje pytanie dotyczące aborcji, na pytanie dotyczące palenia papierosów, jedzenia mięsa czy **dowolnego innego zachowania.**

Każdy czyn to akt samookreślenia. Cokolwiek myślisz, mówisz i robisz, świadczy o tobie: „Oto Kim Jestem".

15

Pragnę wam oznajmić, Moje ukochane dzieci, że to, Kim Jesteście i Kim Postanawiacie Być, to rzecz niebagatelna. Nie tylko dlatego, że nadaje ton waszemu doświadczeniu, ale ponieważ przesądza o Mojej naturze.

Całe życie wpajano wam, że stworzył was Bóg. Ja zaś powiadam wam teraz: to wy tworzycie Boga.

Pociąga to za sobą radykalny przewrót w waszym pojmowaniu, wiem. Ale to konieczne, jeśli macie spełnić wasze prawdziwe powołanie.

Mamy przed sobą święte dzieło, ty i Ja. Kroczymy uświęconą drogą.

W każdym momencie Bóg wyraża siebie w tobie i przez ciebie. Zawsze masz wybór co do tego, jaki nadasz Jemu kształt, a Ona nigdy ci tego nie odbierze i nie ukarze ciebie za dokonanie „złego" wyboru. Lecz nie jesteś w tych sprawach zdany wyłącznie na siebie i nigdy nie będziesz. Drogę do domu wskazuje ci wbudowany w ciebie wewnętrzny system naprowadzania. To głos, który mówi ci zawsze o najszczytniejszym wyborze, który roztacza przed tobą najchlubniejsza wizje. Wystarczy, że go posłuchasz i nie wyrzekniesz się tej wizji.

Słałem do was nauczycieli przez wieki. W każdym czasie, każdego dnia Moi posłańcy ogłaszali wam radosną nowinę.

Spisywano święte księgi, wiedziono święte żywoty, abyście mogli poznać tę odwieczną prawdę: Ty i Ja jesteśmy Jednym.

Dziś ponownie przekazuję wam natchnione pisma – trzymasz jedno z nich w ręku. Dziś ponownie ślę posłańców, aby nieśli wam Słowo Boże.

Czy przyjmiesz te słowa? Czy wysłuchasz tych posłańców? Czy **staniesz się jednym z nich?**

Oto wielkie pytanie i zarazem zaproszenie. To chwalebne postanowienie. Świat wypatruje od ciebie znaku. A znakiem będzie życie, jakie wiedziesz.

Ludzkość nie podźwignie się ze swych najniższych myśli, dopóki ty nie wzniesiesz się do swych najwyższych idei.

Te idee, wyrażone przez ciebie i wyrażające ciebie, ustanowią szablon, przygotują grunt, posłużą za wzór następnego poziomu ludzkiego doświadczenia.

Jesteś życiem i drogą. Świat pójdzie za tobą. To nie zależy od ciebie. W tej sprawie nie masz wyboru. Tak po prostu jest. Świat pójdzie w ślad twego wyobrażenia o sobie. Tak zawsze było i będzie. Najpierw następuje myśl o sobie samym, po niej przychodzi fizyczna manifestacja w zewnętrznym świecie.

Co myślisz, to tworzysz. Co tworzysz, tym się stajesz. Czym się stajesz, to wyrażasz. Co wyrażasz, tego doświadczasz. Czego doświadczasz, tym jesteś. Czym jesteś, to myślisz.

Koło się zamyka.

Święte dzieło właściwie dla ciebie dopiero się rozpoczęło, ponieważ wreszcie rozumiesz, co tu robisz.

Sobie zawdzięczasz to, że rozumiesz, iż cię to obchodzi. Teraz bardziej niż kiedykolwiek obchodzi cię to, Kim Jesteś W Istocie. Albowiem w końcu dostrzegasz cały obraz.

Kim jesteś, Ja jestem.

Ty określasz Boga.

Wysłałem ciebie – drogą cząstkę Mnie – w świat fizycznych upostaciowań, aby poznać **doświadczalnie** całego siebie, jakim znam siebie **konceptualnie.** Życie to narzędzie, dzięki któremu Bóg może obrócić koncepcję w doświadczenie. Tobie służy **do tego samego.** Gdyż jesteś Bogiem, czyniącym to.

Ja z wyboru tworzę siebie wciąż na nowo w każdej chwili. Doświadczam najwspanialszej wersji najświetniejszej z dotychczasowych wizji siebie. Powołałem do istnienia ciebie, abyś mógł od nowa tworzyć Mnie. To Nasze święte dzieło. Nasza największa radość. Nasza racja bytu.

16

Przepełnia mnie nabożny podziw, kiedy czytam te słowa. Dziękuję Ci za to, że jesteś tu ze mną, że jesteś z nami wszystkimi za pośrednictwem tych słów.

Ależ proszę. I Ja dziękuję **tobie** za to, że jesteś tu dla **Mnie.**

Mam jeszcze kilka pytań, po części związanych z tymi „oświeconymi istotami", a potem pozwolę sobie zakończyć ten dialog.

Mój drogi, nie zakończysz tego dialogu **nigdy,** zresztą nigdy nie będziesz musiał. Twoja rozmowa z Bogiem będzie trwać wiecznie. A teraz gdy aktywnie się do niej włączyłeś, rozmowa ta przerodzi się w przyjaźń. Takie rozmowy „od serca" zawsze prowadzą do przyjaźni i niebawem twoja rozmowa z Bogiem zaowocuje **przyjaźnią z Bogiem.**

*Mam takie uczucie. Czuję, jakbyśmy naprawdę się **zaprzyjaźnili.***

I jak to się dzieje we wszystkich związkach, przyjaźń należycie pielęgnowana i podsycana prowadzi do poczucia więzi. Będziesz czuł i doświadczał siebie jako obcującego z Bogiem.

To będzie święte obcowanie, święta komunia, albowiem będziemy wtedy mówić jednym głosem.

Więc ten dialog będzie trwał nadal?

Tak, zawsze.

I nie będę musiał żegnać się z Tobą na końcu tej książki?

Nigdy nie musisz się żegnać. Musisz tylko się przywitać.

Jesteś cudowny, po prostu cudowny, wiesz?

Tak jak i ty, Mój synu. Tak jak i ty.

I wszystkie Moje dzieci, wszędzie.

Twoje dzieci są „wszędzie"?

Oczywiście.

Mam na myśli dosłownie ***wszędzie.*** *Czy jest życie na innych planetach? Czy Twoje dzieci rozrzucone są po całym wszechświecie?*

Oczywiście.

Czy te cywilizacje są od nas wyżej rozwinięte.

Niektóre tak.

Pod jakim względem?

Pod każdym. Technicznie. Politycznie. Społecznie. Duchowo. Fizycznie. I psychicznie.

Na przykład wasz upór, wasze upodobanie do porównywania, ciągła potrzeba wartościowania rzeczy jako „lepszych" czy „gorszych", „wyższych" czy „niższych", „dobrych" czy „złych", dowodzą, jak dalece popadliście w dualizm; jak głęboko pogrążyliście się w podzielności.

Czy te cechy nie występują w wyżej rozwiniętych kulturach? I co rozumiesz przez dualizm?

Zakres myślenia dualistycznego stanowi odbicie poziomu zaawansowania danego społeczeństwa. Natomiast o ewoluowaniu świadczy dążenie do jedności, nie podzielności.

Dlaczego? Dlaczego miarą jest jedność?

Ponieważ jedność to prawda. Podzielność to złudzenie. Dopóty społeczeństwo postrzega siebie jako podzielone – złożone z odrębnych jednostek – dopóty żyje w iluzji.

Na twojej planecie całe życie wyrasta z podzielności, opartej na dualizmie.

W swoim przekonaniu stanowicie odrębne rodziny czy klany, zebrane w oddzielne regiony czy stany, skupione w oddzielnych narodach czy państwach, obejmujących odrębny świat czy planetę.

Wyobrażacie sobie, że wasz świat jest jedynym zamieszkanym światem we wszechświecie, wasz naród zaś najświetniejszym narodem na świecie, wasz stan najlepszym w kraju, a wasza rodzina najwspanialsza w całym stanie.

Wreszcie, uważacie każdy z osobna, że jesteście lepsi od innych członków rodziny.

Co prawda twierdzicie, że nic podobnego nie myślicie, ale **zachowujecie się tak, jakbyście tak właśnie myśleli.**

To, co naprawdę myślicie, znajduje odbicie każdego dnia w waszych społecznych decyzjach, politycznych rozstrzygnięciach, religijnych postanowieniach, ekonomicznych wyborach i indywidualnym doborze wszystkiego, od przyjaciół po wierzenia i stosunek do Boga. Czyli Mnie.

Tak się czujecie ode mnie oderwani, że sądzicie nawet, iż Ja do was nie przemawiam. Musicie zatem zaprzeczać prawdziwości własnego doświadczenia. **Doświadczacie** Jedności ze Mną, ale nie chcecie w to **uwierzyć.** W ten sposób odgradzacie się nie tylko od siebie nawzajem, ale i od własnej prawdy.

Jak można odgrodzić się od swojej prawdy?

Ignorując ją. Widząc i zaprzeczając. Albo zmieniając ją, przekręcając, naginając, aby pasowała do z góry powziętego wyobrażenia o tym, jak jest.

Weźmy choćby twoje pytanie, czy jest życie na innych planetach? Odparłem, że oczywiście. Powiedziałem, **„Oczywiście”,** ponieważ świadectwa tego są tak oczywiste. Dziwię się, że w ogóle zadałeś to pytanie.

Lecz tak właśnie można „odgrodzić się od swojej prawdy”: zaglądając jej prosto w oczy, tak że nie sposób jej przeoczyć – a następnie wypierając się tego, co się widzi.

Działa tu mechanizm wyparcia, a nie ma bardziej podstępnego niż mechanizm wyparcia się samego siebie.

Całe życie upływa ci na zaprzeczaniu temu, Kim i Czym Jesteś W Istocie.

I tak godne ubolewania byłoby, gdybyś ograniczał się w wypieraniu do spraw ogólniejszych, jak niszczenie warstwy ozonowej, wycinanie starodrzewów, traktowanie po macoszemu waszej młodzieży. Ale ty idziesz dalej. Nie spoczniesz, dopóki nie zaprzeczysz również wszystkiemu, co dostrzegasz **wewnątrz** siebie.

Widzisz w sobie dobroć i miłosierdzie, ale się tego wypierasz. Widzisz w sobie mądrość, ale się tego wypierasz. Widzisz w sobie nieskończone możliwości, ale się tego wypierasz. I dostrzegasz w sobie i doświadczasz Boga, a mimo to wypierasz się tego.

Zaprzeczasz temu, że przebywam w tobie – że **jestem tobą** – w ten sposób odmawiasz Mi Mego prawowitego i oczywistego miejsca.

Nie wypieram się Ciebie.

Zatem przyznajesz, że jesteś Bogiem?

Cóż, ***tego*** *bym nie powiedział...*

Otóż to. „Zanim zapieje kur, wyprzesz się Mnie po trzykroć".

Swoimi myślami wyprzesz się Mnie.

Swoimi słowami wyprzesz się Mnie.

Swoimi czynami wyprzesz się Mnie.

Wiesz w głębi duszy, że jestem z tobą; że jesteśmy Jednym. Mimo to zaprzeczasz temu.

Niektórzy z was, co prawda, mówią, że Ja istnieję. Ale daleko. Gdzieś **tam.** Im bardziej odległy jestem od ciebie w twym własnym przekonaniu, tym większa odległość dzieli cię od twej prawdy.

Tak jak z wieloma innymi rzeczami w życiu – od naruszania zasobów naturalnych planety po seksualne wykorzystywanie dzieci – widzicie, ale nie wierzycie w to.

Ale dlaczego? ***Dlaczego?*** *Dlaczego widzimy, a mimo to nie wierzymy?*

Ponieważ uwikłaliście się w iluzje, tak głęboko w nią popadliście, że nie potraficie przez nią przejrzeć. W istocie nawet wam **nie wolno,** aby iluzja mogła się utrzymać. Na tym polega Boska Dychotomia.

Musicie się Mnie wyprzeć po to, aby móc **stać się** Mną. A o to właśnie wam chodzi. Nie możecie przecież stawać się tym, czym już jesteście. Zatem wyparcie jest ważne. To przydatne narzędzie.

Do czasu, kiedy przestaje takim być.

Mistrz wie, że wyparcie służy tym, którzy wybierają trwanie iluzji. Akceptacja jest dla tych, którzy postanawiają ją przerwać.

Akceptacja, proklamacja, demonstracja. Oto **trzy kroki** wiodące do Boga. Akceptacja tego, Kim i Czym Jesteś W Istocie. Proklamacja, aby cały świat to usłyszał. I demonstrowanie tego pod każdym względem.

Po samoobwieszczeniu zawsze następuje objawianie. Objawiasz sobą Boga – tak jak teraz objawiasz to, co myślisz o sobie. Całe twoje życie zaświadcza o tym.

Lecz objawianie przynosi zarazem największe wyzwanie. Albowiem z chwilą gdy przestaniesz zaprzeczać sobie, zaprzeczą ci inni.

Z chwilą gdy obwieścisz swą Jedność, inni obwołają cię sługą szatana.

Z chwilą gdy wypowiesz swą najwyższą prawdę, inni przypiszą ci największe bluźnierstwo.

Tak jak dzieje się to z mistrzami, którzy skromnie objawiają swą doskonałość, będziesz zarówno czczony, jak i wyszydzany, wynoszony i poniżany, szanowany i szykanowany. Dlatego, że choć dla ciebie cykl dobiegł końca, pozostali, nadal żyjący w iluzji, nie będą wiedzieli, jak ciebie rozumieć.

I co się ze mną stanie? Trochę się w tym gubię. Zdawało mi się, że powtarzałeś wielokrotnie, iż iluzja musi się utrzymać, że „gra" musi toczyć się dalej, aby w ogóle toczyła się jakaś „gra".

Tak, istotnie powtarzałem. I tak jest. Gra toczy się dalej. To, że ty czy kto inny wyrwiecie się poza krąg złudzenia, nie oznacza końca gry – ani dla ciebie, ani dla innych graczy.

Gra dobiegnie końca, kiedy Wszystko-we-Wszyst-kim na powrót stanie się Jednym. Ale nawet wtedy nie skończy się naprawdę. Albowiem w chwili boskiego zjednoczenia się, Wszystkiego ze Wszystkim, błogość będzie tak niewymowna, tak przemożna, że Ja-My-Wy dosłownie pękniemy z rozkoszy – i cykl ruszy na nowo.

Nie skończy się nigdy, Moje dziecko. Gra **nigdy** się nie skończy. Albowiem ta gra to samo życie, a życie to My.

Lecz co się dzieje z pojedynczym elementem, „Częścią Całości", jak to nazywasz, który doszedł do doskonałości, osiągnął całkowitą wiedzę?

Mistrz wie, że tylko jego wycinek cyklu się dopełnił. Mistrzyni wie, że tylko jej doświadczenie iluzji dobiegło końca.

Śmieje się, gdyż ogarnia teraz cały plan, mistrzowski plan. Widzi, że pomimo dopełnienia się jej cyklu gra toczy się dalej, doświadczenie trwa nadal. Dostrzega wtedy rolę, jaką może odegrać w doświadczeniu. Zadaniem mistrza jest doprowadzić innych do mistrzostwa. Toteż mistrz gra dalej, ale inaczej, z nowymi przyrządami. Gdyż przeniknięcie iluzji pozwala mu wyjść poza nią. Będzie tak czynił mistrz od czasu do czasu, kiedy służyć to będzie jego celowi. W ten sposób ogłasza i objawia swe mistrzostwo i przez innych obwołany zostaje Bogiem / Boginią.

Kiedy doskonałości duchowej dostąpią wszyscy członkowie twojej rasy, wówczas rasa ta w całości będzie mogła z łatwością przemieszczać się w czasie i przestrzeni (pokonacie bowiem prawa fizyki w takiej postaci, w jakiej są wam obecnie znane) i nieść pomoc innym rasom i cywilizacjom również dążącym do mistrzostwa.

Tak jak pomagają nam teraz przedstawiciele innych ras i cywilizacji?

Otóż to. Właśnie.

I dopiero wtedy kiedy wszystkie narody kosmosu osiągną doskonałość –

– czy, jak Ja bym to ujął, dopiero wtedy kiedy Całość Mnie zazna Jedności –

– ten wycinek cyklu dobiegnie końca.

Mądre słowa. Albowiem cykl sam w sobie nie kończy się **nigdy.**

Ponieważ zakończenie tego wycinka cyklu odbywa się w ramach cyklu!

Brawo! Wspaniale!

Zrozumiałeś.

Więc tak, istnieje życie na innych planetach. I na ogół przewyższa was w rozwoju.

Pod jakimi względami? Nie odpowiedziałeś mi właściwie na to pytanie.

Owszem, odpowiedziałem. Pod każdym względem. Technicznie. Politycznie. Społecznie. Duchowo. Fizycznie. Psychicznie.

Dobrze, ale podaj mi kilka przykładów. Te określenia są tak szerokie, że dla mnie nic nie znaczą.

Wiesz co? Kocham cię za twoją szczerość. Nie każdy zdobyłby się na to, aby oświadczyć Bogu wprost, że to, co mówi, nic nie znaczy.

I co zamierzasz z tym zrobić?

Tak powinno być. Twoja postawa jest właściwa. Ponieważ masz prawo stawać ze Mną w szranki, rzucać Mi wyzwania, podawać Mnie w wątpliwość, ile zechcesz, a Ja cię nie przeklnę.

Wręcz przeciwnie, mogę cię pobłogosławić, jak czynię to za pośrednictwem tego dialogu. Czyż to nie błogosławieństwo?

Owszem. Zrobił wiele dobrego dla ludzi. Dotarł i nadal dociera do milionów.

Wiem. Na tym polega „mistrzowski plan". Plan mający doprowadzić was do duchowego mistrzostwa.

Od samego początku wiedziałeś, że ta trylogia odniesie ogromny sukces, prawda?

Oczywiście. Jak myślisz, komu należy to przypisać? Kto, twoim zdaniem, sprawił, że trafiła do rąk tych wszystkich czytelników?

Powiadam ci: Znam każdego, kto sięgnie po te księgi. I wiem, co nimi kieruje.

Tak jak wiedzą oni sami.

Pytanie tylko, czy znowu się Mnie wyprą?

Martwi cię to?

Bynajmniej. Wszystkie Moje dzieci kiedyś do Mnie powrócą. Jedyną niewiadomą jest **kiedy,** a nie czy w ogóle. Dlatego więc może to mieć znaczenie dla nich. Przeto niechaj ci, co mają uszy, słuchają.

No, tak– rozmawialiśmy o życiu na innych planetach i miałeś podać mi przykłady na to, że przewyższa ono życie na Ziemi.

Pod względem techniki większość obcych cywilizacji znacznie was wyprzedza. Niektóre są bardziej zacofane od was, ale nieliczne. Zdecydowana większość stoi od was wyżej.

Ale jak to wygląda w praktyce? ***Proszę o konkretny przykład.***

Weźmy chociażby pogodę. Wy nie potraficie jej kontrolować. (Nie umiecie nawet trafnie jej przewidzieć!) Dlatego skazani jesteście na jej kaprysy, w przeciwieństwie do większości innych cywilizacji. Istoty zamieszkujące inne planety na ogół potrafią, na przykład, kształtować lokalną temperaturę.

Czyżby? Zdawało mi się, że temperatura panująca na danej planecie jest wypadkową jej odległości od Słońca, jej atmosfery i tak dalej.

Te czynniki wyznaczają parametry. W obrębie tych parametrów można jednak wiele zdziałać.

Jak to jest możliwe?

Przez wpływanie na środowisko. Przez stwarzanie określonych warunków w atmosferze lub niedopuszczanie do ich powstania.

Zrozum, rzecz nie sprowadza się wyłącznie do położenia względem słońca, ważne jest też, co umieszczasz **między** sobą a słońcem.

Wyście umieścili w atmosferze rzeczy niezwykle groźne, a usunęliście sporą część najbardziej dobroczynnych. Mimo to nie przyjmujecie tego do wiadomości. Nie chcecie tego przyznać. Nawet kiedy najświetniejsze umysły spośród was przedstawiają wam czarno na białym szkody, jakie wyrządzacie, nie dopuszczacie do siebie prawdy. Twierdzicie, że się nie znają, że to niedorzeczność.

Albo mówicie, że ci mądrzy ludzie maję na względzie swój własny interes, że bronią swoich własnych racji. Ale to **wy** macie na względzie własny interes. To **wy** bronicie własnych racji.

A chodzi wam przede wszystkim o siebie. Podważycie kazdy dowód, nieważne, jak bardzo nieodparty, naukowy czy widoczny, jeśli godzić będzie w waszą osobistą korzyść.

To dość surowa ocena i nie wiem, czy do końca zasłużona.

Czyżby? Chcesz powiedzieć, że Bóg mija się z prawda?

No, niezupełnie...

Czy wiadomo ci może, ile czasu musiało upłynąć, zanim wasze kraje wspólnie postanowiły przestać zatruwać atmosferę związkami fluoropochodnymi węglowodorów?

No, cóż...

Właśnie. Jak myślisz, dlaczego trwało to tak długo? Powiem ci. Trwało to tak długo, gdyż zaprzestanie wysyłania do atmosfery tych trujących związków kosztowałoby koncerny mnóstwo pieniędzy. Trwało to tak długo, gdyż inaczej naraziłoby licznych ludzi na niewygody.

Całymi latami rzesze ludzi i całe narody rozmyślnie odrzucały niezbite dowody, aby chronić swój stan posiadania, aby zachować istniejący porządek.

Dopiero kiedy w zawrotnym tempie zaczęła wzrastać liczba zachorowań na raka skóry, kiedy zaczął ocieplać się klimat, kiedy zaczęły topnieć lodowce i śniegi, kiedy zaczęły występować z brzegów rzeki i jeziora, zaczęto zwracać na to większą uwagę.

Dopiero kiedy w grę wchodził wasz **własny interes,** dojrzeliście prawdę, którą od lat głosiły wam najświetniejsze umysły.

Co złego jest w dbaniu o własny interes? O ile pamiętam, w księdze pierwszej stwierdziłeś, że należy od tego wychodzić.

Zgadza się. Lecz w innych kulturach, w społecznościach różnych planet pojęcie „własnego interesu" jest znacznie szersze niż w waszym świecie. Dla oświeconych istot nie ulega wątpliwości, że to, co szkodzi jednemu, szkodzi wielu, a co przynosi korzyść **garstce,** musi zarazem służyć wielu, w przeciwnym razie nie czyni dobra nikomu w ostatecznym rozrachunku.

Na waszej planecie jest dokładnie odwrotnie. Wielu przymyka oczy na to, co szkodzi jednemu, to zaś, co przynosi korzyść garstce, nigdy nie staje się udziałem wielu.

Dzieje się tak, ponieważ wasze pojęcie własnego interesu jest mocno zawężone, ledwo wykracza poza jednostkę obejmując ukochane osoby – ale tylko wtedy gdy się wam nie sprzeciwiają.

Tak, powiedziałem w księdze pierwszej, że w każdym związku należy wychodzić od tego, co najlepiej służy Jaźni. Ale stwierdziłem również, że kiedy zrozumiesz, co leży w twym najwyżej pojmowanym interesie, zrozumiesz zarazem, że leży to w najwyżej pojmowanym interesie drugiego – albowiem ty i druga osoba stanowicie Jedno.

Wy oraz wszyscy pozostali jesteście Jednym, ale na taki poziom świadomości jeszcze się nie wznieśliście.

Pytasz o zaawansowaną technikę, a Ja oświadczam ci: Bez zaawansowanego myślenia nie można mieć pożytku z zaawansowanej techniki.

Zaawansowana technika bez zaawansowanego myślenia to nie postęp, to zagłada.

Doświadczyliście tego w przeszłości na swojej planecie i jesteście bliscy powtórzenia tego „wyczynu".

Co masz na myśli?

Wznieśliście się już raz na wyżyny w swoim rozwoju – dotarliście tam, dokąd teraz z mozołem się pniecie. Stworzyliście na Ziemi cywilizację znacznie przewyższającą obecną. I doprowadziła ona do własnej zguby.

Zniszczyła nie tylko samą siebie, ale niemal wszystko inne.

Stało się tak dlatego, że nie umiała zapanować nad techniką, jaką sama rozwinęła. Jej rozwój duchowy nie nadążał za technicznym. Sama technika stała się jej Bogiem. Darzono czcią technikę i wszelkie jej osiągnięcia. W końcu ta nieokiełznana technika zesłała na nich zagładę.

Sami zgotowali sobie ten los.

To wszystko miało miejsce tu, na Ziemi?

Tak.

Chodzi o zaginiony kontynent? O Atlantydę?

Niektórzy tak to nazywają.

A Lemuria? Kraina Mu?

O tym też mówią wasze mity.

Czyli to prawda! Osiągnęliśmy przedtem taki stopień rozwoju!

Och, znacznie wyższy, Mój przyjacielu. Znacznie.

*I **sami** sprowadziliśmy na siebie zagładę?*

Dlaczego tak to ciebie dziwi? Teraz robicie dokładnie to samo.

Niestety. Powiesz nam, jak to przerwać?

Wiele książek napisano na ten temat. Przeważnie przechodzą bez echa.

Podaj choć jeden tytuł, przyrzekam, że zwrócimy na niego uwagę.

Przeczytajcie „The Last Hours of Ancient Sun-light."

Napisał ją Thom Hartmann. Znam ją. To znakomita książka!

To dobrze. Powstała pod wpływem natchnienia. Zwróć na nią uwagę świata.

Zrobię to, zrobię.

Tam zawarta jest cała odpowiedź na twe ostatnie pytanie. Nie ma potrzeby, abym przytaczał ja tu przez ciebie.

Autor dokonuje przeglądu rozmaitych sposobów wyniszczania przez was ojczystej planety, jak równie podaje sposoby na przerwanie spustoszenia.

Poczynania ludzkiej rasy na tej planecie od samego początku trudno uznać za roztropne. W istocie nawet kilkakrotnie użyłeś w odniesieniu do naszego gatunku określenia „prymitywny". Zastanawiam się wobec tego, jak wygląda życie w kulturze nieprymitywnej. Podobno we wszechświecie żyje mnóstwo takich społeczności.

Tak.

Ile? Setki? Tysiące?

Tysiące.

Tysiące? Istnieją ***tysiące*** *wysoko rozwiniętych cywilizacji?*

Owszem. Ale są też kultury w porównaniu z wami bardziej prymitywne.

Co decyduje o tym, czy społeczeństwo jest „prymitywne" czy „oświecone"?

Stopień wprowadzania w życie najszczytniejszych idei.

Kłóci się to z waszym przekonaniem. Wy jesteście przekonani, że o tym, czy społeczeństwo jest prymitywne czy oświecone, przesądzają wyznawane przez nie idee. Ale jaki jest pożytek z najszczytniejszych nawet idei, jeśli nie wprowadza się ich w życie?

Odpowiedź brzmi – żaden. Czynią wręcz szkodę.

Cechą prymitywnego społeczeństwa jest nazywanie uwstecznienia się postępem. Wasze społeczeństwo cofnęło się w rozwoju przez ostatnie lata. Siedemdziesiąt lat temu ludzie okazywali więcej współczucia niż obecnie.

Niełatwo będzie to przełknąć niektórym. Jesteś, jak twierdzisz, Bogiem, który nie osądza, lecz dla pewnych ludzi mogło to zabrzmieć, jakbyś miał im to za złe, jakbyś wydał na nich wyrok.

Już to przerabialiśmy. Jeśli, jak powiadasz, chcesz dostać się do Seattle, a w rzeczywistości jedziesz drogą do San Jose, czy osoba, która mówi ci, że obrałeś niewłaściwy kierunek, wydaje osąd?

Samo słowo „prymitywny" ma wydźwięk negatywny.

Naprawdę? A mimo to tak podziwiacie „prymitywną" sztukę. Gustujecie też w określonej muzyce ze względu na jej „prymitywne" walory – nie wspominając o pewnych kobietach.

Słownymi grami odwracasz po prostu kota ogonem.

Wcale nie. Pokazuję ci tylko, że słowo „prymitywne" niekoniecznie ma negatywne skojarzenia. To wasz osąd mu je nadaje. Określenie „prymitywny" ma charakter czysto opisowy. Nazywa rzecz po imieniu: coś znajduje się we wczesnej fazie rozwoju. Nic więcej nie mówi. Nie wartościuje. To wy dodajecie do niego zabarwienie pozytywne czy negatywne.

Nie mam wam niczego za „złe". Opisałem tylko waszą kulturę jako prymitywną. Od was zależy, czy ma to zły wydźwięk, od tego, jak oceniacie to, co prymitywne.

Ja nie wartościuję.

Ja zauważam, jak jest, a to różnica.

Chcę, żebyście wiedzieli, że was kocham. Nie osądzam was. Patrzę i widzę w was samo piękno i cud.

Jak w prymitywnej sztuce.

Otóż to. Słyszę waszą melodię i nie mogę się jej oprzeć.

Jak prymitywnej muzyce.

Nareszcie rozumiesz. Odbieram waszą energię tak, jak ty odebrałbyś energię, jaką emanuje kobieta o „pierwotnej zmysłowości". I tak jak ty, podnieca Mnie to.

Oto jak ma się sprawa z wami i Mną. Nie obrzydzenie, nie uprzykrzenie, nie rozczarowanie, a roznamiętnienie.

Pobudzacie Mnie!

Palę się do nowych możliwości, do nowych doświadczeń, jakie mają dopiero nadejść. Przez was rwę się do nowych przygód, do ekstatycznego wznoszenia się na coraz wyższe szczeble doskonałości.

Budzicie we Mnie **dreszcze!** Przejmuje Mnie do głębi cud, jaki uosabiacie. Sądzicie, że stanowicie ukoronowanie ludzkiego rozwoju, a ja wam mówię, że **stawiacie dopiero pierwsze kroki.** Dopiero **zaczęliście** doznawać swojej chwały!

Jeszcze przed wami urzeczywistnienie swych najwyższych idei, ucieleśnienie najwspanialszych wizji.

Ale już lada chwila rozkwitniecie. Łodyga okrzepła, niebawem otworzą się płatki. I powiadam ci: Wasze kwietne piękno i aromat rozniosą się po całej Ziemi i odnajdziecie drogę do Ogrodu Bogów.

17

Na to właśnie czekałem! Tego pragnąłem tu doznać! ***Uskrzydlenia,*** *nie poniżenia.*

Poniżony nie jesteś nigdy, najwyżej we własnym przekonaniu. Bóg was nie osądza, nie ma wam niczego „za złe".

Wiele ludzi nie rozumie, jak Bóg może mówić, że nie ma czegoś takiego jak dobro i zło, i oznajmiać, że nigdy ich nie osądzi.

Może byś się wreszcie zdecydował! Najpierw twierdzisz, że was osądzam, potem czujesz się nieswojo, ponieważ nie osądzam.

Wiem, wiem. To wszystko takie pogmatwane. Jesteśmy istotami bardzo... skomplikowanymi. Nie chcemy, abyś nas osądzał, ale z drugiej strony czujemy taką potrzebę. Nie chcemy, abyś nas karał, ale bez tego czujemy się zagubieni. Kiedy powtarzasz we wszystkich księgach, „nigdy was nie ukarzę", nie potrafimy w to uwierzyć – a niektórzy od tego dostają szału. Ponieważ skoro nie zamierzasz nas osądzać i karać, co powstrzyma nas przed zejściem ze ścieżki prawości? A jeśli w niebie nie ma „sprawiedliwości", to kto wynagrodzi nam wszystkie niesprawiedliwości, jakich zaznaliśmy na Ziemi?

Dlaczego liczycie na to, że w niebie naprawione zostaną wszelkie krzywdy? Deszcz pada z nieba równo na prawych i nieprawych.

„Zemsta należy do Mnie, powiada Pan".

Ja tego nie powiedziałem. Wymyślił to jeden z was, a reszta to podchwyciła.

„Sprawiedliwość" nie jest wynikiem działania, lecz jego **powodem.** Sprawiedliwość to **czyn,** nie kara **za czyn**.

Widzę, że nasz problem jako społeczeństwa polega na tym, iż domagamy się „sprawiedliwości" po tym, jak doszło do „niesprawiedliwości", zamiast przede wszystkim postępować sprawiedliwie.

Trafiłeś w dziesiątkę. W sam środek tarczy.

Sprawiedliwość to akcja, nie **reakcja.**

Nie liczcie więc na Mnie, że „na koniec wyrównam wszystkie rachunki", że zaprowadzę niebiańską sprawiedliwość w „przyszłym życiu". Powiadam ci: Nie ma „przyszłego życia", jest tylko **życie.** Śmierć nie istnieje. To, jak tworzycie swoje życie i doświadczenie, zarówno jako jednostki i jako społeczeństwo, stanowi obraz waszego pojęcia sprawiedliwości.

Pod tym względem nie uznajesz rasy ludzkiej za szczególnie rozwiniętą, tak? To znaczy, gdyby przedstawić naszą ewolucję w postaci pola do futbolu, gdzie byśmy się znaleźli?

Na linii dwunastojardowej.

Żartujesz.

Bynajmniej.

Pod względem rozwoju doszliśmy dopiero do linii dwunastu jardów?

Tylko w XX wieku przeszliście z linii sześciu na dwanaście jardów.

Jest szansa na to, że kiedykolwiek zaliczymy touch-down?

Oczywiście. Jeśli znów nie wypuścicie piłki z rąk.

Znów?

Jak już mówiłem, nie pierwszy raz wasza cywilizacja znalazła się na krawędzi. Powtarzam to, **ponieważ jest rzeczą niezmiernie ważną, abyście to usłyszeli.**

Zdarzyło się już raz na tej planecie, że wasz rozwój techniczny znacznie przekroczył umiejętności wykorzystania go w odpowiedzialny sposób. Po raz kolejny zbliżacie się do tego samego punktu w dziejach ludzkości.

Jest sprawą o krytycznym znaczeniu, abyście to zrozumieli.

Istnieje realna groźba, że obecna technika przerośnie waszą zdolność mądrego się nią posługiwania. Niewiele brakuje, aby społeczeństwo stało się wytworem techniki, a to technika powinna być wytworem społeczeństwa.

Kiedy społeczeństwo staje się wytworem swojej techniki, ulega samozniszczeniu.

Dlaczego tak się dzieje? Mógłbyś to wyjaśnić?

Owszem. Kluczową sprawą jest równowaga między techniką a kosmologią – kosmologią całego życia.

Co rozumiesz przez „kosmologię całego życia"?

Po prostu to, jak wszystko działa. System. Proces. Wiesz, „w Moim szaleństwie jest metoda".

Miałem taką nadzieję.

Sęk w tym, że kiedy rozgryziecie tę metodę, kiedy zaczniecie coraz lepiej poznawać funkcjonowanie wszechświata, rośnie ryzyko, że spowodujecie awarię. W tym sensie ignorancja może być błogosławiona.

Wszechświat sam w sobie stanowi dzieło techniki, **najwyższej** techniki. Sprawuje się nienagannie. Samoczynnie. Ale gdy dostaniecie się do środka i zaczniecie manipulować uniwersalnymi zasadami i prawami, może się zdarzyć, że je złamiecie. A za to jest rzut karny.

To prawdziwy cios dla drużyny.

Zgadza się.

Czyli sprawa nas przerasta?

Jesteście tego bliscy. Tylko wy możecie rozstrzygnąć, czy sprawa was przerasta. Rozstrzygniecie to swymi działaniami. Jeśli chodzi o energię atomową, wasza wiedza w tej dziedzinie wystarczy w zupełności do tego, aby posłać planetę w zaświaty.

Owszem, ale my tego nie zrobimy. Nie jesteście tacy głupi. Nie dopuścimy do tego.

Czyżby? Jeśli będziecie dalej w takim tempie mnożyć broń masowego rażenia, niebawem trafi ona w ręce maniaka, który sterroryzuje z jej pomocą cały świat – albo wysadzi go w powietrze próbując to uczynić.

Dajecie dzieciom zapałki, licząc na to, że nie puszczą wszystkiego z dymem, a sami jeszcze musicie się nauczyć **obchodzić z zapałkami.**

Rozwiązanie problemu narzuca się samo. **Odbierzcie dzieciom zapałki.** Następnie **sami wyrzućcie zapałki.**

Ale to zbyt wygórowane oczekiwania wobec prymitywnego społeczeństwa, zatem rozbrojenie nuklearne, jedyne trwałe rozwiązanie, nie wchodzi w rachubę.

Nie możemy nawet osiągnąć porozumienia co do przerwania prób jądrowych. Nie jesteśmy w stanie jako rasa nad sobą zapanować.

Nawet jeśli nuklearny obłęd nie ściągnie na was zagłady, zniszczycie swój świat samobójczym zatruwaniem środowiska. Rozkładacie ekosystem waszej ojczystej planety, a jednocześnie upieracie się, że tak nie jest.

Jakby tego nie było dość, ingerujecie w biochemię samego życia. Klonowanie, inżynieria genetyczna, a przy tym bez należytej troski, aby przyniosło to dobro waszej rasie, co, wręcz przeciwnie, niesie zagrożenie bez precedensu w historii ludzkości.

Chwila nieuwagi, a groźby jądrowe i środowiskowe wydadzą się przy tym dziecinadą.

Medycyna wyręcza w zadaniach wasze organizmy, wskutek czego powstają wirusy tak odporne, że gotowe są wykosić cały wasz gatunek.

Napędziłeś mi solidnego strachu. Więc wszystko stracone? Po zawodach?

Nie, ale jest gorąco. Czas wyrzucić daleko przed siebie piłkę; pomocnik rozgląda się, czy ktoś z drużyny jest wolny.

Czy jesteś wolny? Czy możesz odebrać podanie?

Podającym jestem Ja, a kiedy ostatni raz patrzyłem, mieliśmy na sobie te same barwy. Wciąż gramy w tej samej drużynie?

Myślałem, że jest tylko jedna drużyna! Kto jest po przeciwnej stronie?

Każda myśl, która nie dopuszcza jedności, każda idea, która dzieli, każdy czyn, który głosi odrębność. „Przeciwna strona" nie istnieje naprawdę, ale stała się dla was rzeczywistością, za waszą sprawa.

Chwila nieuwagi, a wasza technika – która z założenia miała wam służyć – uśmierci was.

Już słyszę reakcję: „Co może zdziałać jednostka?"

Przede wszystkim, zerwać z tego rodzaju postawą. Mówiłem już, temu zagadnieniu poświęcono setki książek. **Przestańcie udawać, że ich nie widzicie.**

Przeczytajcie je! Zastosujcie je w swoim życiu. Otwórzcie innym oczy na nie. Zacznijcie rewolucję. Niech będzie to ewolucyjna rewolucja.

Przecież coś takiego trwa już od dawna.

I tak, i nie. Proces ewolucji przebiega, oczywiście, od zawsze. Ale teraz nabiera nowego charakteru. Następuje zwrot. Staliście się **świadomi** tego, że ewoluujecie. Nie tylko tego, że ewoluujecie, ale i **jak.** Znacie **proces, dzięki któremu dokonuje się ewolucja** – i dzięki któremu **powstaje wasza rzeczywistość.**

Wcześniej byliście zaledwie widzami, przyglądającymi się rozwojowi swego gatunku. Teraz staliście się świadomymi uczestnikami.

Więcej osób niż kiedykolwiek przedtem zdaje sobie sprawę z potęgi umysłu, współzależności wszystkich rzeczy oraz swej tożsamości jako bytu duchowego.

Więcej osób niż kiedykolwiek przedtem żyje, kierując się tą wiedzą, stosuje zasady przynoszące określone skutki, pożądane wyniki, zamierzone doświadczenia.

To prawdziwy przełom w ewolucji, gdyż obecnie coraz większa liczba ludzi **świadomie** tworzy jakość swojego doświadczenia, bezpośrednio wyraża, Kim Jest w Istocie, i objawia bez zwłoki, Kim Postanawia Być.

Stąd okres ten ma szczególne znaczenie. To doniosła chwila. Po raz pierwszy w zapisanej historii ludzkości (choć nie po raz pierwszy w ludzkim doświadczeniu) posiadacie zarówno technikę, jak i umiejętność posługiwania się nią, wystarczające do tego, aby zniszczyć cały świat. Możecie wręcz spowodować zagładę swego gatunku.

Dokładnie takie same tezy postawiła Barbara Mar Hubbard w swej książce „Conscious Evolution".

W rzeczy samej.

To praca o niebywałym rozmachu, przedstawiająca cudowne wizje, które ukazują, jak możemy uchronić się przed klęskami wcześniejszych cywilizacji i stworzyć prawdziwy raj na Ziemi. Zapewne Ty ją zainspirowałeś!

Barbara przyznałaby chyba, że miałem w tym swój udział...

Stwierdziłeś wcześniej, że natchnąłeś setki autorów, posłańców. Czy mógłbyś polecić jeszcze jakieś książki?

Jest ich zbyt wiele, aby wszystkie tu wymienić. Może byś tak poszukał samemu? A potem sporządził listę tych, które szczególnie przypadły ci do serca, i podzielił się z innymi.

Od niepamiętnych czasów przemawiam przez autorów, poetów, dramaturgów. Od wieków wkładam swoją prawdę w teksty pieśni, twarze z malowideł, kształty rzeźb, bicie każdego ludzkiego serca. I dalej będę to robił przez nadchodzące stulecia.

Każdy człowiek dochodzi do mądrości w sposób najbardziej zrozumiały, drogą najbardziej swojską. Każdy posłaniec Boga czerpie prawdę z najprostszych chwil i głosi ją z nie mniejszą prostotą.

Jesteś takim posłańcem. Idź między ludzi i nawołuj, aby żyli wspólnie w swej najwyższej prawdzie; dzielili się swą mądrością. Doświadczali razem swej miłości. Albowiem **mogą** współistnieć w pokoju i zgodzie.

I wtedy także wasze społeczeństwo stanie się oświecone, na podobieństwo tych, o których tutaj mowa.

Zatem różnica między nami a wysoko rozwiniętymi cywilizacjami we wszechświecie polega na tym, że my wyznajemy ideę podziału.

Tak. Podstawową zaś zasadą rządzącą zaawansowanymi cywilizacjami jest jedność. Uznanie Jedności oraz świętości wszelkiego życia. Dlatego też w wysoko rozwiniętych społeczeństwach przyjęte jest, że w żadnych okolicznościach jedna istota nie pozbawi życia swej bliźniej wbrew jej woli.

W żadnych?

W żadnych.

Nawet w przypadku napaści?

Do czegoś takiego nie doszłoby w tej społeczności.

A gdyby zagrożenie przyszło z zewnątrz?

Gdyby wysoko rozwinięta rasa została zaatakowana przez inną, napastnikiem na pewno byłaby rasa niżej stojąca w rozwoju, w gruncie rzeczy prymitywna. Albowiem istota oświecona nie porywałaby się na nikogo.

Rozumiem.

Zaatakowana istota mogłaby pozbawić kogokolwiek życia tylko wtedy, gdyby zapomniała, Kim W Istocie Jest.

Gdyby uznała, że jest swoim ciałem – swą fizyczną **postacią** – wówczas mogłaby zabić napastnika, w obawie przed „utratą swojego życia".

Jeśli zaś istota ta w pełni rozumiałaby, że **nie** jest swoim ciałem, nigdy nie przerywałaby fizycznej egzystencji drugiego – nie miałaby powodu. Po prostu opuściłaby swą fizyczną powłokę i przeniosła w obszar doświadczania swej niefizykalnej jaźni.

Jak Obi-Wan-Kenobi!

Otóż to. Pisarze uprawiający tak zwaną „fantastykę naukową" często otwierają was na szersze prawdy.

Musimy w tym miejscu się zatrzymać. To stoi w jaskrawej sprzeczności z tym, co głosiła księga pierwsza.

A mianowicie?

Księga pierwsza mówi, że jeśli ktoś się nad tobą znęca, nic dobrego nie wynika z przyzwolenia na dalsze wyrządzanie krzywdy. Ponadto jeśli postępujesz z miłością, zalicz również ***siebie*** *do grona tych, których darzysz miłością. Księga pierwsza daje też do zrozumienia, że należy podjąć wszelkie konieczne działania, aby się obronić. W pewnym miejscu mowa jest nawet o tym, że* ***wojna*** *jest właściwą odpowiedzią na atak; oto dokładny cytat: „...tyranom nie można pobłażać, ich tyranii trzeba położyć kres".*

I jeszcze jedna wypowiedź: „Bycie na podobieństwo Boga nie oznacza wyboru losu męczennika. I na pewno nie wymaga pogodzenia się z losem ofiary".

Teraz z kolei twierdzisz, że wysoko rozwinięta istota nigdy nie położyłaby kresu fizycznej egzystencji drugiej. Jak to można pogodzić?

Przeczytaj jeszcze raz materiał zawarty w księdze pierwszej. Uważnie.

Odpowiedzi, jakich tam udzieliłem, należy rozpatrywać w ściśle określonym kontekście, kontekście pytania, które postawiłeś.

Przeczytaj swoją wcześniejszą wypowiedź. Wyznajesz tam, że daleko ci do poziomu osiągniętego przez mistrzów, że czyny i słowa ludzi nierzadko cię ranią. Biorąc pod uwagę taki stan rzeczy, zapytałeś, jak radzić sobie z doświadczeniami bólu czy krzywdy.

Wszystkie moje słowa należy odnieść do tego kontekstu.

Przede wszystkim odparłem, że nadejdzie dzień, kiedy słowa i czyny innych przestaną sprawiać ci ból. Jak Obi-Wan-Kenobi, nie doznasz krzywdy, nawet kiedy ktoś cię „zabije".

Do takiego poziomu mistrzostwa duchowego doszli członkowie społeczeństw, jakie teraz ci przedstawiam. Istoty te jasno widzą, Kim Są Naprawdę i kim nie są. Trudno sprawić, aby doznały „bólu" czy „krzywdy", a zwłaszcza przez narażenie na niebezpieczeństwo ich postaci fizycznej. Wyszłyby z ciała i zostawiły je dla ciebie, skoro odczuwasz tak silną potrzebę znęcania się nad nim.

Dalej powiedziałem, że reagujesz w ten sposób na czyny i słowa innych, ponieważ nie pamiętasz, Kim Naprawdę Jesteś. Ale to nic nie szkodzi. Na tym polega proces rozwoju. To etap ewolucji.

Następnie padły z Mojej strony bardzo ważne słowa. W trakcie rozwoju „musisz pozostać i działać na poziomie, na którym się obecnie znajdujesz. Poziomie rozumienia, poziomie chęci, poziomie pamięci".

Cokolwiek tam powiedziałem, należy rozpatrywać w tym kontekście.

Oświadczyłem nawet: „Przyjmijmy na razie, że ty nadal... dążysz do urzeczywistnienia swej prawdziwej istoty".

W odniesieniu do społeczności złożonych z istot, które zapomniały, Kim Są Naprawdę, odpowiedzi, jakich udzieliłem ci w księdze pierwszej, nic nie tracą ze swej ważności. Ale tutaj poprosiłeś Mnie, abym opowiedział ci o **wysoko rozwiniętych społecznościach we wszechświecie.**

Wskazane jest, abyś wygłaszanych tutaj uwag nie brał do siebie jako ukrytej krytyki twej własnej rasy.

Nie jest Moim zamiarem osądzać. Nie spotka was też potępienie, jeśli wasze działania i reakcje będą inne anieżeli istot wyprzedzających was w rozwoju.

Wracając do rzeczy, powtórzę, że wysoko rozwinięte istoty nie „zabiłyby" innej istoty powodowane gniewem. Po pierwsze, nie **doświadczyłyby** czegoś takiego jak gniew. Po drugie, nie przerwałyby cielesnego istnienia drugiej istoty bez jej zgody. I po trzecie – nawiązując wprost do twego pytania – nigdy nie czułyby się „napadnięte", nawet przez przybyszy z zewnątrz, ponieważ do tego konieczne jest poczucie, że ktoś ci coś odbiera – życie, twoich ukochanych, wolność, własność, cokolwiek. A istota wysoko rozwinięta nigdy czegoś takiego nie doznała, gdyż sama z siebie oddałaby ci to, czego w swym mniemaniu potrzebujesz tak bardzo, że gotów jesteś wziąć to siłą – nawet gdyby w grę wchodziła utrata życia fizycznego – a to dlatego, że wiedziałaby, iż wszystko może **stworzyć na nowo.** Naturalną koleją rzeczy przekazałaby to istocie niższej, która tego nie wie.

Istoty wysoko rozwinięte nie są więc męczennikami ani ofiarami niczyjej „tyranii".

Ale na tym nie koniec. Istota wysoko rozwinięta nie tylko jest świadoma, że może stworzyć wszystko od nowa, ale pojmuje również, że **nie jest to konieczne.** Wie, że nie jest jej to potrzebne do szczęścia. Rozumie, że może doskonale obyć się bez tego, że wystarczy, że ma siebie, a to, czym ona jest, nie ma nic wspólnego z tym, co fizyczne.

Istoty i rasy niżej rozwinięte nie zawsze mają tego jasną świadomość.

Wreszcie, istota wysoko rozwinięta wie, że ona i napastnik stanowią Jedno. Dostrzega w nim cząstkę swej Jaźni. Rozumie, że jej zadanie w tych okolicznościach polega na uzdrowieniu wszelkich ran, aby Wszystko-w-Jedności znów mogło poznać siebie w swej prawdzie.

Oddanie wszystkiego, co się ma, w tych warunkach można by porównać do zażycia aspiryny.

To dopiero koncepcja. To dopiero pojmowanie! Ale chciałbym powrócić do tego, co powiedziałeś wcześniej. Mówiłeś, że istoty wysoko rozwinięte –

– Przyjmijmy odtąd skrót WRI. To zbyt długie określenie, aby wciąż je powtarzać.

Dobrze. W takim razie, mówiłeś, że WRI nigdy nie położyłyby kresu fizycznej egzystencji drugiej istoty bez jej zgody.

Zgadza się.

Ale dlaczego jakaś istota miałaby się zgodzić oddać swoje cielesne życie?

Z wielu powodów. Mogłaby posłużyć za pokarm. Albo poświęcić się dla sprawy, na przykład, zaprzestania wojny.

To pewnie dlatego nawet wśród nas żyją ludy, które nie zabiłyby zwierzęcia dla skór czy na pożywienie, nie zapytawszy wpierw ducha tej istoty o pozwolenie.

Tak. Zwyczaj ten praktykują rdzenni mieszkańcy Ameryki, którzy nie zerwą nawet rośliny bez tego rodzaju porozumienia. Wszystkie wasze pierwotne społeczności postępują tak samo. Co ciekawe, wy nazywacie je „prymitywnymi".

No, nie, człowieku, chcesz mnie przekonać, że nie mogę nawet wyrwać rzodkiewki, nie pytając, czy ma coś przeciwko temu?

Możesz robić, cokolwiek postanowisz. Pytałeś, jak zachowałaby się WRI.

Więc Indianie Ameryki są wysoko rozwiniętymi istotami?

Niektórzy tak, inni nie, jak w każdej innej kulturze czy społeczności. To kwestia indywidualna. Jako lud osiągnęli jednak wysoki poziom. Posiadają wzniosłe mity, kształtujące w dużej mierze ich doświadczenie. Ale wy zmuszacie ich do przyjmowania waszych.

Zaraz, chwileczkę! Przecież czerwonoskóry to dzikus! Dlatego musieliśmy wybić ich tysiące, a resztę zamknąć w rezerwatach! Odbieramy im nawet ich święte miejsca i zakładamy na nich pola golfowe. ***Musimy.*** *W przeciwnym razie mogliby* ***darzyć czcią*** *swe święte miejsca,* ***zachować w pamięci*** *swe kulturowe opowieści,* ***odprawiać*** *swoje rytuały, a na to nie możemy pozwolić.*

Wiem, co masz na myśli.

Ależ nie, naprawdę. Gdybyśmy nie przejęli władzy i nie stłamsili ich kultury, oni mogliby wpłynąć na ***naszą!*** *I do czego by doszło?*

Darzylibyśmy szacunkiem ziemię i powietrze, nie dopuścilibyśmy do skażenia rzek i co by się stało z naszym przemysłem!

Ludność zapewne nadal chodziłaby na golasa, bez skrępowania, żyłaby z ziemi zamiast tłoczyć się w wieżowcach czy na przedmieściach i dojeżdżać do pracy w asfaltowej dżungli. Pewnie wciąż wsłuchiwalibyśmy się w mądre opowieści przy ognisku, zamiast gapić się w telewizor! Nie dokonałby się ***żaden postęp.***

Na szczęście jednak wiecie, co dla was dobre.

18

Opowiedz mi jeszcze o wysoko rozwiniętych cywilizacjach i tworzących je istotach. Poza tym, że nie zabijają się nawzajem pod żadnym pozorem, czym jeszcze różnią się od nas?

Dzielą się z innymi.

Hej, my też się dzielimy!

Ale oni dzielą się **wszystkim.** Z **każdym.** Nikomu nie braknie. Wszelkie naturalne zasoby ich świata rozdzielane są równo i przekazywane każdemu.

Żaden naród, żadna zbiorowość czy kultura nie rości sobie prawa „własności" w stosunku do jakiegoś bogactwa naturalnego tylko dlatego, że zajmuje miejsce, gdzie owo bogactwo występuje.

Uważa się powszechnie, że planeta będąca „domem" dla różnych gatunków należy do wszystkich gatunków tego systemu. Nawet sama planeta czy układ planet pojmowane są jako system, „organizm". Postrzega się organiczną całość, a nie zbieraninę poszczególnych elementów, które można tępić czy dziesiątkować bez szkody dla samego systemu.

Ekosystemu, *jak my to nazywamy.*

To coś więcej. Nie chodzi wyłącznie o ekologię, czyli relacje zachodzące między naturalnymi zasobami planety a jej mieszkańcami. Liczą się też stosunki panujące między mieszkańcami, ich podejście do samych siebie oraz do środowiska.

To **wzajemne relacje zachodzące między wszystkimi formami życia.**

„Biosystem"!

Tak! Podoba mi się to określenie! Dobrze oddaje to, o czym tu mowa. To naprawdę **biosystem.** Czy też, według Buckminstera Fullera, **noosfera.**

Ja wolę ***biosystem.*** *To bardziej czytelne. Zawsze zastanawiałem się, co to jest ta* ***noosfera!***

Buckowi też bardziej się podoba twoje określenie. Nie obstaje przy swoim. Zawsze pochwalał uproszczenia i ułatwienia.

Rozmawiasz właśnie z Buckminsterem Fullerem? Czyżby ten dialog zmieniał się w seans spirytystyczny?

Powiedzmy, że mam podstawy sądzić, iż byt, który upostaciował się jako Buckminster Fuller, jest zachwycony twoim nowym słowem.

To super – mam na myśli to, że odlotowo jest móc coś takiego wiedzieć.

Zgadzam się. Jest „odlotowo".

*Zatem w wysoce rozwiniętych kulturach ważny jest **biosystem.***

Owszem, ale to nie znaczy, że pojedyncze istoty się nie liczą. Wręcz przeciwnie. To, że pojedyncze istoty są ważne, widać przede wszystkim w tym, iż przy podejmowaniu jakiejkolwiek decyzji ponad wszystko inne bierze się pod uwagę jej wpływ na **biosystem.**

Zrozumiałe jest, że **biosystem** podtrzymuje wszelkie życie oraz **każdą istotę** na poziomie optymalnym. Dlatego też powstrzymanie się od szkodliwych ingerencji w biosystem stanowi **wyraz poszanowania dla każdej pojedynczej istoty.**

Nie tylko dla tych majętnych, wpływowych czy uprzywilejowanych. Nie tylko dla tych posiadających władzę czy wyższe mniemanie o sobie.

Dla **wszystkich istot,** wszystkich gatunków w obrębie systemu.

*Jak się to udaje? Jak to jest możliwe? Na naszej planecie potrzeby i pragnienia pewnych gatunków **muszą** zostać podporządkowane potrzebom i pragnieniom innych, inaczej nie moglibyśmy doświadczać życia takiego, jakim je znamy.*

Niewiele dzieli was od chwili, kiedy przestaniecie doświadczać „życie takie, jakim je znacie", **ponieważ** potrzeby zaledwie jednego gatunku przedkładane są nad potrzeby przytłaczającej większości.

Ludzkiej rasy.

Tak – i to nawet nie potrzeby **wszystkich przedstawicieli** tej rasy, ale tylko wybranych. Nie największej liczby (co byłoby w miarę logiczne), ale zdecydowanie **najmniejszej.**

Najbogatszych i najpotężniejszych.

Z ust Mi to wyjąłeś.

No i proszę. Kolejna tyrada przeciwko tym, którym się powiodło.

Bynajmniej. Grzmieć przeciw waszej cywilizacji to mniej więcej tak jak grzmieć przeciw grupce przedszkolaków. Ludzie będą postępować tak, jak postępują, dopóki nie zrozumieją, że to nie leży w ich najlepszym interesie. Żadne tyrady niczego tu nie zmienią.

Gdyby tyrady skutkowały, wasze religie odnosiłyby o wiele większe sukcesy.

Szast! Prast! Wszystkim dzisiaj się obrywa.

Nic podobnego. Czy te zwykłe obserwacje tak bardzo cię kolą? Zastanów się dlaczego. Prawda jest często niewygodna. Lecz zadaniem tej książki jest głosić prawdę. Podobnie jak innych, powstałych z mojej inspiracji. Także filmów. Programów telewizyjnych.

Nie zachęcałbym ludzi do oglądania telewizji.

Telewizja spełnia rolę ogniska w obecnym społeczeństwie. To nie **środek przekazu** jest winny temu, że zdążacie w niepożądaną stronę. To **przekaz,** jaki z waszym przyzwoleniem tam zagościł. Nie wińcie środka. Pewnego dnia możecie go użyć do wysłania innego przekazu...

Mnie ciągle jednak nurtuje to pierwotne pytanie. Nadal nie wiem, w jaki sposób może funkcjonować ***biosystem,*** *skoro potrzeby każdego gatunku są uwzględniane po równo.*

Ich potrzeby są uwzględniane w równym stopniu, ale same potrzeby nie są równe. To kwestia proporcji, równowagi.

Wysoko rozwinięte istoty rozumieją, że wszystkie formy życia w obrębie **biosystemu** mają potrzeby, które muszą zostać zaspokojone, aby zagwarantować przetrwanie tych fizycznych bytów, które zarówno tworzą, jak i podtrzymują biosystem. Wiedzą również, że nie wszystkie z tych potrzeb są sobie równe, jeśli chodzi o obciążenie samego biosystemu.

Posłużmy się waszym biosystemem dla ilustracji.

Dobra...

Weźmy dwie formy życia, „drzewa" i „ludzi".

Jestem z Tobą.

Rzecz jasna, drzewa nie wymagają do przeżycia tyle co ludzie. Zatem ich potrzeby nie są równe. Są jednak współzależne. Jedno zależy od drugiego. Trzeba poświęcać tyle samo uwagi potrzebom drzew, co potrzebom ludzi, mimo że potrzeby tych pierwszych nie są aż tak wielkie. Lecz jeśli lekceważy się potrzeby jednego gatunku, pociąga to za sobą zagrożenie dla was samych.

Wspaniale ujmuje to książka, którą wymieniłem wcześniej – *The Last Hours of Ancient Sunlight.*

Mówi ona, że drzewa wchłaniają dwutlenek węgla z atmosfery, budując z cząsteczek węgla tego gazu **węglowodany** – innymi słowy, rozrastając się dzięki niemu.

(Niemal wszystko, co składa się na roślinę – korzenie, łodygi, liście, nawet owoce i nasiona, które drzewo rodzi – to węglowodany.)

Jednocześnie cząsteczki tlenu uwalniane są do atmosfery. Stanowią „wydaliny" drzewa.

Z kolei ludziom tlen potrzebny jest do życia. Bez drzew, które przetwarzają tak rozpowszechniony w atmosferze dwutlenek węgla na tlen – nie ma go zbyt wiele – wasz gatunek nie mógłby przetrwać. Wy natomiast wydzielacie (wydychacie) dwutlenek węgla, który potrzebny jest do życia drzewom.

Dostrzegasz równowagę?

Oczywiście. Bardzo pomysłowa.

Dziękuję. Więc bardzo proszę jej nie burzyć.

Daj spokój. Na każde wycięte drzewo sadzimy dwa nowe.

Tak, i potrzeba, bagatela, 300 lat, aby te nowo zasadzone drzewa urosły na tyle, aby wytwarzać tyle tlenu, co wyrąbywane przez was starodrzewy.

Fabryka tlenu, którą wy nazywacie dżunglą amazońską, może odzyskać swą zdolność równoważenia atmosfery na planecie powiedzmy za dwa, trzy tysiące lat. Spokojna głowa. Co roku wycinacie tysiące akrów, ale nie ma się czym przejmować.

Dlaczego? *Dlaczego to robimy?*

Karczujecie lasy pod hodowlę bydła, które zarzynacie i jecie. Hodowla bydła podobno jest bardziej dochodowa dla miejscowej ludności. Więc wszystko to dzieje się w imię zwiększania wydajności ziemi.

Jednak w cywilizacjach zaawansowanych trzebienie **biosystemu** jest uznawane za zabójcze, niewydajne. WRI znalazły sposób na zrównoważenie **całkowitych** potrzeb **biosystemu.** Wybierają to, a nie zaspokajanie zachcianek wąskiego wycinka biosystemu, ponieważ zdają sobie doskonale sprawę, że żaden gatunek **w obrębie** systemu **nie może przetrwać,** jeśli **ulegnie zagładzie sam system.**

To się wydaje takie oczywiste, oczywiste aż do bólu.

Ta „oczywistość" może być jeszcze boleśniejsza w nadchodzących latach, jeśli tak zwany gatunek dominujący się nie ocknie.

Widzę to aż nazbyt jasno. Chciałbym coś w tej sprawie zrobić. Ale czuję się bezsilny. W jaki sposób mogę przyczynić się do przemiany?

Nie trzeba nic robić, ale jeśli chodzi o bycie, macie wielkie pole do popisu.

Nie bardzo rozumiem.

Ludzkość od dawna usiłuje rozwiązać problemy na poziomie „robienia", bez większego powodzenia. To dlatego, że prawdziwa zmiana zaczyna się na poziomie „bycia".

Oczywiście, dokonaliście wielu odkryć, rozwinęliście technikę, i w pewnym sensie ułatwiliście sobie życie – ale nie wiadomo, czy je **ulepszyliście.** Bardzo powoli przebiega też wasza ewolucja w kwestii pryncypiów.

Te same problemy wynikłe z pryncypiów nękają was od wieków.

Dobrym przykładem jest wasz pogląd, iż Ziemia istnieje ku zaspokajaniu żądzy wyzysku, jaką przejawia gatunek dominujący.

Jasne jest, że nie przestaniecie tego czynić, dopóki nie zmienicie swego myślenia o sobie.

Musicie zrewidować swoje zapatrywania na to, czym jesteście w stosunku do swojego otoczenia i wszystkiego, co się w nim znajduje, zanim zaczniecie inaczej **postępować.**

To kwestia świadomości. **A musicie najpierw podnieść swą świadomość, aby móc ją zmienić.**

Jak tego dokonać?

Przestańcie przemilczać te sprawy. Zabierzcie głos. Naróbcie szumu. Podnieście te problemy. Możecie też podnosić świadomość zbiorową.

Oto przykładowy problem. Dlaczego nie można by uprawiać konopi i z nich wytwarzać papier? Czy masz pojęcie, ile drzew ginie na jednorazowe wydanie waszych dzienników? Nie mówiąc o papierowych kubkach czy ręcznikach?

Uprawa konopi jest tania, łatwo się je zbiera. Można z nich robić nie tylko papier, ale i najwytrzymalsze sznury i odzież, a nawet nader skuteczne lekarstwa. W rzeczy samej, zasiew konopi jest tak tani, ich zbiór **tak** łatwy, a wspaniałych zastosowań **tak** wiele, że sprzysięgło się przeciw tej roślinie potężne lobby.

Zbyt wielu straciłoby zbyt wiele, gdyby świat przestawił się na uprawę tej prostej rośliny, która rośnie niemal na każdej glebie.

Tak oto widać, jak chciwość zamiast zdrowego rozumu nadaje bieg ludzkim sprawom.

Więc daj tę książkę każdemu ze swych znajomych. Nie tylko po to, aby się dowiedzieli o tej jednej sprawie, ale o wielu innych. Przed nami jeszcze **sporo rewelacji.**

Tak, ale ja powoli popadam w przygnębienie. Podobnie czuło się wiele osób po przeczytaniu księgi drugiej. Czy znowu będzie mowa o tym, jak niszczymy i zaprzepaszczamy wszystko? Bo to już ponad moje siły...

A czy w takim razie chcesz podnieść się na duchu? Poczuć dreszcz podniecenia?

Ponieważ poznawanie innych cywilizacji – zaawansowanych – powinno dodać ci otuchy, dostarczyć podniet!

Pomyśl tylko o możliwościach! Pomyśl o szansach! Pomyśl o świetlanym jutrze, co kryje się za rogiem!

O ile się ***obudzimy.***

Już się budzicie! Zmienia się świat. Przyjmuje się nowy paradygmat. Na twoich oczach.

Ma w tym swój udział ta książka. Ty sam.

Pamiętaj, jesteś na świecie, aby go uzdrowić. Nie ma innego powodu twojego tu pobytu.

Nie załamuj się! Nie załamuj się. Najcudowniejsza przygoda dopiero co się rozpoczęła!

W porządku. Postanawiam, aby przykład i mądrość wysoko rozwiniętych istot były dla mnie źródłem natchnienia, nie przygnębienia.

Świetnie. To mądry wybór, zważywszy na to, gdzie jak sami mówicie, chcecie dojść jako rasa. Wiele możecie sobie przypomnieć przyglądając się tym istotom.

WRI żyją w jedności, w głębokim poczuciu współzależności wszystkich rzeczy. Ich zachowania motywowane są podstawowymi zasadami przewodnimi przyjętymi przez ich społeczność, będące Głównymi Sprężynami ich działania. Wasze zachowania również motywowane są podstawowymi zasadami przewodnimi przyjętymi przez **waszą** społeczność, będące Głównymi Sprężynami waszego działania.

Jakie zasady przyjęła społeczność WRI?

Pierwsza z nich brzmi: Wszyscy Stanowimy Jedność.

Na tej zasadzie wspiera się każda decyzja, każdy wybór, cała „moralność" i „etyka".

Druga zasada przewodnia jest następująca: Wszystko, W Ramach Jedności, Jest Ze Sobą Powiązane.

W myśl tej zasady żaden z członków społeczności nie odmówi drugiemu czegoś z racji tego, że „miał to pierwszy", czy że stanowi „jego własność", czy „jest tego mało". Współzależność wszystkich żyjących bytów w obrębie biosystemu jest uznawana i respektowana przez wszystkich. Względne potrzeby wszystkich przedstawicieli poszczególnych gatunków utrzymywane są w równowadze, ponieważ zawsze o nich pamięta.

Czy druga zasada przewodnia przekreśla ideę własności osobistej?

Własności w waszym rozumieniu, tak.

WRI doświadcza „własności osobistej" na kształt **osobistej odpowiedzialności** za powierzone jej dobra. Najbliższym odpowiednikiem w waszym języku postawy WRI jest **kustoszostwo.** WRI jest kustoszem, nie **posiadaczem.**

Słowo „własny" i pojęcie pod nim się kryjące nie występują w kulturze WRI. Nie ma czegoś takiego jak „własność" w sensie rzeczy przynależącej wyłącznie do danej osoby. WRI nie **posiada;** ona **dogląda.** Kochają, doglądają rzeczy, ale ich nie posiadają.

Ludzie posiadają, WRI doglądają. Tak można wyrazić te różnice w waszym języku.

Jeszcze nie tak dawno ludzie uważali, że mają prawo do **wszystkiego, co wpadło im w ręce.** Obejmowało to również żony i dzieci, ziemię i bogactwa ziemi. Pogląd ten pokutuje do teraz w ludzkim społeczeństwie.

Ludzie popadli w obsesję na tle pojęcia „własności". Przypatrujące się wam z oddali WRI nazwały to „obsesją posiadania".

Jednak w miarę rozwoju coraz bardziej dociera do was, że tak naprawdę niczego nie można posiąść, a tym bardziej małżonek i dzieci. Lecz wielu spośród was nadal trwa w przekonaniu, że można mieć na własność ziemię i wszystko, co się znajduje na niej, pod nią i nad nią. (Tak, tak, mówicie nawet o **„prawach do powietrza"**.)

W odróżnieniu od was, żyjące we wszechświecie WRI doskonale zdają sobie sprawę, że planeta pod ich stopami nie może wejść w posiadanie żadnej z nich – chociaż poszczególnym WRI można oddać w użytkowanie kawałek ziemi, co regulują odnośne mechanizmy obowiązujące w ich społeczeństwie. Jeśli WRI okaże się dobrym rządcą, pieczę nad powierzoną ziemią będzie mogła przekazać potomkom. Lecz jeśli ona czy któryś z jej potomków nie wywiąże się z zadania, prawo do użytkowania ziemi zostanie im odebrane.

To dopiero! Gdybyśmy my przyjęli takie zasady przewodnie, połowa przedsiębiorstw świata musiałaby zwrócić swoje grunty.

I z dnia na dzień radykalnie poprawiłby się stan środowiska.

Widzisz, wysoko rozwinięta kultura nigdy by nie dopuściła do tego, aby „korporacja", jak to nazywacie, skalała ziemię w imię własnych zysków, ponieważ byłoby widoczne jak na dłoni, że nieodwracalnie pogorszy się jakość życia tychże ludzi, którzy dla tej korporacji pracują. A jakie dobro z tego płynie?

No, cóż, szkody mogłyby wyjść na jaw dopiero po wielu latach, a korzyści byłyby dostępne od razu. Można by to ująć tak: Zysk na Krótką Metę / Strata w Dłuższej Perspektywie. Ale kogo obchodzi Strata w Dłuższej Perspektywie, jeśli nie zdąży tego doświadczyć na własnej skórze?

Obchodzi to bardzo WRI. Lecz one żyją o wiele dłużej.

O ile dłużej?

Wielokrotnie. W niektórych społecznościach nawet wiecznie – albo tak długo, jak jest ich życzeniem pozostać w powłoce cielesnej. Toteż w wysoko rozwiniętych kulturach pojedyncze istoty doświadczają na sobie opóźnionych konsekwencji swoich czynów.

Jak udaje im się tak długo utrzymać przy życiu?

Oczywiście nigdy nie tracą życia, tak jak wy zresztą, ale rozumiem, co masz na myśli. Chodzi ci o bycie „w ciele".

Tak. Jak udaje im się przebywać w ciele tak długi czas? Czemu to zawdzięczają?

Przede wszystkim temu, że nie zatruwają swojego powietrza, swojej ziemi i swojej wody. Nie faszerują gleby związkami chemicznymi, które potem wchłaniane są przez rośliny i zwierzęta, a następnie przyswajane przez ciało przez spożycie tych roślin i zwierząt.

Tak naprawdę WRI nigdy nie zjadłaby zwierzęcia, ani tym bardziej nasycała związkami chemicznymi gleby oraz roślin będących strawą tego zwierzęcia, następnie nie szpikowała tegoż zwierzęcia związkami i wreszcie sama go zjadała. Trafnie oceniłaby takie postępowanie jako samobójcze.

Zatem WRI nie zanieczyszczają swego środowiska, swej atmosfery i swych fizycznych ciał, w przeciwieństwie do ludzi. Wasze ciała to cudowne twory, przeznaczone do użytku nieskończenie dłuższego.

WRI wykazują również odmienne cechy psychiczne, które w równym stopniu przedłużają życie.

Na przykład?

WRI nigdy się nie martwi – nie pojmuje nawet, co ludzie rozumieją przez „troskę" czy „stres". WRI nie odczuwa „nienawiści", „gniewu", „zazdrości" czy paniki. Toteż nie wywołuje ona biochemicznych reakcji w swoim ciele, które zżerają je od środka i niszczą. WRI nazwałaby to „zagryzaniem się", a ona jest równie daleka od tego czy zamartwiania innej cielesnej istoty.

Jak ona to osiąga? Czy ludzie potrafią w takim stopniu panować nad swoimi uczuciami?

Po pierwsze, WRI wie, że stworzenie jest doskonałe, a we wszechświecie przebiega proces, który sam się dopełni. Nie należy tylko weń ingerować. Więc WRI nigdy się nie martwi, ponieważ rozumie, na czym polega proces.

A co się tyczy drugiego pytania: Owszem, ludzie mają taką władzę, chociaż niektórzy w to nie wierzą, a inni po prostu z niej nie korzystają. Nieliczni, którzy zdobywają się na ten wysiłek, żyją o wiele dłużej – pod warunkiem że nie zdążyły ich wykończyć związki chemiczne pospołu z zatrutym powietrzem albo sami dobrowolnie się nie zatruwali.

Chwileczkę. To my „dobrowolnie się zatruwamy"?

Niektórzy z was tak.

W jaki sposób?

Mówiłem wcześniej, zjadacie zatruty pokarm. Niektórzy z was piją truciznę. A jeszcze inni nawet palą i wdychają truciznę.

Dla oświeconej istoty jest to niezrozumiałe. Nie mieści się jej w głowie, że można celowo wchłaniać substancje, o których wiadomo, że są szkodliwe.

Cóż, zjadanie, picie i palenie pewnych substancji sprawia nam ***przyjemność.***

Dla WRI samo przebywanie w ciele jest przyjemnością. Po co miałaby robić cokolwiek, co, jak **wie z góry,** przyczyni się do skrócenia życia albo uczyni je bolesnym.

Są tacy, co nie wierzą, że obfite spożywanie czerwonego mięsa, picie alkoholu czy palenie wysuszonych roślin przyczynia się do skrócenia życia albo uczyni je bolesnym.

W takim razie macie przytępiony zmysł obserwacji. Trzeba go wyostrzyć. WRI poradziłyby wam, abyście po prostu rozejrzeli się dookoła siebie.

Tak, cóż... co jeszcze możesz powiedzieć o tym, jak wygląda życie w wysoko rozwiniętych społecznościach wszechświata?

Jest wolne od wstydu.

Wolne od wstydu?

I wolne od winy.

A jeśli istota okaże się złym rządcą? Mówiłeś, że wtedy odbierają jej ziemię! Czy to nie oznacza, że została osądzona i uznana za winną?

Nie. Oznacza to, że jej się przyjrzano i uznano za niezdolną do wypełnienia powierzonego zadania. W wysoko rozwiniętych kulturach nigdy nie poproszonoby kogoś o zrobienie czegoś, do czego, jak pokazała praktyka, się nie nadaje.

A gdyby mimo to ten ktoś nadal ***chciał*** *to robić?*

Nigdy by tego nie „chciał".

Dlaczego?

Wykazana niezdolność wyeliminowałaby pragnienie. To naturalny wynik zrozumienia, że niezdolność do wykonania określonej rzeczy mogłaby przynieść szkodę komuś innemu. A tego nigdy by nie chciał, ponieważ skrzywdzić innego to to samo, co skrzywdzić siebie; **i oni to wiedzą.**

Więc to „samozachowanie" przesądza o doświadczeniu! Zupełnie jak na Ziemi!

Oczywiście. Tylko że inaczej **definiują siebie** i **swoje.** Człowiek pojmuje to bardzo wąsko. Mówicie o **swojej** Jaźni, **swojej** rodzinie, **swojej** społeczności. WRI pojmują to odmiennie. One mówią po prostu o Jaźni, o rodzinie, o społeczności.

Tak jakby była tylko jedna Jaźń, rodzina, społeczność.

Bo jest tylko jedna. W tym cała rzecz.

Rozumiem.

Zatem w wysoko rozwiniętej kulturze nikt nie upierałby się przy wychowywaniu dzieci, na przykład, jeśli wcześniej wykazał **swoją niezdolność do wykonania tego zadania.**

Dlatego też w takich społecznościach dzieci nie zajmują się wychowaniem dzieci. Potomstwo powierzane jest starszym. Nie oznacza to, że wyrywa się dzieci rodzicom z rąk i oddaje obcym. Nic podobnego.

W tych kulturach starsi żyją razem z młodymi. Nie skazuje się ich na samotność, nie pozostawia ich własnemu losowi. Starszych się czci, szanuje, włącza w życie miłującej, troskliwej, prężnej społeczności.

Gdy przybywa na świat nowe dziecko, starsi są tuż obok, w samym sercu tej społeczności i tej rodziny, a wychowywanie przez nich dziecka jest postrzegane jako organiczna niemal prawidłowość, jak w waszym społeczeństwie postrzegana jest rola w tym rodziców.

Chociaż zawsze znają swoich „rodziców" – najbliższym odpowiednikiem w waszym języku byłoby określenie „dawcy życia" – nie każe im się nabywać podstawowej wiedzy o życiu od istot, które **same są jeszcze w trakcie nabywania tej wiedzy.**

W społecznościach WRI starszyzna organizuje i nadzoruje przebieg nauki, jak również zakwaterowanie, żywienie dzieci i opiekę nad nimi. Potomstwo wzrasta otoczone mądrością i miłością, wielką, wielką cierpliwością i głębokim zrozumieniem.

Młodzi, którzy je poczęli, zwykle są gdzieś zajęci, próbując sprostać wyzwaniom i doświadczając radości, jakie niesie ze sobą ich własne życie. Mogą jednak spędzać z dziećmi tyle czasu, ile zechcą. Mogę nawet zamieszkać z nimi w Siedzibie Starszyzny, tworząc coś na kształt „domu", stanowiąc jego element doświadczany przez dzieci.

Odbywa się to w ramach spójnego, zintegrowanego doświadczenia. Niemniej to na starszych spoczywa odpowiedzialność za wychowanie dzieci. Jest to również zaszczyt, albowiem w ich rękach spoczywa zarazem przyszłość całej rasy. A to zadanie przerasta siły młodego pokolenia.

Poruszałem to już wcześniej, przy okazji rozważań o sposobie wychowywania dzieci praktykowanym na waszej planecie i ewentualnej zmianie tego modelu.

Zgadza się. Jestem wdzięczny za tak klarowne wyłożenie mi tego i pokazanie, jak można by to wprowadzić w życie. Ale podejmując nasz obecny wątek, WRI nie odczuwa wstydu ani winy bez względu na to, co uczyni?

Nie. Ponieważ wina i wstyd zostają narzucone z zewnątrz. Mogą potem zostać przyswojone, bez dwóch zdań, ale pierwotnie pochodzą z zewnątrz. **Zawsze.** Żadna boska istota (a wszystkie istoty są boskie) **nigdy** nie ma świadomości, że ona sama czy coś, co robi, jest „haniebne" czy „karygodne", dopóki ktoś poza nią samą tak tego nie określi.

Czy w waszej kulturze dziecko wstydzi się tego, co robi w ubikacji? Oczywiście nie. Dopóki wy mu tego nie wpoicie. Czy dziecko czuje się „winne" znajdując przyjemność w dotykaniu swoich genitaliów? Oczywiście nie. Dopóki wy mu tego nie wpoicie.

O rozwoju danej kultury świadczy to, w jakiej mierze narzuca ona „wstyd" i „winę" zachowaniom i istotom.

Czy należy zatem rozumieć, że ***żaden*** *czyn nie jest haniebny? I nikt* ***nigdy*** *nie jest winny, obojętnie, co zrobi?*

Tyle razy mówiłem ci, że nie ma rzeczy słusznych i nagannych.

Nie wszyscy to rozumieją.

Aby zrozumieć, o czym tutaj mowa, należy znać **cały** dialog. Zdania wyjęte z kontekstu mogą być niezrozumiałe. W księgach pierwszej i drugiej znaleźć można szczegółowe wyjaśnienie powyższej mądrości. Prosiłeś Mnie, abym przybliżył ci wysoko rozwinięte społeczności wszechświata. One już to pojęły.

W porządku. Czym jeszcze różnią się od nas?

Wieloma rzeczami. Nie znają rywalizacji.

Mają świadomość, że gdy jeden wygrywa, drugi przegrywa.

Dlatego też nie wymyślają gier ani dyscyplin sportowych, które zaszczepiają dzieciom (i utwierdzają w dorosłych) tę osobliwą myśl, że oglądanie, jak ktoś „zwycięża", podczas gdy kto inny „przegrywa", stanowi **rozrywkę.**

Ponadto, jak już mówiłem, dzielą się wszystkim. Kiedy ktoś jest w potrzebie, pozostałym nie śni się, aby chować czy gromadzić coś, czego, jak wiedzą, jest mało. Wręcz przeciwnie, **z tego właśnie powodu podzieliłyby się tym.**

W waszym społeczeństwie rzecz rzadka ma wysoką cenę, o ile w ogóle dochodzi do jej oddania. W ten sposób zapewniacie sobie to, że jeśli już macie się podzielić czymś, co „posiadacie", przynajmniej **dzięki temu się wzbogacicie.**

Wysoko rozwinięte istoty również wzbogacają się dzieląc się tym, co rzadkie. Jedyna różnica zawiera się w tym, co rozumieją przez „wzbogacanie się". WRI czuje się „wzbogacona", kiedy dzieli się wszystkim bez ograniczenia, bez potrzeby „zysku". Właśnie to poczucie jest dla niej zyskiem.

Wasze zachowania uwarunkowane są szeregiem zasad przewodnich. Jedną z podstawowych jest omówiona wcześniej zasada głosząca Przetrwanie Najlepiej Przystosowanych.

Można by ją nazwać waszą Drugą Zasada Przewodnią. Leży ona u podstaw wszystkich tworów waszego społeczeństwa: gospodarki, polityki, religii, oświaty, struktur społecznych. Lecz dla istoty oświeconej zasada ta zawiera w sobie sprzeczność. Ponieważ Pierwsza Zasada Przewodnia WRI brzmi: Wszyscy Stanowimy Jedno, „Jedno" nie staje się „najlepiej przystosowane", dopóki Wszystko „najlepiej się nie przystosuje". W związku z tym przetrwanie „najlepiej przystosowanych" jest albo niemożliwe, albo jedyną możliwą rzeczą (stąd sprzeczność).

Nadążasz?

Tak. U nas nazywa się to komunizmem.

Na waszej planecie z góry przekreślacie każdy system, który nie dopuszcza do tego, aby jednej istocie wiodło się lepiej kosztem drugiej.

Jeśli system rządzenia czy gospodarowania zakłada równy rozdział „wszystkim" dóbr wypracowanych przez „wszystkich", z pomocą zasobów należących do „wszystkich", zaraz podnosi się wrzawa, że podważa to naturalny porządek rzeczy. Lecz w wysoko rozwiniętych kulturach naturalnym porządkiem rzeczy JEST **równy podział.**

Nawet jeśli ktoś nie kiwnął palcem, aby sobie zasłużyć na to? Nawet jeśli nie wniósł swojego wkładu w dobro publiczne? Nawet jeśli jest niegodziwy?

Dobrem publicznym jest życie. Już przez to, że żyjesz, wnosisz wkład w dobro publiczne. Trudno jest duchowi przebywać w postaci fizycznej. Zgoda na jej przyjęcie stanowi, w pewnym sensie, poświęcenie – ale takie, które jest nieodzowne (może nawet być przyjemne) do tego, aby Wszystko mogło poznać siebie na drodze doświadczenia i odtworzyć się na nowo w jeszcze wspanialszym wydaniu swej najwyższej wizji o sobie. Trzeba pamiętać, po co tu jesteśmy.

Jesteś-my?

Dusze tworzące zespół.

Gubię się w tym już.

Jak już wyjaśniałem, istnieje tylko Jedna Dusza, Jeden Byt, Jedna Istota. Niektórzy nazywają ja „Bogiem". Ten Jedyny Byt upostaciowuje się jako Wszystko, Co Występuje we Wszechświecie – innymi słowy, Wszystko, Co Jest. Dotyczy to również bytów rozumnych zwanych przez was duszami.

Więc „Bóg" to każda dusza, która „jest"?

Każda dusza, która jest obecnie, zawsze była i będzie.

Czyli Bóg to „zespół"?

Wybrałem to słowo z waszego języka, ponieważ najbliżej oddaje rzeczywisty stan rzeczy.

Nie pojedyncza najwyższa istota, lecz zespół?

Te dwie rzeczy nie muszą się wzajemnie wykluczać. Przestań myśleć utartymi kategoriami.

Bóg jest i jednym, i drugim? Jedną Najwyższą Istotą, która jest zespołem pojedynczych cząstek?

Brawo! Świetnie!

Ale dlaczego ów zespół zstąpił na Ziemię?

Aby objawić siebie w postaci fizycznej. Poznać siebie we własnym doświadczeniu. Stać się Bogiem. Wyłożyłem to szczegółowo w księdze pierwszej.

Stworzyłeś nas po to, abyśmy stali się Tobą.

W rzeczy samej, po to was stworzyliśmy.

Ludzie są dziełem zbiorowym?

Czyż wasza Biblia nie mówi: „Uczyńmy człowieka na obraz **Nasz,** podobnego do **Nas**"?

Życie to proces, za pośrednictwem którego Bóg tworzy siebie, a następnie doświadcza swego dzieła. Proces ten przebiega nieustannie i zawsze. Przez cały „czas". Narzędziami, którymi posługuje się przy tym Bóg, są względność i fizykalność. Bóg zaś jest czystą energią, prawdziwym Świętym Duchem.

Z pomocą procesu, dzięki któremu energia staje się materią, duch zanurza się w fizykalności. Osiąga się to przez dosłowne spowolnienie energii – zmianę pulsacji czy wibracji.

Zajmują się tym cząstki Wszystkiego Co Jest. Te upostaciowania wy postanowiliście nazywać duszami.

W rzeczywistości jest tylko Jedna Dusza, przekształcająca się, zmieniająca postać. To istna Re-formacja.

Wasz wkład polega na przybraniu fizycznej postaci. **To wystarczy.** Ja niczego więcej nie wymagam i nie oczekuję. Przyczyniliście się w ten sposób do dobra publicznego. Umożliwiliście temu, co publiczne, czyli wspólne – Jednemu Wspólnemu Elementowi – doświadczenie tego, co jest dobre. Napisane jest w waszych księgach, iż Bóg stworzył niebiosa i ziemię, zwierzęta chodzące po ziemi, ptactwo fruwające w przestworzach i ryby w morzu, **i to było dobre.**

„Dobro" nie istnieje jednak w doświadczeniu – nie może zaistnieć – bez swojego przeciwieństwa. Dlatego też wymyśliliście zło, które jest ruchem wstecz czy przeciwnym kierunkiem w stosunku do dobra. To przeciwieństwo życia – i stąd wzięła się śmierć.

Lecz w ostatecznej rzeczywistości śmierć nie istnieje, to tylko wymysł, doświadczenie urojone, dzięki któremu bardziej ceni się życie.

Kiedy zrozumiecie tę kosmologię, pojmiecie doniosłą prawdę. Wówczas nigdy nie zażądacie od drugiej istoty, aby dała wam coś w zamian za to, że dzielicie się z nią dobrami i środkami potrzebnymi do życia w wymiarze fizykalnym.

Brzmi to bardzo pięknie, ale wielu ludziom i tak skojarzy się z komunizmem.

Jeśli takie ich życzenie, niech tak będzie. Lecz powiadam ci: Nie zaznacie Świętej Komunii i nie poznacie Mnie naprawdę, dopóki nie nauczycie się żyć w świętej unii ze sobą nawzajem.

Wysoko rozwinięte społeczności wszechświata głęboko rozumieją to wszystko, co wam tu wyłożyłem. Niepodobna, aby się nie dzieliły wspólnymi dobrami. Niepodobna też, aby „windowano" tam ceny, im rzadsza rzecz jest. Tylko w prymitywnych społeczeństwach jest to dopuszczalne. Tylko prymitywne jednostki szukałyby okazji do wzbogacenia się na czymś, czego jest mało i co jest powszechnie potrzebne. Tamtejszą rzeczywistością nie rządzi reguła podaży i popytu.

Wchodzi zaś ona w skład systemu, który zdaniem ludzi, podnosi jakość życia i pomnaża wspólne dobro. Niemniej z punktu widzenia istot oświeconych wasz system **narusza** wspólne dobro, ponieważ nie pozwala na **wspólne** doświadczenie tego, co **dobre.**

Inną fascynującą cechą wyróżniającą wysoko rozwinięte kultury jest brak słów oraz innych środków komunikacji na wyrażenie pojęcia „twoje" i „moje". W ich języku nie występują zaimki dzierżawcze. Oddając to w mowie ziemskiej można jedynie użyć zaimków wskazujących czy form opisowych. I tak „mój samochód" byłby „samochodem u mnie", „moja partnerka" byłaby „partnerka, z którą teraz jestem".

Określenia „z którą (którym) teraz", „u mnie", „w obecności" najbliżej odpowiadają ludzkim pojęciom „posiadania" czy „własności".

Bycie „w obecności" czegoś staje się darem. To macie na myśli, gdy mówicie o przebywaniu „przed obliczem Boga". Wysoko rozwinięte istoty nie mówią nawet „moje życie", lecz „życie, jakie wiodę obecnie".

Kiedy znajdujecie się przed obliczem Boga (a to ma miejsce, ilekroć stajecie przed obliczem drugiego człowieka), nigdy nie przyszłoby wam do głowy odmawiać mu tego, co Boskie – czyli dowolnej cząstki Tego Co Jest. Naturalną koleją rzeczy dzieliłbyś, i to równo, to, co Boskie z dowolną **cząstką** Boga.

To duchowe przekonanie leży u podstaw społecznych, politycznych, gospodarczych i religijnych struktur wysoko rozwiniętych kultur. Na tym polega kosmologia całego życia, a przyczyną wszelkich zaburzeń w waszym ziemskim doświadczeniu jest brak jej zrozumienia i życia zgodnie z nią.

19

Jak wyglądają istoty żyjące na innych planetach?

Do wyboru, do koloru. Jest tyle różnych odmian, co gatunków na waszej planecie. A nawet więcej.

Czy niektóre z nich przypominają wyglądem nas?

Są takie, które stanowią waszą wierną kopię – nie licząc drobnych szczegółów.

Jak mieszkają? Co jedzą? Jak się ubierają? Jak się porozumiewają? Chcę się dowiedzieć wszystkiego o pozaziemskich istotach.

Rozumiem twoją ciekawość, ale przeznaczeniem tego dialogu nie jest zaspokojenie twej ciekawości. Ma on stanowić przesłanie dla twojego świata.

Tylko kilka pytań. Nie jest to próżna ciekawość. Możemy się z tego czegoś nauczyć. Czy, ściślej mówiąc, przypomnieć sobie.

To jest bliższe prawdy. Gdyż niczego nie musicie się uczyć, jedynie pamiętać, Kim W Istocie Jesteście.

Z zachwycającą prostotą wyjaśniłeś to w księdze pierwszej. Czy istoty na innych planetach pamiętają, Kim Są?

Jak można się domyślać, istoty żyjące we wszechświecie znajdują się na różnych etapach ewolucji. Lecz jeśli chodzi o wysoko rozwinięte istoty, o których tu mowa, to owszem, pamiętają.

Jak mieszkają? Pracują? Podróżują? Porozumiewają się?

Rozpowszechniony u was sposób przemieszczania się tam w ogóle nie występuje. Rozwój techniczny sprawił, że przestało być konieczne używanie paliw kopalnych do napędzana silników umieszczonych w potężnych maszynach przewożących ludzi.

Do możliwości, jakie otworzyły przed nimi nowe zdobycze techniczne, dochodzi jeszcze daleko posunięte zrozumienie umysłu oraz samej natury fizykalności.

W wyniku sprzężenia obu tych rodzajów ewolucyjnego postępu stało się dla wysoko rozwiniętych istot możliwe rozkładanie ciał i składanie ich na powrót, co pozwala im „być", **gdziekolwiek** postanowią – kiedykolwiek postanowią.

Nawet w odległym o lata świetlne zakątku wszechświata?

Tak, w większości przypadków tak. Takie dalekie podróże przez galaktyki odbywa się w sposób, który przypomina „kaczkę" puszczaną kamieniem po wodzie. Nie podejmuje się próby przejścia **przez** Macierz, czyli wszechświat, lecz raczej przebywa się ją „ślizgając" się po niej. Tak najlepiej można zobrazować w waszym języku stronę fizyczną tego zjawiska.

Co się zaś tyczy „pracy", jak to w waszym społeczeństwie nazywacie, pojęcie takie jest obce większości kultur WRI. Wykonuje się zadania, podejmuje działania, mając na względzie wyłącznie to, co się uwielbia robić i co się postrzega jako najwyższy wyraz Jaźni.

To wspaniale, ale w takim razie kto jest od „brudnej, niewdzięcznej roboty"?

Takie pojęcie jest tam nieznane. To, co u was określane jest jako „brudna, niewdzięczna robota", w kulturach WRI często cenione jest wysoko. Ci, którzy wykonują codzienne zadania, niezbędne do funkcjonowania społeczeństwa, są sowicie nagradzanymi i wyróżnianymi „pracownikami" w służbie Wszystkiego. Słowo „pracownikami" ujęte jest w cudzysłów, ponieważ dla WRI nie jest to wcale „praca", lecz najwyższa forma samospełnienia.

To, co za sprawą ludzi narosło wokół wyrażania siebie – przez was nazywanego pracą – w kulturze WRI jest po prostu nieobecne. „Harówka", „nadgodziny", „obciążenie" i tym podobne wytworzone przez was doświadczenia nie są udziałem WRI, które nie próbują „wybić się na szczyt", „robić kariery" czy „odnieść sukcesu".

Samo pojęcie „sukcesu", jak wy to rozumiecie, jest obce WRI, ponieważ u nich nie występuje jego przeciwieństwo – **porażka.**

To wobec tego w jaki sposób WRI kiedykolwiek doznają poczucia spełnienia czy osiągnięcia czegoś?

Na pewno nie przez wzniesienie wymyślnego systemu wartości wokół „rywalizacji", „zwyciężania" i „przegrywania", jak to ma na ogół miejsce w społecznościach ludzi, a szczególnie w waszych szkołach. Zamiast tego uczy się dzieci rozpoznawać i doceniać prawdziwą wartość.

Osiągnięcie równoznaczne jest z „robieniem czegoś, co wytwarza wartość", a nie z „wykonywaniem czegoś, co przynosi 'sławę' i 'majątek'".

Więc WRI posiadają „system wartości"!

Oczywiście. Ale całkowicie odmienny od powszechnie przyjętego przez ludzi. WRI cenią to, co pomnaża dobro ogółu.

My też!

Tak. Ale wy inaczej pojmujecie „dobro". Według was, więcej dobra ogół ma z celnego rzutu białą piłeczką do faceta z klepką czy rozbierania się na ekranie niż, na przykład, z prowadzenia młodych ku najdonioślejszym prawdom życia czy wspierania społeczeństwa na duchu. Tak więc obsypujecie pieniędzmi i zaszczytami sportowców i aktorów, a nie szanujecie nauczycieli i duchownych. To się nijak ma do tego, gdzie jako społeczeństwo zmierzacie, jak sami mówicie.

Nie rozwinęliście zbytnio zmysłu obserwacji. WRI zawsze widzą, „jak jest" i „co się sprawdza". Ludzie często nie.

WRI nie szanują nauczycieli i duchownych dlatego, że to jest „moralnie wskazane". Czynią to, ponieważ „to **się sprawdza**", zważywszy na to, dokąd jako społeczeństwo zdążają.

Mimo to musi być podział na „górę" i „dół" tam, gdzie przyjęty jest jakiś system wartości. W społeczności WRI to nauczyciele są sławni i bogaci, nie sportowcy.

W społeczności WRI nie ma „dołów". Nikt nie żyje w nędzy, w jaką pozwoliliście popaść tak licznym rzeszom ludzi. Nikt nie umiera z głodu, w przeciwieństwie do waszej planety, gdzie co godzinę umiera 400 dzieci, a dziennie łącznie 30 tysięcy ludzi. Nie znają też czegoś takiego jak „życie w cichej desperacji".

Nie. W społeczności WRI nie ma „biednych" i „pokrzywdzonych".

Jak tego uniknęli? ***Jak?***

Stosując dwie zasady:
Wszyscy stanowimy Jedno. Wszystkiego jest dosyć.

WRI mają świadomość dostatku i tworzą go swoją świadomością. Postrzeganie współzależności wszystkich rzeczy sprawia, że nic się nie marnuje, nic nie zaprzepaszcza na rodzimej planecie. To zapewnia każdemu dość – stąd świadomość, że „wszystkiego jest dość".

Ludzka świadomość niewystarczalności – że „wszystkiego jest za mało" – stanowi główną przyczynę wszelkich trosk, wszelkich napięć, wszelkiej rywalizacji, wszelkiej złości, wszelkich konfliktów i ostatecznie wszelkich aktów zabijania na waszej planecie.

To właśnie oraz obstawanie przy idei odrębności wszelkich rzeczy odpowiedzialne jest w 90 procentach za wasze życiowe nieszczęścia, za ponure oblicze waszej historii i za jałowość dotychczasowych wysiłków na rzecz poprawy.

Gdybyście zechcieli zmienić te dwa czynniki swojej świadomości, przesunięciu uległoby wszystko.

*Jak? Chciałbym tego dokonać, ale nie wiem **jak.** Daj mi narzędzia, a nie tylko komunały.*

Słusznie. Oto więc narzędzie.

„Postępuj jak gdyby".

Postępuj, jak gdybyście wszyscy stanowili Jedno. Zacznij od jutra. W każdym postrzegaj „ciebie", któremu chwilowo się nie układa. W każdym postrzegaj „ciebie", który wypatruje godziwej szansy. W każdym postrzegaj „ciebie", który ma inne przeżycia.

Spróbuj. Idź jutro między ludzi i wypróbuj to. Spójrz na każdego nowymi oczami.

Następnie zacznij postępować, jak gdyby „wszystkiego było dość". Gdybyś miał pod dostatkiem pieniędzy, czasu, miłości, jak zmieniłoby się twoje zachowanie? Czy chętniej, szczerzej, sprawiedliwiej byś się dzielił?

To ciekawe, gdyż tak właśnie postępujemy z naszymi zasobami naturalnymi, czym ściągamy na siebie krytykę ze strony ekologów; to znaczy zachowujemy się, jak gdyby „było ich dość".

Co naprawdę uderza w waszym postępowaniu, to ostrożne obchodzenie się z tym, co waszym zdaniem przynosi korzyść wam. Lecz cechuje was zupełna rozrzutność, jeśli chodzi o zasoby naturalne, środowisko, ekologię. Stąd można jedynie wyciągnąć wniosek, że w waszej opinii zasoby naturalne, środowisko, ekologia nic dobrego wam nie dają.

Albo po prostu „postępujemy, jak gdyby ***było dość”.***

Nie. Gdyby tak było, dzielilibyście naturalne bogactwa sprawiedliwiej. Obecnie zaś jedna piąta ludności świata zużywa cztery piąte jego zasobów. I nie zanosi się, aby ta proporcja się zmieniła.

Gdybyście przestali bezmyślnie je marnotrawić na garstkę uprzywilejowanych, starczyłoby dla każdego. Gdyby **wszyscy** rozsądnie korzystali z zasobów świata, i tak wyszłoby mniej niż w przypadku garstki korzystającej z nich w sposób rozrzutny.

Używajcie dóbr naturalnych, ale ich nie **nadużywajcie.** O to dopominają się wszyscy ekolodzy.

I znów popadłem w przygnębienie. Wciąż mnie „dołujesz”.

Jesteś paradny, wiesz? Jedziesz pustą drogą, zgubiłeś się, zapomniałeś, jak dotrzeć tam, dokąd jak mówisz, chcesz dojechać. Nagle zjawia się ktoś i **udziela ci wskazówek.** Eureka! Wpadasz w ekstazę, czy nie tak? Nic z tych rzeczy. Jesteś przygnębiony. Zadziwiające.

Jestem przygnębiony, ponieważ ***nie widzę, abyśmy korzystali z tych wskazówek.*** *Nawet nie mamy na to chęci. Widzę, jak zmierzamy prosto w mur i to jest powodem mojej depresji.*

Nie rozglądasz się uważnie dookoła. Ja dostrzegam setki tysięcy ludzi z radością witających te słowa. Dostrzegam miliony uznających te proste prawdy tu zawarte. Widzę, jak rośnie w sile pragnienie zmiany. Obalane są stare koncepcje. Porzucane są stare metody rządzenia. Przewartościowywane są strategie ekonomiczne. Na nowo badane są duchowe prawdy.

Wasza rasa **się budzi.**

Uwagi i obserwacje poczynione na tych stronicach nie mają was zniechęcać. Uznanie ich za prawdę może was uskrzydlić, o ile staną się **dla was paliwem zasilającym motor zmian.**

Jesteś zaczynem zmian. Możesz **wpłynąć** na to, jak ludzie kształtują swoje życie i go doświadczają.

Co mam robić?

Bądź zmianą. **Pokaż** różnicę na sobie. **Przedstaw** sobą świadomość „Wszyscy stanowimy Jedno" i „Wszystkiego jest dość".

Zmień siebie, a zmienisz świat.

Przyciągnąłeś do siebie tę książkę i całe doświadczenie *Rozmów z Bogiem*, aby znów pamiętać, jak to było wieść życie wysoko rozwiniętych istot.

Żyliśmy już w ten sposób wcześniej, prawda? Wspominałeś już o tym przedtem.

Tak. W zamierzchłych czasach, w zamierzchłych cywilizacjach. Sporo z tego, co tu przedstawiłem, było wcześniejszym doświadczeniem twojej rasy.

To tylko pogłębia moją depresję! Chcesz powiedzieć, że osiągnęliśmy tak wiele i wszystko zaprzepaściliśmy? Jaki sens ma takie „kręcenie się w kółko", jakie uprawiamy?

To ewolucja! Ewolucja nie przebiega **po linii prostej.**

Stoicie przed szansą ponownego stworzenia najlepszych doświadczeń waszych odległych przodków, wystrzegając się zarazem tych najgorszych. Możecie nie dopuścić do tego, aby ludzkie ego i postęp techniczny kolejny raz zniszczyły waszą cywilizację. Możecie postąpić inaczej. I ty – **ty** – możesz się do tego przyczynić.

W porządku, pojmuję. Kiedy tak na to patrzę, jestem podekscytowany! Chcę być zaczynem zmian! Opowiedz mi jeszcze, jak wyglądało nasze dawne życie w zamierzchłych cywilizacjach i jak wygląda obecnie we wszystkich wysoko rozwiniętych kulturach. Chciałbym to jak najlepiej zapamiętać. Jak mieszkają?

W małych skupiskach, gdyż na ogół odeszli od życia w odpowiednikach waszych „miast" czy „narodów".

Dlaczego?

Ponieważ „miasta" nadmiernie się rozrosły i nie służyły już celowi podtrzymywania skupisk, wręcz odwrotnie. Ich wynikiem były „stłoczone jednostki", a nie więź społeczna.

To samo dzieje się na naszej planecie! Większe poczucie więzi społecznej występuje w mniejszych miastach, miejscowościach, nawet na rozległych przestrzeniach na wsi niż w wielkich miastach.

Zgadza się. Z jedną tylko różnicą.

Jaką mianowicie?

Mieszkańcy innych planet wyciągnęli z tego naukę. Zauważyli, „co się sprawdza".

My z kolei powiększamy miasta, chociaż widzimy, że mają zgubny wpływ na nasz sposób życia.

Dokładnie.

Szczycimy się nawet pozycją w rankingu! Aglomeracja z dwunastej co do wielkości staje się dziesiątą i wszyscy widzą w tym powód do chwały! Izby Handlowe wręcz rozgłaszają taki fakt!

Wyróżnikiem społeczeństwa prymitywnego jest mylenie postępu z krokiem wstecz.

Już to wcześniej mówiłeś. Znów wpędzasz mnie w depresję!

Lecz coraz większa liczba ludzi przestaje to robić. Coraz większa liczba przystępuje do tworzących się na nowo małych społeczności.

Uważasz więc, że powinniśmy porzucić wielkie aglomeracje i powrócić do miasteczek i wsi?

Nie mam w tej sprawie preferencji. Po prostu przedstawiam spostrzeżenie.

Jak zawsze. Co zatem spostrzegłeś, jeśli chodzi o nasze uporczywe przenoszenie się do metropolii, mimo że widzimy, iż to nam nie służy?

Wielu z was wcale nie zauważa tego, że to wam nie służy. Wierzycie w to, że gromadzenie się w aglomeracjach miejskich **rozwiązuje** problemy, podczas gdy tylko je rodzi.

To prawda, że w dużych miastach są rozwinięte usługi, miejsca pracy, rozrywki, jakich brakuje w miasteczkach i wsiach. Ale wy popełniacie błąd przypisując tym rzeczom wartość, choć w istocie nic dobrego z nich nie wynika.

Aha! Jednak masz swój na to pogląd! Zdradziłeś się właśnie! Powiedziałeś, że popełniamy „błąd".

Jeśli jedziesz do San Jose...

I znów to samo...

Cóż, uparcie dopatrujesz się w moich spostrzeżeniach „osądów", a w stwierdzeniach faktu „preferencji". Wiem jednak, że zależy ci na większej dokładności zarówno w komunikowaniu, jak i postrzeganiu, dlatego za każdym razem będę ci to wypominał.

Jeśli jedziesz do San Jose, przez cały czas ogłaszając, że pragniesz dotrzeć do Seattle, czy to źle, jeśli przechodzień, którego pytasz o drogę, odpowiada, że „popełniłeś błąd"? Czy przechodzień ten daje wyraz swoim preferencjom?

Chyba nie.

Chyba?

W porządku, nie daje.

Co w takim razie robi?

Nazywa rzecz po imieniu, zważywszy na to, gdzie, jak mówimy, chcemy się dostać.

Świetnie. Pojąłeś to.

Ale Ty już to przedtem zaznaczałeś. Kilkakrotnie. Dlaczego nie mogę opędzić się od tego wyobrażenia Ciebie jako Boga, który ma preferencje i wydaje sądy?

Bo taki obraz Boga podtrzymują wasze mitologie i kiedy tylko się da, będziesz Mnie w ten sposób szufladkował. Poza tym gdybym **miał** swoje preferencje, ułatwiłoby wam to sprawę. Nie musielibyście sami główkować i dochodzić do własnych wniosków. Wystarczyłoby, gdybyście robili, jak **Ja** każę.

Oczywiście, znikąd nie moglibyście wiedzieć, co takiego wam każę, gdyż uważacie, że od tysięcy lat milczę. Nie macie innego wyboru jak polegać na tych, którzy podobno głoszą Moje nauki z czasów, kiedy jeszcze przemawiałem do ludzi. Ale nawet to nastręcza kłopotów, ponieważ jest tylu nauczycieli i tyle nauk co włosów na głowie. Musicie wrócić więc do punktu wyjścia i zdać się na własne wnioski.

Czy jest wyjście z tego labiryntu? Czy można przerwać stworzony przez niego krąg nieszczęść? Czy kiedykolwiek „poprawimy się"?

Jest „wyjście" i „poprawicie się". Musicie tylko **wyćwiczyć swój zmysł obserwacji.** Musicie lepiej rozpoznawać, co wam służy. Na tym polega „ewolucja". W istocie nie możecie „nie poprawić się". Nie możecie zawieść. Kwestia tylko kiedy, a nie czy w ogóle.

Ale czy na tej planecie nie nagli nas czas?

Jeśli taki obrałeś wyznacznik – jeśli chcecie „poprawić się" **na tej planecie,** to znaczy **póki ta konkretna planeta was żywi** – w takim razie lepiej się pospieszcie.

Jak nabrać przyspieszenia? Pomóż nam!

Przecież pomagam wam. Jaką rolę, twoim zdaniem, ma odegrać ten dialog?

Zgoda, więc wspomóż nas jeszcze bardziej. Stwierdziłeś niedawno, że wysoko rozwinięte istoty na innych planetach odrzuciły także pojęcie „narodu". Dlaczego to uczyniły?

Ponieważ spostrzegły, że takie pojęcie jak „nacjonalizm" kłóci się z ich Pierwszą Zasadą Przewodnią: WSZYSCY STANOWIMY JEDNO.

Z drugiej strony, nacjonalizm ***umacnia*** *naszą Drugą Zasadę Przewodnią: PRZETRWANIE NAJLEPIEJ PRZYSTOSOWANYCH.*

Otóż to. Dzielicie się na narody, aby zapewnić sobie przetrwanie i bezpieczeństwo, a skutek jest wręcz odwrotny.

Wysoko rozwinięte istoty nie chcą łączyć się w poszczególne nacje. Uznają po prostu jeden naród. Można powiedzieć nawet, że utworzyły „jeden naród pod Bożą opieką".

Sprytne. Ale czy zapewniają „wolność i sprawiedliwość każdemu"?

A wy zapewniacie?

Trafiony.

Rzecz w tym, że ewoluują wszystkie rasy i gatunki, ewolucja zaś – zauważanie, co wam służy, i odpowiednia regulacja zachowań – zdaje się podążać w jednym kierunku, a oddalać od drugiego. Zmierza ku jedności, a odsuwa się od odrębności.

Nic dziwnego, skoro jedność to Ostateczna Prawda, a ewolucja to inaczej mówiąc „zdążanie ku prawdzie".

Jak na mój gust, „zauważanie, co wam służy, i odpowiednia regulacja zachowań" brzmi podejrzanie podobnie do naszej Zasady Przewodniej – „przetrwanie najlepiej przystosowanych".

Prawda?

Czas więc „zauważyć", że „przetrwanie najlepiej przystosowanych" (czyli ewolucja gatunku) nie dochodzi do skutku, a wręcz cały gatunek skazał się na samozagładę nazywając „proces" „zasadą".

Oj. Poddaję się.

Proces nazywa się „ewolucja". Biegiem zaś waszej ewolucji kieruje „zasada".

Masz rację. Ewolucja **to** „przetrwanie najlepiej przystosowanych". Na tym polega **proces.** Nie myl jednak „procesu" z „zasadą".

Jeśli „ewolucja" i „przetrwanie najlepiej przystosowanych" to pojęcia zamienne i jeśli przyjmujecie „przetrwanie najlepiej przystosowanych" jako Zasadę Przewodnią, wynikałoby z tego, że „Zasadą Przewodnią Ewolucji jest **ewolucja**".

Lecz to jest deklaracja rasy, która nie zdaje sobie sprawy, że może **wytyczać tor swojej ewolucji.** To deklaracja rasy, która sądzi, że została zepchnięta do roli widza swej własnej ewolucji. Większość uważa bowiem, że „ewolucja" to proces, który po prostu „przebiega" – a nie proces, którym można **kierować,** wedle określonych **reguł.**

Zatem obwieszcza ona: „Ewoluujemy zgodnie z zasadą... no, **ewolucji**". Lecz nigdy zasady tej nie określają, gdyż zastąpili zasadę procesem.

Z kolei gatunek, który pojął, że ewolucja to proces, nad którym może on panować, nie myli „procesu" z „zasadą", lecz świadomie **wybiera** zasadę, wedle której **tym procesem kieruje.**

Stanowi to **ewolucję świadomą,** a twoja rasa właśnie doszła do takiego zrozumienia.

Co za niesamowite spostrzeżenie. To dlatego zainspirowałeś tę książkę Barbary Marx Hubbard! Zatytułowała ją dosłownie „Świadoma ewolucja".

Oczywiście. Ja jej to podsunąłem.

Uwielbiam takie rzeczy. Ale chciałbym powrócić do naszych rozważań o pozaziemskich istotach. Jak te wysoko rozwinięte istoty się zrzeszają, jeśli nie w narody? Jak się rządzą?

Nie przyjmują „ewolucji" jako swej Pierwszej Zasady Przewodniej Ewolucji. Zamiast tego **wypracowały** zasadę opartą na samej obserwacji. Zauważyły, że wszystkie stanowią Jedno, i ustanowiły polityczne, społeczne, ekonomiczne i duchowe mechanizmy, które **wspierają,** a nie podważają Pierwszą Zasadę.

Jak to wygląda „w praktyce"? Na przykład rządzenie.

Jeśli jesteś tylko jeden, w jaki sposób się rządzisz?

Nie chwytam.

Kiedy jesteś tylko sam jeden, co rządzi twoim zachowaniem? Kto poza tobą?

Nikt. Kiedy jestem zupełnie sam, powiedzmy, że znalazłem się na bezludnej wyspie, nikt „poza mną" nie rządziłby moim zachowaniem. Jadłbym, ubierał się, postępował według własnego uznania. Pewnie wcale bym się nie ubierał. Jadłbym wtedy, kiedy poczułbym głód, to, na co miałbym ochotę i co byłoby dla mnie zdrowe. Robiłbym to, co by mi się podobało, częściowo byłoby to podyktowane tym, co uznałbym za konieczne do przetrwania.

Jak zwykle, nosisz w sobie całą potrzebną mądrość. Mówiłem ci, niczego nie musisz się uczyć, musisz tylko pamiętać.

To tak wygląda życie zaawansowanych cywilizacji? Biegają na golasa, zrywają owoce i dłubią czółna? Tak żyją dzikusy!

Jak myślisz, kto jest szczęśliwszy – i bliżej Boga?

Już to przerabialiśmy.

Owszem. Prymitywną kulturę cechuje to, że w swym wyobrażeniu zrównuje prostotę z dziczą, a złożoność z wysokim zaawansowaniem.

Co ciekawe, istoty oświecone widzą to dokładnie na odwrót.

Ale przecież rozwój wszystkich kultur – nawet proces samej ewolucji – zmierza ku coraz większej złożoności.

W pewnym sensie, tak. Lecz oto naczelna Boska Dychotomia: **Największa złożoność równa się największej prostocie.**

Im bardziej „złożony" system, tym prostszy jego ustrój. Jest urzekający w swej prostocie.

Rozumie to mistrz. Dlatego też życie oświeconej istoty cechuje skrajna prostota. Dlatego wszelkie systemy na wysokim szczeblu cechuje skrajna prostota. Podobnie zaawansowane systemy rządów, edukacji, gospodarki, religii – wszystkie są skrajnie proste.

Na przykład zaawansowane formy rządzenia zrezygnowały z rządzenia w ogóle, pozostawiając wyłącznie samorząd.

Jak gdyby był tylko jeden uczestnik. Jeden odbiorca.

Bo do tego wszystko się sprowadza.

Pojmują to wysoko rozwinięte kultury.

Właśnie.

Wszystko zaczyna mi się wreszcie układać.

To dobrze. Nie zostało nam zbyt wiele czasu.

Odchodzisz już?

Ta książka za bardzo się rozrasta.

20

Stój! Zaczekaj! Nie możesz teraz mnie zostawić! Chciałbym dowiedzieć się więcej o pozaziemskich istotach! Czy przybędą kiedyś na Ziemię, aby „nas ocalić"? Czy wyciągną nas z obłędu, w jakim się pogrążyliśmy, przynosząc ze sobą nowe technologie, z pomocą których uda nam się kontrolować biegunowość naszej planety, oczyścić atmosferę, wykorzystać energię słońca, panować nad pogodą, wyeliminować wszelkie choroby i ogólnie poprawić jakość życia w naszym małym raju?

Wcale byście sobie tego nie życzyli. WRI zdają sobie z tego sprawę. Wiedzą, że taka interwencja sprowadziłaby was do poddaństwa, zaczęlibyście upatrywać w **nich** bogów, na miejsce bogów, którym jak twierdzicie, jesteście podporządkowani obecnie.

Prawda jest taka, że nie podlegacie **nikomu,** a WRI zależy na tym, abyście to zrozumieli. Gdyby podzieliły się z wami swoimi zdobyczami techniki, odbywałoby się to w taki sposób i w takim tempie, abyście mogli dostrzec swoje **własne** moce, a nie innych.

Podobnie też, gdyby WRI przekazały wam część swoich nauk, odbywałoby się to w taki sposób i w takim tempie, abyście sami mogli dojrzeć wyższe prawdy oraz własną władzę i potencjał, **i nie ubóstwiali swoich nauczycieli.**

Za późno. To już się stało.

Tak, zauważyłem.

W ten sposób dochodzimy do jednego z największych nauczycieli ludzkości, człowieka zwanego Jezusem. Nawet ci, którzy ***nie*** *uczynili z niego boga, docenili doniosłość jego nauk.*

Nauk, które uległy znacznemu wypaczeniu.

Czy Jezus był jedną z tych wysoko rozwiniętych istot?

A twoim zdaniem był wysoko rozwinięty?

Owszem. Tak jak Budda, Kryszna, Mojżesz, Babaji, Sai Baba i Paramahansa Jogananda, jeśli o to chodzi.

W rzeczy samej. I wielu innych, których nie wymieniłeś.

W księdze drugiej dałeś do zrozumienia, jakoby Jezus i inni nauczyciele mogli przybyć do nas z kosmosu, że przywieźli nam nauki i mądrość wysoko rozwiniętych istot pozaziemskich. Czas postawić sprawę jasno. Czy Jezus był „kosmitą"?

Wszyscy jesteście „kosmitami".

To znaczy?

Nie powstaliście na planecie, którą zwiecie swoim domem.

Nie powstaliśmy?

Nie. „Materiał genetyczny", który was tworzy, został **umieszczony** na tej planecie celowo. Nie „pojawił się" tu przypadkiem. Elementy składające się na wasze życie nie połączyły się ze sobą wskutek **sprzyjającego zbiegu okoliczności.** Krył się za tym plan. Tu rozgrywa się doniosła rzecz. Sądzisz, że miliard reakcji, które musiały zajść, aby wyłoniło się życie, to ślepy traf? Czy widzisz w tym jedynie pomyślny wynik, do którego doprowadził cały łańcuch przypadkowych zdarzeń, szczęśliwe ukoronowanie procesu przebiegające na chybił trafił?

Oczywiście, że nie. Zgadzam się, że krył się za tym plan. ***Boski*** *plan.*

To dobre. Bo, rzecz jasna, masz rację. To był Mój pomysł, Mój plan i Mój proces.

Z tego wynika, że jesteś „kosmitą"!?

Gdzie zgodnie z tradycję kierujesz wzrok, kiedy wyobrażasz sobie, że rozmawiasz ze Mną?

W górę. Patrzę w górę.

Dlaczego nie w dół?

Nie wiem. Zawsze patrzy się w górę – na niebo.

Które jest Moim domem?

Chyba tak.

Czy wobec tego jestem kosmitą?

Nie wiem. A jesteś?

A jeśli jestem kosmitą, to czy ujmuje mi to Boskości?

Sądząc po tym, jaką moc przypisuje Ci większość ludzi, chyba nie.

A jeśli jestem Bogiem, to czy przez to nie mogę być kosmitą?

To zależy od definicji, przypuszczam.

A jeśli wcale nie jestem „człowiekiem", lecz raczej Siłą, Energią we wszechświecie, która JEST wszechświatem i Wszystkim, Co Jest? A jeśli jestem Zespołem?

Cóż, sam tak powiedziałeś, wcześniej w tym dialogu.

Zgadza się, powiedziałem. Ale czy ty w to wierzysz?

Tak, wydaje mi się, że tak. Przynajmniej w to, że Bóg jest Wszystkim, Co Jest.

Świetnie. W takim razie, czy istnieją według ciebie „kosmici"?

Masz na myśli przybyszów z innych planet?

Tak.

Myślę, że istnieją. Chyba zawsze w to wierzyłem, ale teraz skoro sam mi to oznajmiłeś, na pewno w to wierzę.

Czy ci „przybysze z innych planet" stanowią część Wszystkiego, Co Jest?

Tak, oczywiście.

A skoro Ja jestem Wszystkim, Co Jest, czy zarazem jestem też **kosmitą?**

Tak... ale w myśl tej definicji jesteś również ***mną.***

Nareszcie.

Ale wykręciłeś się od odpowiedzi na moje pytanie, czy Jezus był kosmitą. Wiesz, co mam na myśli. Czy przybył z kosmosu, czy zrodził się tu na Ziemi?

Kto był ojcem Jezusa?

Józef.

Ale o kim mówi się, że **począł** Jezusa?

Niektórzy wierzą w niepokalane poczęcie. Mówią, że Marię Dziewicę nawiedził archanioł. Jezus „począł się za sprawą Ducha świętego z Dziewicy Maryi".

Wierzysz w to?

Sam nie wiem, co o tym sądzić.

Jeśli Marię nawiedził archanioł, skąd, twoim zdaniem, mógł przybyć?

Z nieba, z innego wymiaru. Od Boga.

Rozumiem. A dopiero ustaliliśmy, że Bóg jest kosmitą.

Niezupełnie. Zgodziliśmy się co do tego, że Bóg jest ***wszystkim*** *i że skoro kosmici są* **cząstką** *„wszystkiego", Bóg jest kosmitą, tak jak każdym z nas. Wszystkimi. Bóg jest Wszystkim. Bóg to suma.*

Dobrze. Zatem ten archanioł, który nawiedził Marię, przybył z innego wymiaru. Niebiańskiego.

Tak.

Z głębi waszej Jaźni, ponieważ niebo mieści się wewnątrz was.

Tego nie powiedziałem.

W takim razie z głębi wewnętrznej przestrzeni wszechświata.

Tego też bym nie powiedział, bo nie wiem, co przez to rozumiesz.

No to skąd? Z przestrzeni kosmicznej?

(Długa przerwa)

Bawisz się słowami.

Robię, co mogę. **Posługuję** się słowami mimo strasznych ograniczeń, jakie narzucają, aby dać ci jak najlepsze wyobrażenie idei, koncepcji, której nie sposób oddać ubogimi środkami waszego języka ani zrozumieć w wąskich ramach twej obecnej percepcji.

Staram się poszerzyć twoje postrzegania naginając język.

W porządku. Więc twierdzisz, że Jezusa poczęła wysoko rozwinięta istota z kosmosu, i co za tym idzie, był on i człowiekiem, i WRI?

Wiele wysoko rozwiniętych istot stąpało po waszej planecie – i stąpa dziś.

Chcesz powiedzieć, że „obcy są wśród nas"?

Widzę, że twoje dziennikarskie lata i występy na żywo, nie poszły na marne.

Co masz na myśli?

Potrafisz zrobić ze wszystkiego tanią sensację. Nie nazwałem wysoko rozwiniętych istot „obcymi", nie powiedziałem, że Jezus był „obcym".

W Bogu nie ma nic „obcego". Nie ma „obcych" na Ziemi.

Wszyscy stanowimy Jedno. Jeśli Wszyscy stanowimy Jedno, żadne upostaciowanie Nas nie jest Nam obce.

Niektóre indywidualne postaci Nas pamiętają więcej od innych. Proces przypominania sobie (jednoczenia się na nowo z Bogiem, połączenie się na powrót z Zespołem) wy nazywacie ewolucją. Jesteście wszyscy istotami ewoluującymi. Niektórzy posunęli się dalej od innych w ewolucji. To znaczy więcej **pamiętają.** Znają swą prawdziwą istotę. Jezus to wiedział i głosił.

Domyślam się, że zamierzasz się wykręcić od odpowiedzi wprost na moje pytanie o Jezusa.

Nic podobnego. Wyłożę kawę na ławę. Duch człowieka zwanego przez was Jezusem nie pochodził z Ziemi. Po prostu wcielił się w ludzkie ciało, uczył się i wzrastał, a w wieku dojrzałym osiągnął samorealizację. Nie tylko on jeden tak uczynił. **Wszystkie dusze** są „nie z tego świata", przybywają z innego wymiaru i wnikają do wybranych ciał. Lecz nie wszystkie dusze dochodzę do samorealizacji w ciągu jednego „życia". Jezus tego dokonał, jako istota wysoko rozwinięta (obwołana przez niektórych Bogiem), przybył do was z zadaniem, z misją.

Ratować nasze dusze.

Poniekąd. Ale nie od wiecznego potępienia. Nie ma czegoś takiego. Jego misja polegała – polega – na uchronieniu was przed nieznajomością waszej prawdziwej istoty i przez to niemożnością jej doświadczenia. Zamierzał to uczynić pokazując, czym możecie się stać. Właściwie, czym **jesteście** – o ile zechcecie to przyznać.

Starał się uczyć na własnym przykładzie. Dlatego powiedział: „Ja jestem drogą i życiem. Idźcie za mną". Miał na myśli to, aby ludzie **poszli w jego ślady i stali się Jednym z Bogiem.** "Ja i mój Ojciec jesteśmy Jednym, a wy zaś mymi braćmi". Nie mógł jaśniej się wyrazić.

Więc Jezus nie przybył od Boga, lecz z kosmosu.

Twój błąd polega na rozdzielaniu tych dwóch rzeczy. Upierasz się przy rozróżnianiu. Tak jak uparcie rozdzielacie i rozróżniacie Boga i ludzi. Powiadam ci, **nie ma różnicy, nie ma podziału.**

Hmmm. No, dobrze. Czy opowiesz mi jeszcze na koniec coś o istotach z innych światów? Jak się ubierają? Jak się porozumiewają? Nie mów, że to tylko próżna ciekawość. Dowiodłem chyba, że możemy z tego wyciągnąć nauki.

Zgoda. Zatem do rzeczy.

W wysoko rozwiniętych kulturach nie widzi się potrzeby odziewania ciała, chyba że konieczna jest jakaś warstwa chroniąca przed czynnikami czy warunkami, na które te istoty nie mają wpływu. Robią to także dla zaznaczenia „rangi" czy „wyróżnienia", o ile to potrzebne.

Istoty te nie rozumiałyby sensu okrywania całego ciała, jeśli nie jest to konieczne – obce by im były na pewno pojęcia „wstydu" czy „skromności" – i nigdy nie wpadłyby na to, że można się „stroić", czynić w ten sposób „ładniejszym". Dla WRI nie ma nic piękniejszego od nagiego ciała, niepojęte by więc było dla nich to, że można by coś na nie założyć, aby uczynić je bardziej ponętnym.

Równie niezrozumiałe byłoby dla nich mieszkanie – spędzanie większości czasu – w pudełkach... zwanych przez was „domami". WRI żyją w naturalnym środowisku i przesiadywałyby „w czterech ścianach" tylko wtedy, gdyby otoczenie stało się „niegościnne" – lecz do tego dochodzi rzadko, gdyż zaawansowane cywilizacje potrafią kontrolować swoje środowisko i dbać o nie.

Rozumieją też, że stanowią z nim Jedno, że łączy je nie tylko wspólna przestrzeń, ale są też wzajemnie od siebie zależne. Nie mieściłoby im się w głowie, że możecie niszczyć coś, co was żywi. WRI doszłyby więc do wniosku, że wy nie rozumiecie życiodajnej roli środowiska, w związku z tym wasz zmysł obserwacji jest przytępiony.

Jeśli chodzi o porozumiewanie się, posługuję się przede wszystkim mową uczuć. Zdają sobie sprawę ze uczuć swoich oraz innych. Nigdy nie **próbują** ich ukrywać. Uznałyby za szkodliwe, dlatego pozbawione sensu ukrywanie uczuć, a potem skarżenie się na brak zrozumienia dla swych uczuć ze strony innych.

Uczucia są mową duszy i WRI doskonale to wiedzą. W ich społeczeństwie celem porozumiewania się jest poznanie prawdy o sobie nawzajem. Stąd niepojęte byłoby dla nich ludzkie pojęcie „kłamstwa".

Postawienie na swoim przez mówienie nieprawdy byłoby dla WRI zwycięstwem tak pustym, że właściwie niczym nie różniącym się od dotkliwej porażki.

WRI nie mówią „prawdy", one są prawda. Cały swój byt czerpią z tego, „jak jest" i „co się sprawdza". Dawno się nauczyły – jeszcze w niepamiętnych czasach, kiedy do porozumiewania się służyły im gardłowe dźwięki – że nieprawda się nie sprawdza. Wy jeszcze do tego nie doszliście.

Na waszej planecie wciąż mnóstwo rzeczy się zataja. Panuje pogląd, że to, co zachowujecie dla siebie, a nie to, co przekazujecie innym, stanowi istotę życia. Przyjęliście więc powszechnie kodeks tajności, istny tajny szyfr, jako regułę postępowania.

Nie dotyczy to wszystkich z was. Taki kodeks nie obowiązywał, na przykład, w waszych dawnych cywilizacjach i nie obowiązuje u dzisiejszych ludów prymitywnych. Również w waszym społeczeństwie jednostki buntują się przeciwko takim konwencjom.

Lecz reguła tajności, którą kieruje się rząd, przyjęta jest też w biznesie i znajduje odzwierciedlenia również w wielu związkach. Kłamstwo – w sprawach błahych i ważkich – tak się przyjęło, że nawet okłamujecie sami siebie na temat kłamania. I tak otoczka tajemnicy spowiła wasz kodeks tajności. Tak jak w przypadku nowych szat cesarza, każdy o tym wie, lecz nikt o tym nie mówi – w ten sposób oszukujecie samych siebie.

Podkreślałeś to wcześniej.

Powtarzam raz po raz najważniejsze punkty, które musicie sobie „przyswoić", jeśli naprawdę tak pragniecie zmiany, jak mówicie.

Powiem więc raz jeszcze: Różnica między społeczeństwem ludzkim a społeczeństwem istot wysoko rozwiniętych polega na tym, że WRI są:

1. spostrzegawcze,
2. prawdomówne.

Widzą, „co się sprawdza", i mówią, „jak jest". Zastosowanie tego w praktyce niesłychanie poprawiłoby jakość życia na waszej planecie.

Nie jest to kwestia moralności. W społeczeństwie WRI nie ma „moralnych nakazów", takie pojęcie byłoby dla nich równie zagadkowe, co kłamstwo. Wszystko sprowadza się do tego, co działa, co przynosi korzyść.

WRI nie znają nakazów moralnych?

Nie w waszym tego słowa rozumieniu. Narzucanie komuś wartości, na podstawie których ma żyć, jest nie do pogodzenia z wyznawanym przez nich poglądem, w myśl którego każdy sam potrafi najlepiej osądzić, jakie zachowanie jest dla niego odpowiednie.

Dyskusja zawsze toczy się wokół tego, co się sprawdza w ich społeczeństwie – co działa i przynosi korzyść wszystkim – a nie wokół tego, co jest „słuszne", a co nie.

Ale czy to nie to samo? Myśmy po prostu nazwali to, co się sprawdza, „słusznym", a to, co się nie sprawdza dla nas – „złym".

Wyście dołączyli do tego pojęcia wstydu i winy – pojęcia całkowicie obce WRI – i mnóstwo rzeczy uznaliście za „złe", nie dlatego, że „się nie sprawdzają", lecz ponieważ w waszym mniemaniu są „niewłaściwe", czy Bóg ich nie „pochwala". Wasze wymyślne konstrukcje stworzone wokół tego nie mają nic wspólnego z tym, „jak jest".

Okazywanie uczuć, na przykład, jest uznawane przez część społeczeństwa za rzecz „naganną". WRI nigdy by nie doszły do takiego wniosku, albowiem jasna świadomość uczuć ułatwia życie w każdej społeczności. Dlatego nigdy by ich ukrywania nie uznały za rzecz „wskazaną ze społecznego punktu widzenia".

Zresztą nie byłoby to wcale możliwe, ponieważ WRI odbierają wibracje wysyłane przez inne istoty, które ujawniają ich uczucia. Podobnie jak wy nieraz wyczuwacie „atmosferę" po wejściu do pokoju, WRI potrafią odczytywać myśli i przeżycia innych WRI.

Właściwe wypowiedzi – słowa – należą do rzadkości. Wszelkie istoty wysoko rozwinięte posługują się „telepatią". W rzeczy samej zakres, w jakim używa się słów do przekazywania uczuć, pragnień czy informacji, świadczy o rozwoju gatunku.

I uprzedzając twoje pytanie, tak, ludzie mogą – niektórzy już to uczynili – wykształcić w sobie taką samą zdolność. Tysiące lat temu była ona powszechna na waszej planecie. Jednak od tego czasu ponownie zniżyliście się do wydawania dźwięków w celu porozumiewania się. Lecz wielu z was powraca do czystszej formy komunikacji, zgrabniejszej i dokładniejszej. Dotyczy to zwłaszcza osób, które się kochają, co stanowi potwierdzenie doniosłej prawdy: **Więź sprzyja komunikowaniu.**

Tam, gdzie panuje głęboka miłość, słowa stają się zbyteczne. I odwrotnie, im więcej słów musicie użyć, tym mniej się o siebie troszczycie, więź sprzyja bowiem komunikowaniu.

Ostatecznie rzeczywista komunikacja dotyczy prawdy. A jedyną rzeczywistą prawdą jest, w ostatecznym wymiarze, miłość. Toteż tam, gdzie obecna jest miłość, występuje komunikacja. A kiedy komunikowanie staje się trudne, to znak, że brakuje miłości.

Pięknie powiedziane. Można by rzecz, pięknie ***zakomunikowane.***

Dziękuję. Podsumowując więc rozważania o modelu życia wysoko rozwiniętych kultur:

WRI żyją w małych skupiskach, celowo zakładanych społecznościach. Skupiska te nie tworzą miast czy państw, lecz współpracują z innymi skupiskami na zasadach partnerskich.

Nie ma rządu w takiej postaci, jak wy to rozumiecie, ani żadnych praw. Istnieją rady, zwykle składające się ze starszych. Obowiązują „wzajemne porozumienia", bo tak najlepiej można to oddać w waszym języku, oparte na trzech zasadach: Świadomości, Uczciwości i Odpowiedzialności.

WRI dawno temu opowiedziały się za takim właśnie stylem życia. Wyboru takiego dokonały, opierając się nie na kazach moralnych czy duchowych objawieniach innych istot czy kultur, lecz na prostej obserwacji, **jak jest i co się sprawdza.**

I naprawdę nie ma wśród nich konfliktów, wojen?

Nie, głównie dlatego, że WRI dzieli się wszystkim, co ma, i sama z siebie oddałaby to, co inny chciałby odebrać jej przemocą. Postępuje tak, ponieważ ma świadomość, że wszystko i tak należy do wszystkich, a jeśli zechce, zawsze może stworzyć więcej tego, co oddała.

WRI nie wiedzą, co to „własność" czy „strata", gdyż rozumieją, że tylko przejściowo są istotami fizycznymi. Zdają też sobie sprawę, że wszelkie byty pochodzą z tego samego źródła, tak więc Wszyscy stanowią Jedno.

Wiem, że omawialiśmy to już... ale nawet gdyby ktoś zagrażał życiu WRI, nie doszłoby do konfliktu?

Nie. WRI porzuciłaby swoje ciało, dosłownie, zostawiłaby je. Potem mogłaby przyjąć inne, w pełni ukształtowane albo jako nowo narodzone dziecko miłujących się istot.

To drugie rozwiązanie jest wybierane dużo częściej, ponieważ w społeczeństwie WRI nikogo nie szanuje się tak jak nowo narodzonego jej członka, ma się przeto niezrównane możliwości rozwoju.

WRI nie lękają się „śmierci", gdyż wiedzą, że żyją zawsze, kwestia tylko w jakiej **postaci.** WRI mogą żyć w ciele nieskończenie długo, ponieważ umieją dbać o nie oraz o środowisko. Jeśli z jakiejś fizycznej przyczyny ciało utraci swą sprawność, WRI z radością oddaje swą materię na powrót do Wszystkiego, do ponownego „użytku".

Cofnijmy się kawałek. Powiedziałeś, że nie ma praw jako takich. Ale jeśli ktoś złamie którąś z trzech zasad? Co wtedy? ***Łubudu?***

Nie. Żadne „łubudu". Nie ma „rozprawy" ani „kary", tylko obserwacja, „jak jest" i „co się sprawdza".

Skrupulatnie wyjaśnia się, że to, „jak jest" – postępek istoty – kłóci się z tym, „co się sprawdza", a jeśli coś się nie sprawdza dla zbiorowości, ostatecznie nie sprawdza się również dla jednostki, gdyż zbiorowość tożsama jest z jednostką, a jednostka ze zbiorowością. Wszystkie WRI pojmują to wcześnie, w swych młodych latach, dlatego niezwykle rzadko się zdarza, aby dorosła WRI działała tak, że powstały stan rzeczy odbiegałby od tego, co się sprawdza.

Ale gdy do tego dochodzi?

WRI wtedy naprawia swój błąd. W myśl trzech zasad, najpierw uświadamia się jej wszystkie konsekwencje wynikłe z tego, co pomyślała, powiedziała, czy zrobiła. Następnie umożliwia się jej ocenę swego udziału w wywołaniu tychże skutków. Na koniec daje jej się sposobność przyjęcia za nie odpowiedzialności i zastosowania odpowiednich środków naprawczych czy uzdrawiających.

A jeśli odmówi?

WRI nigdy by nie odmówiła zrobienia tego; to nie do pomyślenia. Nie byłaby wtedy istotą wysoko rozwiniętą. To, co mówisz, dotyczy istot rozumnych zupełnie innego rzędu.

Gdzie WRI uczą się tego wszystkiego? W szkole?

Nie ma „szkolnictwa" jako takiego, tylko **proces** edukacyjny, w ramach którego przypomina się młodym, „jak jest" i „co się sprawdza". Potomstwo wychowywane jest przez starszyznę, nie przez rodziców, ale rodzice mogą uczestniczyć w tym procesie, jeśli chcą.

W „okresie nauki" – co odpowiada waszemu pojęciu „szkoły" – młodzi sami ustalają „program", wybierają te umiejętności, które chcą rozwinąć, nikt nie narzuca im „z góry", czego **mają** się nauczyć. Mają więc silną motywację i nabywają umiejętności życiowe łatwo i ochoczo.

Trzech zasad nie „wbija" im się do głów, młodzi przyswajają je sobie niemal na zasadzie osmozy, czerpiąc wzór z dorosłych.

W przeciwieństwie do waszego społeczeństwa, gdzie dorośli postępują zupełnie inaczej, niż tego oczekują od swych dzieci, wysoko rozwinięte kultury rozumieją, że dzieci podpatrują i naśladują dorosłych.

Nigdy nie przyszłoby im do głowy, aby sadzać swoje dzieci przed urządzeniem pokazującym zachowania, których ich dzieci mają się, zgodnie z wolą rodziców, wystrzegać.

Decyzja taka byłaby dla WRI niezrozumiała, podobnie jak niemożność dostrzeżenia związku między tym faktem a nagłym wystąpieniem u dziecka zaburzeń w zachowaniu.

Raz jeszcze powtórzę, że różnica między wami a wysoko rozwiniętą kulturą sprowadza się do jednej prostej rzeczy – rzetelnej obserwacji. WRI przyjmują do wiadomości wszystko, co dostrzegają.

Ludzie często zaprzeczają świadectwu swoich własnych oczu. Widzą, jaki zgubny wpływ wywiera telewizja na dzieci, i przymykają na to oczy. Widza przemoc i „przegrywanie" przedstawiane jako „rozrywka" i udają, że nie ma w tym sprzeczności. Zauważają, że tytoń szkodzi zdrowiu, i ignorują to. Ojciec nadużywa alkoholu i znęca się nad rodziną, a cała rodzina wypiera się tego i nikt nie puszcza pary z ust.

Od tysięcy lat religie bez powodzenia usiłują zmienić postępowanie mas i tego też nikt nie chce dostrzec. Widać jasno, że rząd bardziej ciemięży, niż wspiera, a mimo to patrzy się na to przez palce.

Służba zdrowia bardziej zajmuje się chorobą niż zdrowiem, dziewięć razy więcej wydając na leczenie chorób niż im zapobieganie, i nikt nie chce przyznać, że to **chęć zysku** uniemożliwia dokonanie istotnego postępu w promowaniu zdrowego życia i odżywiania.

Nie ma wątpliwości, że zjadanie mięsa zarzynanych zwierząt, wcześniej faszerowanych związkami chemicznymi, nie służy zdrowiu, lecz tego też ludzie nie przyjmują do wiadomości.

Co więcej, wytaczają procesy o zniesławienie dziennikarzom, którzy mają odwagę poruszyć ten temat. Wiesz, jest wspaniała książka poświęcona kwestii żywienia, niezwykle mądra i wnikliwa. Nosi tytuł „Diet for a New America" („Dieta na miarę Nowej Ameryki"), a napisał ją John Robbins.

Ludzie przeczytają tę książkę i uparcie będą odmawiać jej sensu. I w tym sęk. Mnóstwo ludzi wypiera ze świadomości nie tylko niewygodne obserwacje poczynione przez innych, ale równie swoje własne. Zaprzeczają swym uczuciom, a w rezultacie swojej prawdzie.

Wysoko rozwinięte istoty – a niektórzy z was już się nimi stają – niczemu nie zaprzeczają. Zauważają, „jak jest". Jasno widzą, „co się sprawdza". Z pomocą tych prostych narzędzi życie staje się proste. Szanuje się „Proces".

Na czym polega „Proces"?

Aby odpowiedzieć na to pytanie, muszę powtórzyć to, co wielokrotnie podkreślałem w tym dialogu.

Wszystko zależy od tego, kim we własnym mniemaniu jesteś i co starasz się osiągnąć.

Jeśli obrałeś sobie za cel życie w pokoju, radości i miłości, **to przemoc się nie sprawdza.** To już zostało unaocznione.

Jeśli obrałeś sobie za cel życie długie i w dobrym zdrowiu, spożywanie mięsa, palenie substancji rakotwórczych i wlewanie w siebie mącących w głowie i przytępiających zmysły płynów **się nie sprawdza.** To już zostało unaocznione.

Jeśli obrałeś sobie za cel wychowanie potomstwa wolnego od wszelkiej gwałtowności, sadzanie go przed obrazami tejże gwałtowności **się nie sprawdza.** To już zostało unaocznione.

Jeśli obrałeś sobie za cel troszczyć się o Ziemię i mądrze gospodarować jej zasobami, postępowanie, jak gdyby jej bogactwa były niewyczerpane, **się nie sprawdza.** To **już** zostało unaocznione.

Jeśli twoim celem jest odkryć i pielęgnować więź z miłującym Bogiem, aby religia **mogła** wpływać na bieg ludzkich spraw, wówczas głoszenie Boga karzącego i mściwego **się nie sprawdza.** To również zostało unaocznione.

O wszystkim przesądza motyw. Cele determinują wyniki. Życie bierze się z twoich wobec niego intencji. Twoje prawdziwe intencje dochodzą do głosu w twym działaniu, a twoje działanie wynika z twych prawdziwych intencji. To krąg, jak wszystko w życiu (i samo życie).

WRI dostrzegają **krąg.** Ludzie nie.

WRI reagują na to, jak jest. Ludzie przymykają na to oczy.

WRI mówią prawdę, **zawsze.** Ludzie zbyt często okłamują sami siebie i innych.

WRI mówią jedno i robią, jak mówią. Ludzie mówią jedno, a robią drugie.

W głębi serca **wiecie,** że coś jest nie w porządku – że zamierzaliście „dostać się do Seattle", a tymczasem wylądowaliście w „San Jose". Zauważacie różnorakie sprzeczności w swoim postępowaniu i naprawdę dojrzeliście do tego, aby się ich wyzbyć. Widzicie jasno, jak jest i co się sprawdza, i nie uśmiecha się wam dłużej zachowywać rozdźwięk między jednym i drugim.

Twoja rasa **się budzi.** Bliski jest czas waszego spełnienia.

To, czego się tu dowiedzieliście, wcale nie musi wpędzać was w przygnębienie, albowiem położono już podwaliny pod nowe doświadczenie, wspanialszą rzeczywistość. Do tej pory trwały zaledwie przygotowania. Teraz pora już, abyście przekroczyli próg.

Ten dialog miał za zadanie zwłaszcza otworzyć wam szeroko drzwi. Najpierw na nie wskazać. **Widzicie? Tam są!** Albowiem światło prawdy zawsze będzie pokazywać drogę. A to właśnie światło prawdy tutaj otrzymaliście.

Przyjmijcie tę prawdę i żyjcie nią. Nie traćcie jej, lecz dzielcie się nią. Nie urońcie jej i miłujcie ją po wsze czasy.

W tych trzech księgach „Rozmów z Bogiem" po raz kolejny mówiłem wam o tym, **jak jest.**

Nie ma potrzeby iść dalej. Nie ma potrzeby zadawać nowych pytań, wysłuchiwać odpowiedzi, zaspokajać ciekawości, przedstawiać przykładów czy wygłaszać uwag. Wszystko, co potrzebne wam do budowania swego życia, znajduje się w tej trylogii. Nie ma potrzeby iść dalej.

Tak, jeszcze cisną się wam na usta dalsze pytania. Tak, jeszcze wysuwacie kolejne zastrzeżenia. Tak, jeszcze nie dobiegła końca odkrywcza przygoda, która obu nas radowała. Ponieważ **żadna odkrywcza przygoda nigdy nie dobiega końca.**

Bez wątpienia moglibyśmy ciągnąć tę książką w nieskończoność. Lecz tak nie będzie. Twoja **rozmowa** z Bogiem nigdy się nie zakończy, lecz ta książka tak. Albowiem odpowiedź na każde pytanie, jakie można by zadać, jest tu, w tej trylogii, która właśnie się dopełnia. Teraz można jedynie powtarzać, powracać raz po raz do tej samej mądrości. Mieliście tego przykład w tych dialogach. Nie ma tu nic nowego, po prostu przypomniana dawna mądrość.

Warto powracać. Warto na nowo się zaznajamiać. Nie musicie się niczego uczyć. Musicie tylko pamiętać...

Odwiedzaj więc stronice tych ksiąg, bądź ich częstym gościem.

Kiedy nurtuje cię pytanie, które, twoim zdaniem, pozostało bez odpowiedzi, przeczytaj raz jeszcze ten dialog. Przekonasz się, że zawiera odpowiedź. Jeśli jednak to cię nie zadowoli, szukaj **własnych** odpowiedzi. Prowadź **własne** rozmowy. Twórz **własną** prawdę.

W ten sposób doświadczysz tego, Kim W Istocie Jesteś.

21

Nie opuszczaj mnie!

Ja nigdzie nie odchodzę. Przecież jestem z tobą zawsze.

Lecz zanim zakończymy, pozwól mi zadać jeszcze kilka pytań. Jeszcze kilka poznawczych wypraw.

Rozumiesz chyba, że w każdej chwili możesz zapuścić się **w głąb siebie,** powrócić do Skarbnicy Odwiecznej Mądrości i tam szukać odpowiedzi.

Owszem, rozumiem i przepełnia mnie wdzięczność za to, że życie tak jest urządzone, iż zawsze mam taką sposobność. Ale tak dobrze mi się z Tobą rozmawia. Czy mogę zadać kilka końcowych pytań?

Oczywiście.

Czy nasz świat naprawdę jest zagrożony? Czy nasz gatunek igra ze swoją własną zagładą?

Tak. I dopóki nie weźmiecie pod uwagę tej bardzo realnej możliwości, nie możecie się przed nią uchronić. To, przed czym się bronisz, umacniasz. Zniknąć może tylko to, co przyjmiesz do wiadomości.

Pamiętaj też, co mówiłem ci o czasie i wydarzeniach. Wszystkie zdarzenia, jakie mógłbyś sobie wyobrazić – a właściwie już wyobraziłeś – rozgrywają się obecnie, w Wiecznej Chwili Teraźniejszości. To Uświęcony Moment, który poprzedza twoją świadomość. Dzieje się, zanim dotrze do ciebie Światło. To obecna chwila, stworzona przez ciebie, zanim sobie to uświadomisz!

Masz jednak możliwość wybrania spośród wszystkich wyobrażonych scenariuszy tych, których pragniesz doświadczyć **właśnie teraz.**

Mówiłeś to już i wreszcie zaczynam to rozumieć, nawet przy swojej tak ograniczonej percepcji. Tak naprawdę to nic z tego nie jest „rzeczywiste", prawda?

Zgadza się. Żyjecie w obrębie iluzji. To taki popis czarodziejski, a wy udajecie, że nie znacie tych sztuczek – mimo że sami jesteście **sztukmistrzami.**

Trzeba o tym pamiętać, w przeciwnym razie wszystko wyda ci się bardzo realne.

Ale to, co widzę, czuję, to, czego dotykam, ***jest*** *dla mnie bardzo rzeczywiste. Jeśli to nie jest „realne", to co jest?*

Zważ, że to, na co patrzysz, to nie to samo, co „widzisz".

Mózg nie jest źródłem twej inteligencji. To po prostu przetwornik danych. Pobiera dane za pośrednictwem receptorów zwanych zmysłami. Następnie interpretuje tę energię **zgodnie z wcześniej uzyskanymi danymi na ten temat.** Mówi ci, co **postrzega,** nie co jest **naprawdę.** Na tej podstawie **wydaje ci się, że znasz prawdę** o jakiejś rzeczy, podczas gdy w istocie nie znasz jej nawet w połowie. W rzeczywistości sam tworzysz prawdę.

W tym cały ten dialog z Tobą.

Jak najbardziej.

Obawiam się, że to stanie się pożywką dla tych, którzy twierdzą, że wcale nie rozmawiam z Bogiem, że sam to wszystko wymyślam.

Łagodnie zasugeruj im, że mogliby przestać myśleć w kategoriach rozłącznych – „albo, albo". Niech dla odmiany spróbują koniunkcji – „i jedno, i drugie".

Nie możesz pojąć Boga pozostając w ramach swych obecnych wartości, koncepcji, poglądów. Jeśli pragniecie zrozumieć Boga, musisz dopuścić do siebie, iż **twoje aktualne dane są ograniczone,** zamiast pysznić się, że już wiesz wszystko na ten temat.

Polecam twej uwadze wypowiedź Wernera Erharda, który wierzył, że prawdziwa jasność może przyjść tylko wtedy, kiedy jest się gotowym zauważać kwestie:

Jest coś, czego nie wiem, a czego poznanie mogłoby wszystko zmienić.

Jest całkiem możliwe, że zarówno „rozmawiasz z Bogiem", jak i „wszystko to wymyślasz".

W rzeczy samej, najdonioślejsza prawda brzmi: Ty tworzysz **wszystko.**

Życie to Proces, dzięki któremu wszystko powstaje. Bóg jest energią – czystą, surową – zwaną życiem. Z tego płynie nowa prawda.

Bóg jest Procesem.

Przecież sam powiedziałeś, że Bóg to Zespół, że Bóg to Wszystko.

Tak powiedziałem. I to prawda. Lecz Bóg to również proces, dzięki któremu Wszystko powstaje i siebie doświadcza.

Objawiłem ci to wcześniej.

Tak. ***Tak.*** *Przekazałeś mi tę mądrość, kiedy pracowałem nad broszurą pod tytułem „Stwarzając siebie na nowo".*

Zgadza się. A teraz powtarzam to przed znacznie szerszym audytorium.

Bóg jest Procesem.

Bóg nie jest osobą, miejscem, rzeczą. Bóg jest dokładnie tym, co zawsze myślałeś – ale nie rozumiałeś.

To znaczy?

Zawsze myślałeś przecież o Bogu jako Najwyższym Bycie.

Owszem.

I słusznie. Ponieważ Ja to właśnie Najwyższy **Byt,** nie osoba, lecz proces.

Nie jestem wynikiem procesu, jestem samym Procesem, Stwórcą a zarazem Procesem, **z pomocą którego się stwarzam.**

Wszystko, co widzisz na niebie i na ziemi, to Ja, stwarzany. Stworzenie nigdy nie ma końca. Ja nigdy nie przestaję tworzyć. Wyrażając to inaczej, wszystko nieustannie się zmienia. Nic nie stoi w miejscu. Nic – **nic** – nie jest w bezruchu. Wszystko jest energią, w ruchu.

Wy zaś jesteście tego najwyższym przejawem!

Kiedy patrzysz na coś, nie przyglądasz się „statycznej" rzeczy, stojącej w miejscu. Nie! Jesteś świadkiem zdarzenia. Ponieważ wszystko się rusza, zmienia, rozwija. **Wszystko.**

Buckminster Fuller tak się wyraził: „Wydaje mi się, że jestem czasownikiem". **Miał rację.**

Bóg to wydarzenie. Wy nadaliście mu nazwę **życie.** Życie to Proces, Proces, który można obserwować, poznawać, przewidywać. Im baczniej obserwujesz, tym bliżej poznajesz i trafniej przewidujesz.

Trudno mi się z tym pogodzić. Zawsze myślałem, że Bóg to stała, constans. Nieporuszony, co wszystko wprawia w ruch. W tej nieprzeniknionej absolutnej prawdzie o Bogu znajdywałem swoją ostoję.

Ale to JEST prawda! Jedyną Niezmienną Prawdą, o Bogu jest to, że wiecznie się zmienia. Taka jest prawda – **i nijak tego nie zmienisz.** Nie zmienia się tylko to, że wszystko ulega ciągłej przemianie.

Życie to **zmiana.** Bóg to **życie.**

Dlatego Bóg to zmiana.

Ale ja pragnę wierzyć, że miłość Boga do nas jest rzeczą niezmienną.

Moja miłość do was **wciąż** się zmienia, ponieważ wy **wciąż** się zmieniacie, a Ja kocham was **takimi, jakimi jesteście.** Abym mógł was kochać takimi, jakimi jesteście, muszę zmieniać swoje wyobrażenie o tym, co jest „godne miłości", w ślad za tym, jak wy zmieniacie swoje widzenie samych siebie.

Jestem godny Twojej miłości, nawet jeśli zdecyduję, że jestem mordercą?

Już to przerabialiśmy.

Wiem, ale to nie mieści mi się w głowie!

Nikt nie postępuje niewłaściwie, biorąc pod uwagę jego widzenie świata. Ja was kocham zawsze, pod każdym względem. Nijak nie możecie sprawić, abym odmówił wam miłości.

Ale ukarać, to nas ukarzesz, z miłością, prawda? Ześlesz nas na wieczne męki, z ciężkim sercem, gdyż musiałeś to uczynić.

Ja nie musze **niczego.** Co mogłoby spowodować, żebym „musiał to uczynić"?

Nigdy was nie ukarze, choć sami możecie wybrać dla siebie karę w tym czy następnym życiu, aż przestaniecie wybierać. Nie ukarzę was, ponieważ nie doznałem żadnego uszczerbku czy urazu – podobnie nie możecie zranić żadnej cząstki Mnie, czym **wszyscy jesteście.**

Ktoś może postanowić **odczuć** krzywdę, lecz po powrocie do wieczności zobaczy, że nie doznał żadnego urazu. Wtedy wybaczy tym, którzy, jak mu się zdawało, go zranili, albowiem zrozumie wyższy porządek.

Jaki jest ten wyższy porządek?

Czy pamiętasz „Przypowieść o Duszyczce i Słońcu" z księgi pierwszej?

Tak.

Ma ona dalszy ciąg. Oto druga połowa przypowieści:

„Możesz wybrać dowolny aspekt Boskości, jakim pragniesz być" – oznajmiłem Duszyczce. – Jesteś Absolutna Boskością, która siebie doświadcza. Jakiego jej aspektu pragniesz teraz doświadczyć jako siebie?".

„Mam co do tego wybór? – dopytywała się Duszyczka.

„Tak – odparłem. – Możesz doświadczyć dowolnego aspektu Boskości przez siebie i jako siebie".

„W takim razie wybieram Wybaczanie. Chcę doświadczyć Wybaczającej Strony Boga".

Powstał jednak pewien problem, jak się domyślasz.

Nie było **nikogo, komu można by wybaczyć.** Moim dziełem była sama Doskonałość i Miłość.

„Nie ma nikogo, komu można by wybaczyć?", nie dowierzała Duszyczka.

„Nikogo – powtórzyłem. – Rozejrzyj się dokoła. Czy dostrzegasz jakieś dusze, które ustępują ci w swej doskonałości, w swej wspaniałości?"

Na to Duszyczka się zakręciła i ze zdumieniem spostrzegła, że otaczają ją zewsząd dusze. Wszystkie one zebrały się tam na wieść o tym, iż pewna duszyczka wiedzie niezwykłą **rozmowę z Bogiem.**

„Nie widzę żadnej, która ustępowałaby mi w swej doskonałości – rzekła duszyczka. – Komu więc mam wybaczać?"

Wtedy wysunęła się z tłumu Przyjazna Dusza, która oznajmiła: „Możesz wybaczać mnie". „Ale co?", spytała Duszyczka. „Spotkam się z tobą w twym następnym życiu i zrobię ci coś, co będziesz mogła mi wybaczyć", odparła Przyjazna Dusza.

„Ale co? Co takiego możesz mi uczynić ty, doskonała istota Światłości, abym musiała ci to wybaczyć?", pytała Duszyczka.

„Och – uśmiechnęła się Przyjazna Dusza – na pewno coś się wymyśli".

„Ale po co miałabyś to robić?" Duszyczka nie mogła pojąć, dlaczego tak doskonała istota chciała się zniżyć do takiego poziomu, aby mogła naprawdę zrobić coś „złego".

„To proste – odpowiedziała Przyjazna Dusza. – Z miłości do ciebie. Przecież pragniesz doświadczyć swej Jaźni jako Wybaczającej. Poza tym ty dla mnie uczyniłaś to samo".

„Naprawdę?", zdziwiła się Duszyczka.

„Nie pamiętasz? Byłyśmy już Wszystkim, ty i ja. Dołem i Górą, Prawym i Lewym. Byłyśmy Tu i Tam, Teraz i Wtedy. Byłyśmy Małym i Dużym, Męskim i Żeńskim, Dobrym i Złym**. Byłyśmy Wszystkim, każda z nas".**

„Tak się umówiłyśmy wcześniej, aby każda z nas mogła doświadczyć siebie jako Najświetniejszej Cząstki Boga. Zrozumiałyśmy bowiem, że...

„W braku tego, Czym Nie Jesteś, to, Czym JESTEŚ, NIE może zaistnieć".

„Gdy nie ma «zimna», nie możesz doświadczyć «ciepła». Gdy nie ma «smutku», nie możesz zaznać «szczęścia», bez tego, co zwiemy «złem», nie może wystąpić doświadczenie tego, co nazywacie «dobrem».

Jeśli postanawiasz **być** czymś, aby stało się to możliwe, **gdzieś w twoim wszechświecie musi pojawić się tego przeciwieństwo**".

„Proszę tylko o jedną rzecz w zamian", oświadczyła Przyjazna Dusza.

„Cokolwiek zechcesz! **Cokolwiek!**", zawołała Duszyczka. Była podekscytowana, wiedząc teraz, że może doświadczyć każdego aspektu Boga. Rozumiała już Wyższy Porządek".

„W chwili kiedy zadam ci cios – powiedziała Przyjazna Dusza – w chwili kiedy dopuszczę się wobec ciebie najgorszego, co możesz sobie wyobrazić, w tejże chwili... pamiętaj, Kim Jestem w Istocie".

„Na pewno nie zapomnę! – obiecała Duszyczka. – Zawsze będziesz w moich oczach tak doskonała jak teraz i nie zapomnę, Kim Jesteś, nigdy".

To... niesamowita historia, nadzwyczajna przypowieść.

A Ja obiecuje wam to samo, co obiecała Duszyczka. Ta jedna rzecz się nie zmienia. Ale czy ty, Moja Duszyczko, dotrzymałaś swego słowa?

Ze smutkiem wyznaję, że nie.

Nie smuć się. Zauważ, jak jest naprawdę, i podejmij decyzję wcielania nowej prawdy. Czyń to z radością.

Bóg to nieskończone dzieło, tak jak i ty. I pamiętaj wciąż:

Gdybyś widział siebie takim, jakim widzi ciebie Bóg, uśmiechałbyś się częściej.

Idźcie więc i dostrzegajcie w sobie nawzajem swoją prawdziwa istotę.

Obserwujcie! Obserwujcie! OBSERWUJCIE!

Różnica między wami a istotami wysoko rozwiniętymi polega przede wszystkim na tym, że wysoko rozwinięte istoty **zauważają więcej.**

Jeśli chcecie przyspieszyć tempo swojej ewolucji, **starajcie się więcej zauważać.**

To sama w sobie nader cenna uwaga.

Chciałbym, abyście w sobie widzieli również coś, co się dzieje. Jesteście procesem. I zarazem w danej „chwili" stanowicie wynik tego procesu.

Jesteście Stwórcą i Stworzeniem. Powtarzam to na koniec, abyście to usłyszeli i zrozumieli.

Proces, który stanowimy i ty, i Ja, jest odwieczny. Przebiegał zawsze, przebiega teraz i będzie przebiegał zawsze. Niepotrzebna jest do tego żadna „pomoc" z zewnątrz. To odbywa się samoczynnie. A pozostawione własnemu biegowi, działa **doskonale.**

Jeszcze jedną mądrość zawdzięczacie Wernerowi Erhardowi – **życie rozstrzyga się za pomocą procesu samego życia.**

W pewnych kręgach znane to jest pod hasłem „odpuść sobie i daj Bogu wolną rękę".

Gdybyś tylko „sobie odpuścił", usunąłbyś się „z drogi". Ta droga to właśnie Proces – samo życie. Dlatego mistrzowie powiadają: „Ja jestem życiem i drogą". Pojęli do głębi to, o czym tutaj mowa. Są życiem i są drogą – dziejącym się zdarzeniem, Procesem.

Mądrość podpowiada, abyś zawierzył Procesowi, czyli **zaufał Bogu.** Lub, jeśli wolisz, **zaufał sobie,** gdyż jesteś Bogiem.

Pamiętaj, Wszyscy stanowimy Jedno.

Jak mogę „zawierzyć procesowi", skoro „proces" – życie – przynosi mi wciąż coś, czego nie lubię?

To **polub** to, co przynosi ci życie!

Zrozum i wiedz, że sam to na siebie sprowadzasz.

DOSTRZEGAJ DOSKONAŁOŚĆ. We **wszystkim,** nie tylko w tym, co **uchodzi** za doskonałe. Tłumaczyłem, dlaczego zdarzają się takie rzeczy, jakie się zdarzają, i w jaki sposób do tego dochodzi. Trzeba, abyś znów sięgnął po ten materiał. Warto powracać, dopóki się wreszcie tego nie przyswoi.

Ale proszę – tylko w tej materii – oświeć mnie teraz. Jak mogę „widzieć jako doskonałe" coś, czego wcale nie doświadczam jako doskonałe?

Nikt nie może ci narzucić jakiegokolwiek doświadczenia.

Inne istoty, owszem, mogą współtworzyć okoliczności i wydarzenia wam wspólne. Ale **nikt nie może sprawić, abyś doznał czegoś,** czego nie wybierasz. W tym jesteś dla siebie najwyższą instancją. Nikt nie może – NIKT – dyktować ci, „jakim być".

Świat zsyła okoliczności, ale tylko ty nadajesz im znaczenie.

Wspomnij prawdę, jaką obdarzyłem cię dawno temu.

Nic nie znaczy.

Tak, wtedy chyba nie rozumiałem tego do końca. Miało to miejsce w trakcie mego wyjścia poza ciało w 1980. Pamiętam dokładnie.

Co pamiętasz?

Na początku zbiło mnie to z tropu. Jak to możliwe, że „nic nie znaczy"? Co stałoby się ze światem, co byłoby ze mną, gdyby tak było istotnie?

I jaką odpowiedź znalazłeś na to znakomite pytanie?

Zrozumiałem, że nic nie znaczy samo przez się, że to ja nadawałem znaczenie zdarzeniom. Doznałem też wtedy związanego z tym zagadnieniem objawienia na poziomie metafizycznym, na temat Procesu Stwarzania.

Mianowicie?

Pojąłem, że wszystko jest energią, a ta energia przechodzi w „materię", czyli fizyczne „tworzywo" i „zdarzenia" – zgodnie z tym, jak o tym pomyślę. My wedle naszego upodobania nadajemy znaczenie, czyli „postać", materii. Bez naszego udziału nic nie znaczy, nie przybiera formy. Potem zapomniałem o tym „odkryciu" i po z górą dziesięciu latach Ty przypomniałeś mi to w tym dialogu.

Cały ten dialog to wiedza przypomniana. Przekazywałem ją wam wcześniej, przez innych, których posłałem. **Nie ma tu nic nowego** i niczego nie musisz się uczyć. Musisz tylko pamiętać.

Twój wgląd w istotę materii jest cenny i dla ciebie pożyteczny.

Przykro mi, ale nim ta rozmowa dobiegnie końca, muszę Ci wytknąć rażącą sprzeczność.

To znaczy?

Uczyłeś mnie, że to, co nazywamy „złem", istnieje, aby powstał kontekst, w ramach którego moglibyśmy doświadczać „dobra". Powiedziałeś, że w sytuacji braku tego, Czym Nie

Jestem, niemożliwe jest doświadczenie tego, Czym Jestem. Innymi słowy, nie ma „ciepła" bez „zimna", „góry" bez „dołu", i tak dalej.

Zgadza się.

Biorąc to za punkt odniesienia, pokazałeś mi nawet, jak można dostrzec w każdym „kłopocie" błogosławieństwo, a w winowajcy anioła.

Racja.

Więc dlaczego twoje przedstawienie życia wysoko rozwiniętych istot całkowicie pomija pierwiastek „zła"? *Twój opis to* ***czysta sielanka!***

Brawo. Widzę, że naprawdę to przemyślałeś.

Właściwie to Nancy zwróciła mi na to uwagę. Przysłuchiwała się, jak czytałem na głos partie materiału, i powiedziała: „Myślę, że powinieneś o to zapytać, zanim ten dialog się skończy. W jaki sposób WRI doświadczają siebie takimi, jakimi są w istocie, skoro usunęli ze swego życia wszelkie negatywne zjawiska?" Uznałem to za dobre pytanie, w istocie nawet mnie zamurowało. Mówiłeś wprawdzie, że więcej pytań nie potrzeba, ale uważam, że powinieneś się wypowiedzieć w tej kwestii.

W porządku. Czyli punkt dla Nancy. Tak się składa, że to jedno z najlepszych pytań, jakie tu padły.

(Ehem)

Naprawdę. Dziwię się, że sam na to nie wpadłeś.

Wpadłem.

Jak to?

Wszyscy jesteśmy Jednym, tak? W takim razie pomyślała o tym ta ***cząstka mnie, która jest Nancy!***

Nie da się temu zaprzeczyć.

Więc jak brzmi Twoja odpowiedź?

Powrócę do Mego pierwotnego stwierdzenia.

W braku tego, czym nie jesteś, to, czym jesteś, zaistnieć nie może.

I tak, gdy nie ma zimna, nie możesz zaznać ciepła. Nieobecność góry sprawia, że dół staje się pojęciem pustym, pozbawionym znaczenia.

To prawda dla całego wszechświata. Tłumaczy ona, dlaczego taki jest, ze swym zimnem i ciepłem, górą i dołem, oraz, owszem, „dobrem" i „złem".

Wiedzcie jednak to: **Wy to wszystko ustanawiacie.** Wy **decydujecie,** co jest „zimnem", a co „ciepłem", co jest „u góry", a co jest „na dole". (Wznieś się nad Ziemię, w kosmos, i popatrz, jak znikają wasze definicje!). Wy **postanawiacie,** co jest „dobrem", a co „złem". A wasze wyobrażenia na temat tych wszystkich rzeczy zmieniają się z roku na rok – nawet z nadejściem kolejnych **pór roku.** Latem, dzień, w którym temperatura wynosi 10 stopni, uznalibyście za „zimny", z kolei zimą powiedzielibyście: „Ale dzisiaj ciepło!"

Wszechświat dostarcza tylko **pola do waszego doświadczenia,** inaczej mówiąc, daje wam **zakres obiektywnych zjawisk.** Wy opatrujecie je wybranymi przez siebie **etykietkami.**

Wszechświat to cały układ takich fizycznych zjawisk. Ogromny. Niezmierzony. Bezkresny wręcz.

A teraz wyjawię ci sekret: Do ustanowienia pola odniesienia, w ramach którego możesz doświadczać wybranej przez siebie rzeczywistości, nie jest konieczne, aby jej przeciwieństwo występowało **w twoim bezpośrednim sąsiedztwie.** Odległość dzieląca opozycję jest nieistotna. Cały wszechświat stanowi pole, w obrębie którego istnieją wszystkie kontrasty, co umożliwia doświadczanie wszystkiego. Taki jest cel wszechświata. Na tym polega jego zadanie.

Lecz jeśli nie doświadczyłem ***na własnej skórze*** *„zimna", tylko wiem, że gdzieś tam jest „zimno", jakie mogę mieć pojęcie o tym, co to jest „zimno"?*

Zaznałeś „zimna". Zaznałeś już **wszystkiego.** Jeśli nie w tym życiu, to w poprzednim. Albo w którymś z wielu wcześniejszych. Doświadczyłeś „małego" i „dużego", „góry" i „dołu", „tutaj" i „tam", wszelkich możliwych przeciwieństw. Wyryte są w twej pamięci.

Nie musisz doświadczać tego na nowo, jeśli nie chcesz. Wystarczy, że je pamiętasz – wiesz o ich istnieniu – aby przywołać uniwersalne prawo względności.

Każdy z was. Każdy z was zaznał wszystkiego. Dotyczy to również innych istot we wszechświecie, nie tylko ludzi.

Wy nie tylko doświadczyliście wszystkiego, wy **jesteście** wszystkim. WSZYSTKIM, CO JEST.

Jesteście tym, czego doświadczacie. W rzeczy samej, jesteście **przyczyną sprawczą** doświadczenia.

Nie bardzo to chwytam.

Zaraz ci to wyjaśnię od strony mechaniki. Lecz najpierw musisz zrozumieć, że twój udział w Procesie polega na pamiętaniu (przypomnieniu sobie) całości swej istoty i wybraniu tego jej wycinka, którego pragniesz doświadczyć w tej chwili, w tym życiu, na tej planecie, w tej fizycznej postaci.

Mój Boże, potrafisz to tak prosto wyłożyć!

Bo to **jest** proste. Odłączyłeś się jako Jaźń od Zespołu, od Wszystkiego, i na powrót stajesz się członkiem Bożego ciała, pamiętasz, że jesteś jego częścią.

Kiedy to pamiętasz, odzyskujesz dostęp do wszystkich swoich doświadczeń. Dzieje się to cyklicznie, a wy nazywacie to „ewolucją". Powiadacie, że posuwacie się „naprzód". Lecz w rzeczywistości kręcicie się w kółko! Tak jak Ziemia, która krąży wokół Słońca. Tak jak galaktyka, która obraca się wokół swojej osi.

Wszystko się kręci!

Obrót to podstawowy ruch wszelkiego życia. **Krąży** energia życiowa. **Wszyscy** uczestniczycie w ruchu obrotowym.

Jak Ty to robisz? Skąd znajdujesz słowa na tak jasne tego wyrażenie?

To ty powodujesz, że staje się to jasne. Wyregulowałeś

swój „odbiornik". Usunąłeś szumy i trzaski. Nabrałeś nowej chęci poznania. Ta nowa ochoczość wszystko zmieni, w skali całego gatunku. To prawdziwie rewolucyjne nastawienie – a wasza planeta właśnie wkroczyła w fazę swego największego duchowego zwrotu.

Nie ma czasu do stracenia. Potrzebujemy nowej duchowości, ***od zaraz.*** *Tyle nieszczęść sprowadzamy na siebie.*

To dlatego, że choć wszystkie istoty zaznały już wszelkich kontrastowych doświadczeń, niektóre są **tego nieświadome.** Zapomniały, a jeszcze w pełni nie odzyskały pamięci.

Z istotami wysoko rozwiniętymi jest inaczej. Nie potrzebują bezpośredniej styczności z tym, co „negatywne", aby zdawać sobie sprawę z tego, jak „pozytywna" jest ich cywilizacja. Dobrze wiedzą, Kim Są, bez konieczności stwarzania na dowód tego swojej odwrotności. WRI zauważają, czym **nie** są, dostrzegając to **gdzie indziej w polu odniesienia.**

Jeśli szukają kontrastu, zwracają się, na przykład, ku waszej planecie.

W ten sposób przypominają sobie, jak to było, kiedy **one** przechodziły fazę, której wy obecnie doświadczacie. Uzyskują dzięki temu stały wyznacznik, w odniesieniu do którego mogą zrozumieć swoje aktualne doświadczenia.

Czy teraz już wiesz, dlaczego WRI nie potrzebują obecności „zła" we własnym społeczeństwie?

Owszem. Ale dlaczego my potrzebujemy jej w naszym?

NIE POTRZEBUJECIE. To właśnie starałem ci się przekazać w całym tym dialogu.

Musicie żyć w polu odniesienia, w obrębie którego występuje To, Czym Nie Jesteście, abyście mogli doświadczyć, Czym Jesteście. Takie jest Uniwersalne Prawo i nie da się go ominąć. Ale wy już żyjecie w takim polu w tej chwili. Nie musicie go tworzyć sami. To pole odniesienia to nic innego jak **wszechświat.**

Nie musicie budować mniejszego pola odniesienia na własnym podwórku.

Oznacza to, że już teraz możecie zmienić życie na swej planecie, **usunąć z niego wszystko, co jest przeciwne waszej istocie,** a wasza możliwość poznawania i doświadczania waszej prawdziwej istoty wcale na tym nie ucierpi.

*O kurczę! To największe objawienie w tej książce! Na samym jej końcu! Więc **nie** muszę wciąż przywoływać swej **odwrotności,** aby doświadczać kolejnej najwspanialszej wersji najwyższego wyobrażenia, jakie mam o swojej istocie!*

Zgadza się. Od samego początku próbowałem ci to powiedzieć.

Ale nigdy tak tego nie sformułowałeś!

I tak byś wtedy tego nie zrozumiał.

Nie potrzebujesz stwarzać przeciwieństwa tego, Czym Jesteś i Czym Pragniesz Być, aby móc tego doświadczyć. Wystarczy zauważyć, że to już powstało – gdzie indziej. Wystarczy pamiętać o jego istnieniu. Na tym polega wiedza, jaką niesie ze sobą spożycie „owocu z Drzewa Wiadomości Złego i Dobrego", co jak już tłumaczyłem, nie było grzechem pierworodnym, lecz **Pierwotnym Błogosławieństwem,** jak określił to Matthew Fox.

Aby pamiętać o jego istnieniu, pamiętać, że wszystkiego już się doświadczyło, trzeba tylko spojrzeć do góry.

Raczej „w głąb".

Nie, tak jak powiedziałem. SPÓJRZCIE DO GÓRY. Na niebo. Na gwiazdy. OBSERWUJCIE POLE ODNIESIENIA.

Wyćwiczcie **swój zmysł obserwacyjny.** To wszystko, czego wam trzeba, abyście wspięli się na wyższy poziom ewolucji. Zobaczcie, „jak jest", a następnie, „co się sprawdza".

Czyli dostrzegając, jak się mają sprawy gdzie indziej we wszechświecie, mogę z pomocą zauważonych przeciwieństw wyrobić sobie pojęcie o tym, Kim Jestem, tu i teraz.

Tak. Nazywa się to „przypomnienie".

Niezupełnie. Nazywa się to „oglądanie".

A co, twoim zdaniem, oglądasz?

Życie na innych planetach. W innych Układach Słonecznych, innych galaktykach. Przypuszczam, że przy odpowiednio zaawansowanej technice to właśnie moglibyśmy ujrzeć. To pewnie mogą zaobserwować WRI, zważywszy na ich zaawansowaną technikę. Sam mówiłeś, że przyglądają się ***nam,*** *tu na Ziemi. Więc myślę, że to właśnie bym oglądał.*

Ale co **naprawdę** byś widział?

Nie rozumiem pytania.

Odpowiem ci: **swoją własną przeszłość.**

Co???

Kiedy patrzysz na niebo, widzisz gwiazdy – jakimi były przed setkami, tysiącami, milionami lat świetlnych. Widzisz to, czego **w rzeczywistości nie ma.** Widzisz to, co było, przeszłość. Przeszłość, w której **ty sam brałeś udział.**

Słucham???

Byłeś tam, doświadczałeś tego, robiłeś to.

Naprawdę?

Czyż nie mówiłem ci, że masz za sobą wiele wcieleń?

Tak, ale... ale załóżmy, że przeniósłbym się w to miejsce odległe o tyle lat świetlnych? Załóżmy, że miałbym taką możliwość. Znalezienia się tam w chwili odległej dla mnie na Ziemi w czasie o setki lat świetlnych. Co bym wtedy zobaczył? Dwóch „mnie"? Chcesz powiedzieć, że widziałbym siebie istniejącego w ***dwóch miejscach naraz?***

Oczywiście! Przekonałbyś się o tym, co bez przerwy ci tłumaczę – że czas nie istnieje, i wcale nie widzisz „przeszłości"! To **wszystko dzieje się TERAZ.**

Również w „obecnej chwili" żyjesz w przyszłości, jeśli przyłożyć do tego ziemską miarę. To odległość między twymi poszczególnymi „Jaźniami" pozwala „ci" doświadczać odrębnych tożsamości i „chwile w czasie".

Tak więc „przeszłość", którą pamiętasz, i przyszłość, którą ujrzysz, to „teraz", które zwyczajnie JEST.

To niesamowite.

Owszem, ale prawdziwe. Również w innym kontekście. Tak jak mówiłem: „Jest tylko Jedno z nas". Więc kiedy patrzysz na gwiazdy, widzisz w gruncie rzeczy NASZĄ PRZESZŁOŚĆ.

To mnie przerasta!

Cierpliwości. Musimy sobie wyjaśnić jeszcze jedno.

Zawsze widzisz to, co w myśl waszych definicji jest „przeszłością", nawet jeśli masz to przed swoimi oczami.

Tak?

Niemożliwe jest zobaczenie Teraźniejszości. Teraźniejszość „zdarza się", następnie energia się rozprasza w postaci światła i to światło dociera do twoich zmysłów, do oczu, a **to trwa pewien czas.**

Kiedy światło dociera do twoich oczu, życie przez cały ten czas **toczy się dalej, idzie naprzód. Następne zdarzenie ma miejsce,** podczas gdy jeszcze dochodzi do ciebie światło z **poprzedniego.**

Wiązka energii wpada do oczu, receptory wysyłają sygnał do mózgu, który interpretuje otrzymane dane i mówi ci, co widzisz. Ale tego wcale już nie masz przed oczami. Tak ci się tylko **wydaje.**

Po prostu, **Ja zawsze wyprzedzam cię o jeden krok.**

To dopiero jest ***niewiarygodne.***

Słuchaj dalej. Im większe **oddalenie** między twoją Jaźnią a fizycznym umiejscowieniem dowolnego zdarzenia, **tym głębiej w „przeszłość" odsuwa się to zdarzenie.** Oddal się o kilka lat świetlnych, a to, na co patrzysz, wydarzyło się naprawdę bardzo dawno temu.

Ale to **nie** wydarzyło się „dawno temu". To tylko fizyczna **odległość** stworzyła złudzenie „czasu" i umożliwiła twej Jaźni jednoczesne doświadczenie siebie „tu, teraz" jak i „tam, wtedy"!

Pewnego dnia pojmiesz, że to, co nazywacie czasem i przestrzenią, to jedno i to samo.

To jest... to jest naprawdę ***obłędne.*** *Nie wiem, co o tym sądzić.*

Kiedy zrozumiesz moje słowa, pojmiesz, że **nic, co widzisz, nie jest rzeczywiste.** Dostrzegasz **obraz** czegoś, co kiedyś było zdarzeniem, ale nawet ten obraz, wiązka energii, ulega twojej interpretacji. Zaangażowana w to jest twoja wyobraźnia.

Z pomocą wyobraźni możesz stworzyć wszystko, gdyż – zdradzę ci sekret – wyobraźnia **działa w obie strony.**

Proszę?

Nie tylko **interpretujesz** energię, lecz także ją **tworzysz.** Wyobraźnia jest władzą umysłu, będącego jednym z trzech składników twojej istoty. Widzisz coś w wyobraźni i zaczyna to nabierać postaci fizycznej. Im dłużej to sobie wyobrażasz (i im więcej tych, którzy to sobie wyobrażają), tym bardziej namacalna ta postać, aż ta rosnąca energia, którą jej nadajecie, **wyrywa się na światło,** rzutując obraz siebie na to, co zwiecie swoją rzeczywistością.

„Widzicie" wtedy obraz i ponownie **rozstrzygacie, czym dla was jest.** Tak przebiega cykl. To właśnie stanowi Proces.

TYM JESTEŚCIE. JESTEŚCIE Procesem.

TYM JEST BÓG. JEST Procesem.

To miałem na myśli mówiąc, że jesteście **Stwórcą i Stworzeniem.**

Zebrałem to wszystko dla was w tym dialogu. Dochodzimy do jego końca. Wyłożyłem wam w nim prawa rządzące wszechświatem, tajniki życia.

Nie mogę wyjść z podziwu. To... zdumiewające. Chciałbym umieć to zastosować w życiu codziennym.

Ależ ty **stosujesz** to na co dzień. Inaczej się **nie** da. Tak to jest urządzone. Pytanie tylko, czy będziesz to stosował **świadomie czy nieświadomie,** czy będziesz skutkiem Procesu czy jego przyczyną. We wszystkim bądź **przyczyną.**

Zbliżamy się w zadziwiającym stylu do zadziwiającego finału tego zadziwiającego dialogu.

To Nowe Rozumienie możesz najlepiej spożytkować będąc **przyczyną sprawczą** swego doświadczenia, a nie jego biernym odbiorcą. I wiedz, że **nie musisz powoływać do istnienia wokół siebie swego przeciwieństwa,** aby poznać na drodze doświadczenia, Kim Jesteś W Istocie.

Wyposażony w tę wiedzę, możesz odmienić swoje życie i swój świat.

I tę prawdę przyszedłem objawić każdemu z was.

Niech mnie! Rozumiem. ***Rozumiem!***

To dobrze. Wiedz, że przez cały ten dialog przewijają się trzy zasadnicze mądrości. Oto one:

1. Wszyscy stanowimy Jedno.
2. Wszystkiego jest dość.
3. Nie musicie nic robić.

Gdybyście zdecydowali, że,, wszyscy stanowimy jedno", przestalibyście traktować siebie nawzajem tak, jak czynicie to obecnie.

Gdybyście zdecydowali, że „wszystkiego jest dość", dzielilibyście się wszystkim z każdym.

Gdybyście zdecydowali, że „nie musicie nic robić", zrezygnowalibyście z „robienia" jako środka na rozwiązanie waszych problemów i przyjęli sposób bycia, który spowodowałby „zanik" waszego doświadczenia tych „problemów" i w ten sposób ustąpienie ich samych.

To chyba najdonioślejsza spośród wszystkich prawd na waszym obecnym etapie ewolucji i zarazem właściwie zwieńczenie tego dialogu. Miejcie ją stale na uwadze, niech się stanie waszą mantrą:

Nie muszę nic mieć, nie muszę nic robić, nie muszę niczym być, tylko dokładnie tym, czym właśnie jestem.

Nie oznacza to, że należy wyeliminować ze swego życia „robienie" i „mienie". Chodzi o to, że to, czego „robienia" czy „mienia" doświadczysz w swoim życiu, będzie **płynęło** z twojego „bycia" – a nie **prowadziło do** niego.

Kiedy wychodzisz z założenia, że jesteś „szczęściem", robisz pewne rzeczy dlatego, że **jesteś** szczęśliwy – inaczej niż w ramach starego paradygmatu, gdzie robiłeś pewne rzeczy, które, miałeś nadzieję, **uczynią** cię szczęśliwym.

Kiedy wychodzisz z założenia, że jesteś „mądrością", robisz pewne rzeczy, ponieważ **jesteś** mądry, a nie dlatego, że starasz się **zyskać** mądrość.

Kiedy wychodzisz z założenia, że jesteś „miłością", robisz pewne rzeczy, ponieważ **jesteś** miłością; nie dlatego, że pragniesz **zdobyć** miłość.

Wszystko się zmienia, wszystko jest na odwrót, kiedy wychodzisz ze stanu „bycia", a nie próbujesz nim „być". „Robieniem" nie dojdziesz do „bycia". Obojętnie, czy usiłujesz „być" mądry, szczęśliwy, miłością – czy Bogiem – nie osiągniesz tego „robieniem". Lecz prawdą jest, że **będziesz** robił wspaniałe rzeczy, kiedy tam „dotrzesz".

Oto Boska Dychotomia: Aby „tam dojść", trzeba „tam być". To takie proste. **Nie musisz nic robić.** Chcesz być szczęśliwy? **Bądź szczęśliwy.** Chcesz być mądry? **Bądź mądry.** Chcesz być miłością? **Bądź miłością.**

I tak jesteś już tym wszystkim.

Jesteś Moim umiłowanym.

Całkiem mnie zatkało! Potrafisz tak cudownie to wyrazić.

To prawda jest tak wymowna. Jej wdzięk i elegancja chwytają za serce, budząc je do nowego życia.

To właśnie sprawiły te „Rozmowy z Bogiem". Dotknęły serca ludzkiej rasy i wyrwały je z uśpienia.

Teraz stawiają przed wami kluczowe pytania. Musi je sobie zadać cała ludzkość. Czy zdołacie, i zechcecie, napisać na nowo swą kulturową opowieść? Czy zdołacie i zechcecie wymyślić nowy Podstawowy Mit waszej kultury?

Czy ludzka rasa jest z natury dobra, czy z natury zła?

Stanęliście na rozdrożu. Od wyboru dalszej drogi zależy przyszłość ludzkości.

Jeśli będziecie wierzyć w swoją przyrodzoną dobroć, będzie podejmować decyzje i ustanawiać prawa konstruktywne, afirmujące życie. Jeśli będziecie wierzyć w swoją przyrodzoną nikczemność, będziecie podejmować decyzje i ustanawiać prawa destrukcyjne, zaprzeczające życiu.

Prawa afirmujące życie pozwalają być, czym się chce, robić i mieć, co się chce. Prawa zaprzeczające życiu przeszkadzają być, czym się chce, robić i mieć, co się chce.

Ci, co uznają Grzech Pierworodny i przyrodzoną nikczemność człowieka, twierdzą, że Bóg stworzył zakazy i nakazy ograniczające ludzi – i sami opowiadają się za ludzkimi prawami (nieograniczoną ich liczbą), które mają spełnić to samo zadanie.

Ci, co uznają Błogosławieństwo Pierworodne i, co za tym idzie, przyrodzoną dobroć człowieka, głoszą, że od Boga pochodzą naturalne prawa dające ludziom swobodę – i opowiadają się za ludzkimi prawami, które mają spełnić to samo zadanie.

Jak ty postrzegasz ludzką rasę? Jak widzisz samego siebie? Czy gdyby dano ci wolną rękę, uważasz, że okazałbyś się godny zaufania? We wszystkim? A inni? Jak się zapatrujesz na innych ludzi? Co o nich z góry zakładasz, zanim się przed tobą nie odsłonią?

A teraz odpowiedz mi na to pytanie. Czy twoje założenia służą rozłamowi społecznemu czy przełomowi?

Postrzegam siebie jako osobę wiarygodną. Przedtem było inaczej. ***Stałem*** *się godny zaufania, gdyż zmieniłem swoje zapatrywania na to, kim jestem. Widzę też teraz jasno, czego Bóg chce, a czego nie chce. Mam jasność co do Ciebie.*

„Rozmowy z Bogiem" odegrały ogromną rolę w tej przemianie. Dostrzegam teraz w społeczeństwie to, co w sobie – i we mnie, i w społeczeństwie dokonuje się przełom. Zauważam, że ludzkość upomina się o swe boskie dziedzictwo, uświadamia sobie swe boskie przeznaczenie.

Jeśli to dostrzegasz, to właśnie będziesz tworzył.

Zgubiłeś się, ale teraz się odnalazłeś. Byłeś ślepy, ale teraz przejrzałeś. Zadziwiająca łaska to sprawiła.

Czasami odsuwałeś się ode Mnie w swoim sercu, ale znów tworzymy jedną całość i tak będzie na wieki wieków. Albowiem co ty złączyłeś, tego nikt inny rozdzielić nie może.

Pamiętaj: zawsze jesteś **z Bogiem,** ponieważ jesteś **z Boga.**

Taka jest prawda o twej istocie. Stanowimy całość. Teraz znasz całą prawdę.

Tej prawdy łaknęła dusza. Weźcie więc i posilcie się nią. Tej radości spragniony był świat. Weźcie więc i gaście nią swe pragnienie. Czyńcie tak na pamiątkę Mnie.

Albowiem prawda jest ciałem, a radość krwią Boga, który jest miłością.

Prawda.

Radość.

Miłość.

Są one zamienne. Jedna prowadzi do drugiej. Kolejność jest bez znaczenia. Wszystkie wiodą do Mnie. Wszystkie **są** Mną.

Kończę ten dialog tak, jak rozpocząłem. Zatoczyliśmy pełne koło, niczym samo życie. Otrzymaliście tu prawdę. Otrzymaliście radość. Otrzymaliście miłość. Otrzymaliście odpowiedzi na największe zagadki życia. Pozostaje tylko jedno pytanie, pytanie, od którego rozpoczęliśmy.

Pytanie, kto słucha, a nie – do kogo przemawiam?

Dziękuję Ci. Dziękuję za to, że przemówiłeś do nas ***wszystkich****. Usłyszeliśmy Ciebie. Kocham Cię i czuję się przepełniony prawdą, radością i miłością. Jestem przepełniony Tobą. Czuję, że stanowimy Jedność.*

To właśnie jest niebo.

Jesteś w nim teraz.

Zawsze jesteś w niebie, ponieważ zawsze stanowisz Jedno ze Mną.

Chciałbym, abyście to wiedzieli i wynieśli z tego dialogu, na sam koniec.

A oto Moje przesłanie, które zostawiam światu:

Moje dzieci, które jesteście w niebie, święć się imię wasze. Królestwo wasze już przyszło i wasza jest wola, jako w niebie tak i na ziemi.

Ten dzień, chleb wasz powszedni, daję wam i wybaczam wasze winy i wykroczenia, jako i wy wybaczacie waszym winowajcom.

Nie wódźcie się na pokuszenie, ale zbawcie się od zła przez siebie stworzonego.

Albowiem wasze jest Królestwo, potęga i chwała, na wieki wieków.

Amen.

Idź więc i zmieniaj świat. Idź i bądź swą Najwyższą Jaźnią. Rozumiesz już wszystko, co trzeba rozumieć. Wiesz już wszystko, co trzeba wiedzieć. Jesteś już wszystkim, czym potrzebujesz być.

Nigdy nie byłeś niczym mniej. Po prostu nie wiedziałeś. Nie pamiętałeś.

Teraz pamiętasz. Zachowuj tę pamięć nieustannie. Dziel się nią z tymi, z którymi stykasz się w życiu. Albowiem wasze przeznaczenie przerasta wasze najśmielsze oczekiwania.

Przybyliście na świat, aby go uzdrowić.

Nie ma innego powodu waszego tu pobytu.

I wiedz to: Kocham ciebie. Moja miłość zawsze będzie z tobą, teraz i po wsze czasy.

Nigdy cię nie opuszczę.

Bywaj więc. Dziękuję Ci za ten dialog. Dziękuję, ***dziękuję Tobie.***

Ja tobie również, Mój wspaniały tworze. Dziękuję, że użyczyłeś Bogu głosu – i miejsca w swoim sercu. A tego tylko tak naprawdę zawsze obaj pragnęliśmy.

Znów jesteśmy razem. To bardzo dobrze.

Uwagi końcowe

Było to w moim życiu doświadczenie niezwykłe, jak się zapewne domyślacie. Wydanie na świat tej trylogii zabrało w sumie sześć lat – cztery lata pochłonął ostatni tom. Starałem się nie zakłócać Procesu, aby mógł zdziałać swoje cuda. Sądzę, że w dużej mierze mi się to udało, choć gotów jestem przyznać, że nie był ze mnie doskonały filtr. Część z tego, co wydostało się przeze mnie, uległo zniekształceniu, dlatego nie należy szukać w tym – ani w żadnym innym – dziele duchowym dosłownej prawdy. Odradzam każdemu, komu może to przyjść do głowy. Nie dopatrujcie się tego, czego w nim nie ma. Z drugiej jednak strony, *nie bagatelizujcie tego, co w nim jest.*

Zawiera ono ważne przesłanie. Przesłanie to może zmienić świat. *Rozmowy z Bogiem* już wpłynęły na życie wielu ludzi. Przełożone na 24 języki, od miesięcy na listach międzynarodowych bestsellerów, trafiły do rąk milionów ludzi na całym świecie. W ponad stu pięćdziesięciu miastach powstały samorzutnie grupy studiujące materiał *Rozmów,* a liczba ta rośnie z miesiąca na miesiąc. Obecnie otrzymujemy czterysta do sześciuset listów miesięcznie od ludzi tak głęboko poruszonych mądrością, wnikliwością i prawdą zawartą w tych księgach, że postanowili zwrócić się do mnie osobiście.

Jeśli szczerze pragniesz zaangażować się w popularyzowanie przesłania, jakie tu znalazłeś, możesz zrobić więcej. Na początek zapoznaj się z innymi ważnymi książkami poruszającymi tematy obecne w tej trylogii. Idąc za udzieloną mi radą, odszukałem, przeczytałem i gorąco polecam Osiem

Książek, Które Mogą Zmienić Świat, krótki, lecz o wielkiej sile zestaw lektur. Nie tylko je polecam, ale i proszę, abyście po nie sięgnęli. Dlaczego? Ponieważ wierzę, że ludzkość wchodzi obecnie w nadzwyczajny okres dziejów. W ciągu następnych kilku lat zapadną decyzje, które wytyczą nam kurs na dziesięciolecia. Społeczeństwo stoi w obliczu decydujących wyborów, a te jutrzejsze będą jeszcze donioślejsze, gdyż nasze możliwości wciąż się kurczą.

Każdy z nas ma do odegrania rolę w podjęciu tych decyzji. Nie przypadną one w udziale innym. Inni to ***my***. Decyzji, jakie mam na myśli, nie mogą podjąć wpływowe elity, polityczne struktury władzy ani wielkie korporacje. Przesądzą się one w sercach i domach jednostek i rodzin.

Czego będziemy uczyć nasze dzieci? Na co przeznaczać pieniądze? Którym z naszych pragnień, inspiracji i aspiracji nadać pierwszeństwo? Jak traktować środowisko naturalne? Jaki jest najlepszy sposób na zachowanie zdrowia i jak poprawić jakość pożywienia? O co prosić przywódców – i czego od nich żądać? Po czym poznać, że nam się w życiu układa? Jaką miarę przykładać do sukcesu? Jak nauczyć się kochać? Łączny wpływ tych osobistych wyborów wytworzy „pole morficzne", jak nazywa to naukowiec i pisarz Rupert Sheldrake – „rezonans", który nada ton życiu w skali całego świata.

Dlatego tak ważne jest – nieodzowne wręcz – *świadome* uczestnictwo. Wyborów nie można dokonywać w próżni. I mimo że na ogół wydaje się nam, że już dużo wiemy, jestem przekonany, że lektura tych książek przyniesie wiele dobrego, inaczej bowiem nie polecałbym ich wam.

Wiem, że jest mnóstwo znakomitych dzieł i można by tę listę wydłużyć. Niemniej te właśnie książki wywarły na mnie szczególne wrażenie, niektóre z nich napisane zostały przez znajomych mi ludzi, autorów innych nigdy nie spotkałem, ale każda z tych książek jest mocna, znacząca i ważna. Mam nadzieję więc, że sięgniecie po te Osiem Książek, Które Mogą Zmienić Świat:

1. *The Healing of America,* autorstwa Marianne Williamson. Płomienna książka, pełna wstrząsających spostrzeżeń i śmiałych rozwiązań, bogata strawa duchowa dla każdego, kto poważnie zastanawia się nad położeniem i przyszłością tak jednostek, jak i całej rasy ludzkiej. Najnowsze dzieło kobiety o niezwykłej odwadze i społecznym zamiłowaniu przemawia do każdego, kto pragnie budować nowy świat.

2. *The Last Hours of Ancient Sunlight* Thoma Hartmanna. Książka, która ciebie poruszy i obudzi... a może nawet rozzłości. Natomiast na pewno nie pozostawi cię obojętnym. Nie będziesz w stanie po staremu patrzeć na swoje życie i na życie na tej planecie, co będzie z pożytkiem i dla ciebie, i dla planety. „Terapia szokowa". Przystępna, nagląca i dobitna.

3. *Conscious Evolution – Awakening the Power of Our Social Potential* Barbary Marx Hubbard. Dokument o zapierających dech rozmachu – wymowna, nieodparta i mądra diagnoza naszych dokonań jako *homo sapiens* i przewidywany kierunek rozwoju – unaocznia drzemiące w nas możliwości. Natchnienie dla naszych najwyższych jaźni w czasach, kiedy wspólnie urzeczywistniamy nowe tysiąclecie.

4. *Reworking Success* Roberta Theobalda, uznanego za jednego z dziesięciu najbardziej wpływowych i najważniej-

szych futurologów naszych czasów. Niewielka książka kryjąca w sobie doniosłe przesłanie: jeśli na nowo nie zdefiniujemy pojęcia „zwycięstwa" panującego w naszej kulturze, kultura ta nie przetrwa. Nasze wyobrażenia o tym, co dla nas „dobre", wyniszczają nas.

5. *The Celestine Vision* Jamesa Redfielda. Zaprasza na wycieczkę do nowej i całkiem możliwej przyszłości, przedstawia drogę prowadzącą do wspaniałego jutra, jeśli tylko na nią wstąpimy. Najprostsze prawdy i najbardziej głębokie zawarte są tam dla nas jako narzędzia do tworzenia życia, o jakim od dawna wszyscy marzymy. Marzenie nagle znalazło się w zasięgu ręki.

6. *The Politics of Meaning* Michaela Lernera. Trzeźwa a mimo to dodająca otuchy, apeluje o współczucie, zdrowy rozsądek i zwykłą ludzką miłość w świecie polityki, ekonomii i wielkich korporacji. Przedstawia zaskakujące idee i cudowne wizje nowego urządzenia świata, gdyby udało się przekonać do tego struktury władzy oraz pomysły, jak można to sprawić.

7. *The Future of Love* Daphne Rose Kingmy. Oszałamiająca eksploracja nowego modelu miłości – modelu, który uwzględnia moc duszy w intymnych związkach, świeża i odkrywcza; książka ta zrywa z tradycją i otwiera przed nami możliwość realizacji prawdziwego pragnienia naszej istoty: kochania w pełni.

8. *Diet for a New America* Johna Robbinsa. Prosty temat jedzenia potraktowany jest tu w sposób niosący ze sobą głębokie następstwa. To objawienie. Rozważania

na temat trucizn, jakie spożywamy, oraz ogólnej kiepskiej jakości pożywienia, wywołują w ciebie oddźwięk, który na zawsze zmieni twoje spojrzenie na to, co wprowadzasz do swego ciała.

Wszystkie te książki przedstawiają rozwiązania na przyszłość. Zbieżność w tych wypowiedziach jest zdumiewająca. Trudno uwierzyć w to, że autorzy ci nie usiedli razem i nie uzgodnili, co mają napisać i jak. Oczywiście, nic takiego nie miało miejsca, niemniej to zgranie w czasie jest zadziwiające.

Wizja, jaką roztaczają, jest tak wyrazista, tak ekscytująca, ich obraz cywilizowanego społeczeństwa tak kuszący w porównaniu z naszą obecną rzeczywistością, że porwie twoje serce i natychmiast zapragniesz dowiedzieć się, co trzeba uczynić, aby to przybliżyć. Na szczęście dla nas wszystkich, Marianne, Thom, Barbara, Robert, James, Michael, Daphne i John wysunęli w swych książkach konkretne i rzetelne propozycje dotyczące naszej dalszej drogi. Mnóstwo w nich pomysłów na to, co *można zrobić już,* aby było lepiej, aby trwale zmienić nasz świat.

Teraz zaś, na zakończenie tego trzyczęściowego dialogu, chciałbym ci podziękować. Dziękuję ci za twój udział w swobodnym obiegu idei, które za moim pośrednictwem wyszły na ten świat. Na pewno nie każdy zgadza się całkowicie z tym, co tu zostało napisane. To nic nie szkodzi. Tak jest nawet *lepiej*. Nie mam przekonania do rzeczy, które trzeba przyjmować w całości. A najważniejsze przesłanie *Rozmów z Bogiem* jest takie, że każdy z nas może prowadzić swoją własną rozmowę z Bogiem, łączyć się ze swą wewnętrzną skarbnicą mądrości, szukać własnej prawdy. W tym zawiera się wolność. W tym mieści się sposobność. W tym wypełniony zostaje najwyższy cel życia.

Stoimy teraz przed szansą, ty i ja, odtworzenia siebie na nowo w kolejnym najwspanialszym wydaniu najwyższego wyobrażenia, jakie kiedykolwiek mieliśmy o swej prawdziwej istocie. Stoimy przed szansą odmiany swojego życia i prawdziwego odmienienia tego świata.

Podobno to George Bernard Shaw powiedział: *Są tacy, którzy widzą, jaki jest świat, i pytają „Dlaczego?". Inni z kolei widzą, jaki mógłby byt́świat, i pytają „Dlaczego nie?"*" Dziś, kiedy nasza wspólna podróż przez trylogię *Rozmów z Bogiem* dobiega końca, proszę cię, abyś opowiedział się za swą najwyższą wizją siebie i zapytał „Dlaczego nie?"

Bądźmy błogosławieni.

Neale Donald Walsch

www.nealedonaldwalsch.com